兩岸暨港澳出版事業的發展與整合

陳信元著

本書承行政院大陸委員會部分補助

圖書與資訊集成
文史哲出版社印行

國家圖書館出版品預行編目資料

兩岸暨港澳出版事業的發展與整合 / 陳信元
著. -- 初版. -- 臺北市 : 文史哲, 民 86
面 ; 公分. --（圖書與資訊集成 ; 24）
參考書目:面
ISBN 957-549-085-1 (平裝)

1. 出版事業 － 臺灣 － 港澳 － 大陸

487.7

圖書與資訊集成 ㉔

兩岸暨港澳出版事業的發展與整合

著者：陳信元
出版者：文史哲出版社
登記證字號：行政院新聞局局版臺業字五三三七號
發行人：彭正雄
發行所：文史哲出版社
印刷者：文史哲出版社
臺北市羅斯福路一段七十二巷四號
郵政劃撥帳戶：一六一八〇一七五號
電話：（〇二）三五一一〇二八
實價新臺幣 四四〇元
中華民國八十六年六月初版

ISBN 957-549-085-1

自序

自從政府宣布解嚴之後，一向在地下流傳的大陸出版品，一躍而為出版界的新寵，有關單位也適時公布了管理與輔導要點，規定欲印行大陸出版品的業者，得個案事先向新聞局申請，經核准方可發行。由於政治性的考量過多以及前瞻性不夠，這些要點未免給人「管理重於輔導，限制多於鼓勵」的印象。

開放初期，出版主管部門曾就大陸出版品版權的取得，版稅的給付等問題，由內部進行研議，並提出報告，可惜成效不彰，未能像大陸同一時間頒布的《關於向臺灣出版商轉讓版權注意事項》一樣，結合著作權專家學者，以務實的態度擬定一套具體可行的版權貿易指導原則，其中有許多要點至今仍然是兩岸簽定出版合同的重要參考依據。

從歷年來中共對臺灣及港、澳制定的出版行政法規中，可以看出：中共對兩岸暨港澳出版交流有其一貫的、系統的指導原則，並有明確的歸口管理部門。如對臺灣版權貿易，由「國家版權局」統一歸口管理，並設立了「中華版權代理總公司」、「香港中華版權代理公司」，開展對臺版權貿易業務；出版方面的對臺交流，均歸口「新聞出版署」統一管理，具體工作包括向臺灣銷售圖書、與臺灣合作出版圖書，並進銷臺灣圖書、在兩岸辦書展、在大陸出版臺灣圖書等。總結中共的對臺出版交流政策，可歸納如下要點：一、遵從中央關於對臺工作的總的政策和部署；二、有統一政策，統一管理，避免了政出多門；三、堅持經濟利益服從政治利益，單位和個人利益服從國家利益。

反觀我們的兩岸出版交流政策，不僅未系統、具體地提供業者彼岸的相關法令規章，至今也未成立涉及兩岸的跨部會出版諮詢機構，更談不上協助業者解決兩岸出版交流衍生的問題。在幾次官辦或民辦的兩岸出版交流座談會上，各主管部門抱著敷衍了事的態度與會，令出版業者意興闌珊；有些官員對自己主管的業務缺乏相關的資訊與了解，對中共的對臺出版政策也不深入研判，用心解讀，各部會間又各行其是，無法凝聚共識，解決問題。我們建議政府在頒布與兩岸出版有關的政令前，務必廣泛徵詢各界的意見，並視實際情況出版輔導業者的小册子，讓業者有所遵循、參考，而不是像目前處於各自摸索、發展的階段。

本書希望能爲各界提供具有積極性、建設性的建議，並爲兩岸暨港澳出版交流工作彩繪美好的藍圖，達成文化中國的共同理念。敬請各界賢達批評指教。

一九九六年七月

兩岸暨港澳出版事業的發展與整合

目錄

自序……1
壹、臺灣出版事業……11
一、臺灣出版總體經營環境分析……11
二、臺灣出版業發展概況……13
三、行銷通路介紹……21
(一)店銷通路經營型態……23
(二)臺灣中小型出版社在行銷上的困境……29
(三)臺灣書店的「折扣」政策……31
四、臺灣書市的長銷書與暢銷書……32
(一)永不落架的好書……32
(二)暢銷書排行榜上的出版趨勢……35
五、暢銷書行銷企劃……37

六、臺灣出版資訊簡介……39
貳、大陸出版事業……45
一、大陸出版事業發展及現況……45
㈠沿革……45
㈡出版事業經營現況……56
二、大陸出版事業管理體制……58
㈠出版管理體制之沿革與現況……58
㈡出版管理制度……62
三、大陸重要出版社、期刊……80
㈠重要出版社……80
㈡重要期刊……86
四、大陸重要圖書發行機構及書展、書市活動……89
㈠圖書發行網的建立與發展……89
㈡對內發行機構……91
㈢對外發行機構……97
㈣圖書發行體制之改革……101
㈤重要書展、書市活動……104
參、大陸著作權概況與兩岸著作權問題……115

一、前言…………115
二、大陸著作權保護概況…………117
㈠第一階段（一九四九～一九六六）…………117
㈡第二階段（一九七七～一九九〇）…………120
㈢中共著作權法的適用範圍…………123
三、中共當局有關兩岸出版交流的行政法規…………127
㈠第一階段（一九八〇～一九八六）…………128
㈡第二階段（一九八七～至今）…………129
四、兩岸著作權問題的探討…………139
㈠重複授權的問題…………140
㈡有關著作權之轉讓與授權問題…………142
㈢兩岸簽訂版權貿易合同問題…………146
㈣著作權侵權行為發生後的解決方式…………150
㈤大陸的著作權法為何沒有刑事責任的規定…………153
㈥版稅收入兩岸重複課稅的問題…………155
五、大陸加入國際版權公約後，兩岸如何加强出版合作…………156
六、結論…………159
肆、當前大陸出版事業兩大現象…………161

上篇：大陸「協作出版」與「買賣書號」問題探討……161
一、「協作出版」產生的原因……162
二、「協作出版」存在的問題與整頓方案……164
三、對臺灣出版業者的建議……172
下篇：大陸出版企業集團的崛起……175
一、大陸的企業集團概念……175
二、九十年代的出版企業集團……179
附錄：香港聯合出版集團……189

伍、香港、澳門的出版事業……193

上篇：香港的出版事業……193
一、出版事業發展及現況……193
(一)第一個階段（一九四九——一九六六）……195
(二)第二個階段（一九六六——一九七六）……197
(三)第三個階段（一九七六至今）……198
二、出版事業管理體制……200
三、重要出版事業……206
(一)重要出版團體……206
(二)重要出版社……211

㈢重要期刊……221
四、重要書展活動……222
下篇：澳門出版事業簡介……224
一、出版事業發展及現況……224
二、重要出版事業……226
三、出版事業管理體制……229
結語：香港、澳門出版事業未來發展趨勢……231
一、「九七」、「九九」變局對出版事業的影響……231
二、「九七」後香港現行的知識產權制度何去何從……234
附錄：香港的印刷業……235
陸、近年來兩岸出版交流之成果與展望……241
上篇：兩岸出版交流之成果……241
一、前言……241
二、兩岸出版趨勢與互動關係……242
三、兩岸出版合作的新模式……216
四、兩岸三地決議加强出版交流，保護版權……249
五、臺灣出版業者投資大陸之可行性探討……252
六、大陸出版業趨勢之調查與研究……254

七、結語……256
下篇：兩岸出版交流之展望……259
一、大陸對臺出版交流的限制……261
二、兩岸著作權問題的探討……264
三、電腦軟件及多媒體的著作權保護……266
四、兩岸合資辦出版的可行性探討……269
五、大陸出版集團在兩岸交流中扮演的角色……271
六、兩岸加入世界貿易組織後的出版交流……273
七、結論……275
柒、兩岸三地中文出版業的發展趨勢與整合方向……279
一、兩岸三地出版業交流的回顧與現況……279
(一)回顧篇……279
(二)現況篇……281
二、香港在兩岸出版交流中的關鍵性地位……284
三、兩岸出版交流展開新頁……288
四、中文出版市場整合的方向……293
五、中文出版市場國際化的趨勢……296
結論：對政府兩岸出版交流政策之建議……303

附錄：
解嚴後大陸文學在臺灣出版的狀況
——另以長篇小說為例說明……313
參考書目……335
著者簡介……343
著者近年研究成果目錄……345

壹、臺灣出版事業

九〇年代的臺灣出版業，已跨越傳統經營的模式，朝制度化、企業化的方向發展。雖然近幾年來，出版業界亦面臨諸多困難，如世界性經濟不景氣、產業外移、著作權法重新修訂、中美著作權談判、出版品郵資大幅上漲等不利因素，但是新成立的出版社卻如雨後春筍不斷地冒出，僅一九九〇至一九九二年這三年間，就增加了一，〇三六家出版社，同業間的競爭轉趨激烈，一些頗具歷史的出版社遭受不小的衝擊，紛紛拋下身段，積極求新求變，亟思在日新月異的圖書市場穩占一席之地。

一、臺灣出版總體經營環境分析

近年來臺灣經濟快速成長，國民所得大幅提高，但在高度物質文明衝擊下，固有的人文道德反而被忽視，整個社會呈現一種文化失調的現象，所以一九九〇年代開始臺灣政府加重推動文化建設，制訂一連串相關的施政計畫與激勵措施。其中，鼓勵社會大衆讀書，建立書香社會，也是政府長期以來一貫的努力方向。

根據行政院主計處及新聞局的統計，一九九〇年共出版一六，一五六種新書；一九九一年僅出版一二，四一八種新書，呈現負成長，減少的種類爲自然科學類、社會科學類及應用科學類，尤以應用科學類減少五二・七三%爲最，但仍占第一位；一九九二年出版一三，五〇一種新書，其中，應用科學類以五，七五七種保持領先，社會科學類一，九九四種居次，再來爲：自然科學類一，九六五種、文學類一、五五九種。

就主計處提供的〈國民生活型態與倫理調查報告〉顯示：臺灣人民閱讀書刊之習慣並不普遍，有待提升，主要原因在於觀賞電視、錄影帶占掉一般人太多時間，每人平均每日花費二小時十一分鐘在上頭，而平均每日閱讀報章雜誌及小說的時間，僅有二十五分鐘。在有線電視日漸增多的不利因素下，現代人未來閱讀的時間可能又要縮減。在最近一個月內經常閱讀書刊者僅占十四%。偶爾閱讀者不足三成，從不閱讀者占五七%。

就訂購圖書、雜誌的情況觀察，家中有人訂購圖書、雜誌的計有四十六萬戶，占臺灣地區全體住戶之九%，或占經常閱讀圖書雜誌住戶之四四・三%，其中每月訂購二本以上的圖書、雜誌之比例不低，占訂購戶三八・六七%，就有訂購圖書、雜誌之住戶而言，平均每戶訂購册數達一・九一册。

臺灣地區國民經常閱讀的圖書、雜誌種類，如不分性別，以文學類爲主，占三〇・六七%，其次爲財經工商類，占二三・二五%，婦女家庭類占二三・〇九%，再其次爲武俠、偵探小說占一三・〇五%，影劇廣播類占一二・一五%。如按性別觀察，男性最偏好的圖書種類爲財經工商類，占三〇・二一%，文學類落居第二；女性則以婦女家庭類最高，占四四・四七%，其次爲文學類。如以「金石堂一九九二年度暢銷書分類比例圖」作爲參照，文學類（小說、散文、詩詞等）占四四・七%，心理類占二六・一%，企管類占六・三%，宗教類六・二%，漫畫三・二%，語言二・

三%，其它占一一．二%。

統計一九九一年平均每戶家庭花費在書報雜誌文具的支出為五，〇〇九元，僅占娛樂教育和文化服務支出的九．四九%。一九九二年平均每人每年對書報雜誌之消費支出為二，八一七元。這些調查報告說明了臺灣人民濃厚的逸樂取向，更顯示建立「書香社會」的目標仍有待政府和出版業者共同努力達成。但據出版業者粗略的估計，每年圖書市場的營業額高達數百億臺幣，出版業平均年成長率至少有二位數以上，所以臺灣的出版業者莫不使出混身解數，爭搶這塊圖書大餅。

二、臺灣出版業發展概況

一九四五年臺灣光復後，當時僅有百餘家出版社，仍以出版日文書籍為主，其中包括中小學課本、綜合性圖書和民間通俗讀物，但已面臨重整的命運，大陸幾家老字號的出版社，如商務印書館、中華書局、世界書局、正中書局、開明書店等，紛紛渡海來臺設立分支機構，銷售本版圖書。五〇年代初的圖書出版事業，即以翻印舊版書籍、編印教科書、工具書及翻譯外文著作為主。

根據最早的統計資料顯示，一九五二年臺灣僅有一三八家出版社，一九六一年成長為五八七家，一九七一年為一，三九五家，一九八一年為二，二二三家，截至一九九三年十二月，臺灣地區出版社數量已達四，一一二家（一九九四年底止，為四，四三九家），其中約有百分之七、八十集中在臺北市，每年能夠出版新書二十種以上的，估計約二百家，出版新書一百種以上的僅約二、三十家。臺灣出版社的規模一般都不大，十人以下的出版社最多，十來人的出版社算是粗具規模，超過五十人（不含直銷人員）以上的大型出版社僅占少數。粗具規模的出版社普遍實施企業管理制度，充分授權分工，編輯流程講求效率。

對三、四十歲的中青代讀者而言，七十年代風起雲湧的臺灣出版界，曾陪著他們走過青澀的青少年時期。他們的時代不一定趕得上排隊購買四十開的「文星叢刊」，但決不會錯過人手一本志文版的尼采、沙特或叔本華，懂不懂已不重要，重要的是「我買，故我存在」。純情的少女醉心在瓊瑤《煙雨濛濛》的夢幻王國；文藝少男就在《野鴿子的黃昏》下呢喃，在《籃球情人夢》裡，大做一場春夢。喜愛文史學術著作的讀者，不免對三民書局（一九五三）、臺灣學生書局（一九五九）、文津出版社（一九七〇）、文史哲出版社（一九七一）、巨流圖書公司（一九七三）、學海出版社（一九七五）等，推動臺灣學術界的蓬勃發展，給予認同的掌聲。

一九七四年，遠景出版社正式登場，首批推出的圖書，即以設計新穎、大膽的封面，將出版業帶入彩色封面時代，並造成文學書籍空前的暢銷。如黃春明的《鑼》、《莎喲娜啦，再見》，鹿橋的《人子》、王禎和的《嫁妝一牛車》，陳若曦女士的《尹縣長》，空前的暢銷，當時海內外著名作家的重要作品，幾乎都毫不猶疑地交給「遠景」出版，可惜一套你爭我奪的《諾貝爾文學獎全集》，折損了元氣，近年來氣勢已轉弱。

一九七四、七五年分別成立的聯經出版事業公司、時報出版公司，都屬報業關係企業。「聯經」致力於專業和學術性書籍的出版，近三十年來印行新書二千餘種，出版路線包括文史哲、藝術、兒童、家庭生活、保健、體育等。八十年代初，獨力完成臺灣圖書發行網的建立，後來又擴大發行業務，代理發行出版同業的圖書和雜誌。該公司熱心參與國內外各類書展活動，一九九一年五月，曾與「中圖」廣州分公司在廣州聯合舉辦「九一年臺灣圖書展銷會」，成績斐然。「時報」以一套二十五開和袖珍本的「中國歷代經典寶庫」，打下出版江山，近年更以蔡志忠等人的漫畫和《腦筋急轉彎》，扭轉出版市場生態。該公司每年出版一二〇種以上新書，走綜合出版路線，「大師名作坊」、「人間叢書」、「文化叢書」、「生活事典」、「紅小說」等，都有不錯的口碑。

一九七五年，原《書評書目》主編柯青華創辦爾雅出版社，王榮文創立遠流出版公司，都是當年令人矚目的出版界新秀。「爾雅」以本土作家的散文、小說爲出版路線，在市場上有不錯的口碑，歷年來不計盈虧推出「年度短篇小說選」、「年度文學批評選」、「年度詩選」，對文壇貢獻不小。「遠流」創辦初期以幾本小書，如薇薇夫人的《情感與人生》、吳祥輝的《拒絕聯考的小子》等書，奠定基礎，一九七九年成功地推出「中國歷史演義全集」，帶動出版界一窩蜂搶出大套書的熱潮，接著陸續推出的幾套大型叢書，都有耀眼的成績。一九八五年曾獲選爲「年度最佳創意出版公司」，目前一年發行三百種以上的新書，出版路線包括文學類、歷史類、心理類、財經企管、工具辭書、兒童文學類等。

一九七六、七八年，洪範書店、九歌出版社相繼成立，爲喜愛文學書籍的讀者，提供了更寬廣的選擇空間。「洪範」走的是精緻文學出版路線，推出過許多膾炙人口的文學經典名著，如張系國的《香蕉船》、《昨日之怒》，王文興的《家變》，《鄭愁予詩集》、吳晟的《農婦》、楊牧的《山風海雨》等，另有編選謹嚴的三十年代作家文選、八十年代大陸小說選。「九歌」負責人挾其主編副刊的人脈，推出「九歌文庫」、「九歌叢刊」和「九歌兒童書房」，在號稱「五小」（爾雅、洪範、九歌、大地、純文學）的出版社中，經營效益最突出，擁有的暢銷書、長銷書作家也最多，如夏元瑜、琦君、張曉風、陳幸蕙、楊小雲、陳火泉、林清玄、杏林子、梁實秋、廖輝英、證嚴法師等。「九歌」自一九八一年起每年也推出「年度散文選」，一九八九年五月出版十五卷本《中華現代文學大系》，魄力十足，爲近二十年臺灣現代文學的發展留下一份值得肯定的成績單。分別成立於一九七六、七八年的戶外生活圖書公司、渡假出版社，將休閒旅遊的觀念，帶入國人生活之中，一套套的汽、機車旅遊全集，登山、釣魚、露營活動全集，海外旅遊系列等，讓讀者走向戶外，飛向海外，開闊心胸，增廣見聞。

成立於七十年代的出版社，若要一一介紹，決非這篇文章所能負荷，信筆所記掛一漏萬，還請出版同業海涵。有幾家已成「過眼雲煙」的出版社，有其時代的意義，不能不提，如作家又愛又恨的水芙蓉出版社，標榜純文學出版路線，一方面提攜新人，另方面概以低價買斷版權，該社的《一頁一小品》，是當年橫掃書市的暢銷書。在校園以賣母親卡起家的出版家文化公司，以《生命之歌》和生活實用叢書、套書，叱吒一時，卻因一套《世界博物館》的行銷策略錯誤，於八十年代中告別出版界。最令學術界「懷念」的，當推河洛出版社，想當年，《白話史記》的推出，造成多大的震撼，大量整編、翻印文、史、哲著作，氣勢如虹，負責人許仁圖的《鐘聲二十一響》，拍成電影後，想不到令「河洛」成爲絕響。

八十年代初、中期，有幾家走文學路線的出版社相繼成立，包括：駿馬（一九七九）、文經社、晨星（一九八一）、前衞、蘭亭（一九八二）、新地（一九八四）、漢藝色研、圓神（一九八五）、躍昇文化（一九八七）等。「駿馬」在開闢電影小說、羅曼史題材小說和文學類圖書之餘，又涉入《漢堡漫畫》的經營，可惜鎩羽而退；「文經社」採穩紮穩打的企畫出版路線，以《八百字小語》、《阿信》、《怎樣吃最健康》，走出一條康莊大道；「晨星」設籍臺中，擅長校園傳銷活動，握有主力作家苦苓、汪笨湖等人，近年出版的「臺灣原住民系列」、「自然公園系列」，令人耳目一新；「前衛」堅持本土作家創作路線，曾推出多部具爭議性作品，也曾一口氣出版三種年度文學選（小說、散文、詩），近年陸續出版的「臺灣作家全集」，工程浩大，網羅日據時期迄今重要的臺灣作家中、短篇小說佳構；「蘭亭」的創業叢書總名「當代文學大系」，作者羣設定在兩報文學獎新生代得主，立意甚佳，可惜經營效益不彰，已結束營業；由作家郭楓主持的新地出版社，堅持只印「文學、寫實、純正」的作品，以「當代中國大陸作家叢刊」為總名的書系，是臺灣讀者認識大陸當代文學的重要參考書，該社早期曾以阿城的《棋王、樹王、孩子王》帶動一股大陸小說流行熱潮；「漢藝色研」、「躍昇文化」屬同一系統，走的是精緻、創意的禮物書路線，筆記書的開發也是該社的營銷重心；「圓神」以一本龍應台的《野火集》一夕成名，「圓神叢書」其他的著作，卻是口碑凌駕業績，近年來，關係企業「方智」，以實用生活類為主，在女作家曹又方企劃、主持下，異軍突起，頗有斬獲。

分別成立於一九八〇年、一九八七年的淑馨出版社、臺灣珠海出版有限公司，主要在推動海峽兩岸三邊的出版交流，出版品的種類繁多，從文史哲、藝術、風土、文物、旅遊，到農業、醫學、環保書籍，應有盡有。近年來積極參與大陸書展，並與大陸十三家科技出版社合資在廣州成立百通科技文化發展有限公司。

一九八二年創辦的生活與經濟出版社，是「天下雜誌」的關係企業，「非文學類」出版社的佼佼者，以專業出版經濟及管理類圖書為主，如《二〇〇〇年大趨勢》、《樂在溝通》、《樂在工作》、

《尋找臺灣生命力》、《人生，另一種解答》、《個人公關》、《居禮夫人》、《混沌》等，都是書市的常勝軍。

此外，走音樂專業出版路線的「大呂」，出版實用心理類的「洪建全教育文化基金會」，以本土文化爲出版重點的「臺原」，以科技圖書爲重點的「牛頓」，以電腦資訊贏得口碑的「全華」、「松崗」，走法律專業的「蔚理」、「月旦」……等，以及許多未被提及的出版社，一起爲八、九十年代的臺灣出版業，寫下輝煌的一頁。

臺灣於一九八九年七月開始實施 ISBN 制度，由國立中央圖書館免費爲出版界提供服務，截至目前，共有一千五百餘家出版單位（含政府、學術團體的出版單位）實際參與。業者取得 ISBN 代碼後，只要塡寫出版資料傳眞至中央圖國際標準書號中心，一個工作天就可取得書號。如申請 CIP（出版品預行編目），先將書目資料（書名頁、版權頁、目錄或序）送至編目單位，約需三個工作天即可取得，目前有五百多家以上參與。另爲配合出版業之自動化管理，出版業者經多次協商，於一九九一年三月達成協議，除 ISBN 外，並採用 EAN 條碼系統。

爲了向各國介紹臺灣出版情況和文化成果，歷年來（一九七三至一九八六年）由國立中央圖書館代表參加國際書展已逾八十餘次，對國際文化交流有很大的助益。自一九八八年起，臺灣出版業者在新聞局支助下參加西德法蘭克福書展、倫敦書展、東京國際書展、新加坡國際書展、馬來西亞國際書展等。一九八七年底在央圖舉辦第一屆臺北國際書展，增進國際出版公司與我國出版界的交流，並由觀摩、學習中提昇國內出版技術水準。這項書展每二年擧辦一次，展覽期間並安排多場專題演講與座談會。

自八十年代以來，官方和民間即共同推動建立「書香社會」，鼓勵社會大眾讀書，新聞局對出版事業採取輔導和鼓勵措施，具體的作法包括：一、每年舉辦金鼎獎，對有卓越表現的出版業、出版品以及從業人員給予獎座、獎牌或獎金之鼓勵。二、重要學術專門著作出版補助，每年辦理一次。三、遴聘專家學者推介優良中、小學課外讀物，近年來在臺灣發行的大陸出版品也常獲推介。四、主辦或參加國、內外各項書展。五、編印出版年鑑及其他專書，如《中華民國出版事業概況》、《大陸地區大眾傳播媒體及其管理機構概況》、《書香與社會》等。自一九九一年七月起，編印《書香月刊》雜誌，是目前最完整的新書資訊。六、受理大陸地區圖書申請在臺出版、發行和展覽事宜。

附錄：臺灣出版業登記家數、分布地區及所占比率

統計時間：一九九四年底

資料提供：行政院新聞局出版處

出版社家數：四，四三九家

基隆市：一六家

臺北市：三，二〇八家（占六八％）

新竹市：四四家

臺中市：二八二家（占六．三％）

嘉義市：三五家

臺南市：一九二家（占四．三％）

高雄市：一五二家（占三・四％）
臺北縣：三八二家（占八・六％）
宜蘭縣：九家
桃園縣：五二家
新竹縣：九家
苗栗縣：十五家
臺中縣：四七家
彰化縣：四七家
南投縣：一二家
雲林縣：一一家
嘉義縣：六家
臺南縣：三七家
屏東縣：二〇家
臺東縣：一家
花蓮縣：七家
澎湖縣、金馬地區未設立出版社
（※臺北市和臺北縣合爲大臺北區，臺北縣亦可視爲臺北市的郊區）

三、行銷通路介紹

出版業是結合衆人智慧、科技發明的一種產業，它的生產環節多，從企劃出版、市場調查、撰稿、編輯作業（版面設計、審稿、排版）、封面設計、校對、定價、送廠印刷到裝訂成册，就由生產領域進入流通領域。行銷策略一般由出版社自行掌握，近年來已逐漸重視公關部門的設立，較具規模的出版社，都編列一定數量的公關贈書，寄給報社藝文版記者、編輯、電臺主持人、雜誌藝文版編輯、書評家、老師……等，尋求免費評介的機會，通常效益不錯。廣告策略，每家出版社不同，傳統的作法，是寄發每月新書快訊給各往來書店、中盤商，或在媒體上刊登廣告、在顯目處懸掛出版廣告看板、製作DM、發行書訊雜誌、與連鎖書店配合行銷優惠……等。

一般規模小的出版社，大多將產品委託專業總經銷全省發行，折扣是五至五五折，優點是產銷分明、減輕庫存壓力（出版社仍須備貨），缺點是總經銷挑選產品較嚴，容易造成只照顧暢銷書的偏頗。

中型出版社大多採取自己行銷，除了與中盤商、書店或書報攤直接往來，有時也透過新近崛起的超商、便利商店銷售系統，二十四小時陳列，不賣也收到廣告效益。成立於十年前的金石堂文化廣場，目前擁有五十多家分店，是臺灣最大的連鎖書店，對出版社的營業額有絕對的影響，該店製作的暢銷書排行榜（分為文學類、非文學類），更是牽引著每一位出版業者的心，許多出版社根據暢銷品種，決定出版哪些書。店銷，通常是出版社最主要的收入，臺北市書店的往來金額，通常占出版社營業額的一半。

出版社批給中盤商的折扣約六至六五折（較多的是六三折），批給書店以七折至七五折最普遍。超商、便利商店要求的折扣不一而足，從六折到七折都有，有些專案促銷的圖書，還可能再打個折扣。

出版社爲了廣開財源，都會想辦法開發郵購管道，主要係透過報紙、雜誌及DM傳單等，遠流的《中國歷史演義全集》、時報的《中國歷代經典寶庫》，名人的《名人偉人傳記全集》等，都是成功的實例。但因爲郵資調高，效果已大不如前了。

七十年代中期，臺灣英文雜誌社引進圖書直銷制度後，開啓了臺灣銷售高價位大型套書的新紀元，光復、錦繡、牛頓、階梯、新學友等都投入大量人力，開疆拓土。近年來，投入圖書直銷行列的人口顯著降低，成本也相對提高，臺英社、漢聲嘗試運用家庭主婦做兒童圖書推廣工作，也不斷尋求利用DM和電話銷售的因應策略。

學校這塊大餅，也是出版業使出渾身解數，極力爭取的對象，從教科書、參考書、進口書、到學校圖書館採購圖書，以至校園辦書展、假期讀物、教孝月讀物傳銷等。據悉要開發參考書市場，不投入幾千萬是無法打開市場的。

其他的行銷管道還包括圖書館採購，每年省圖、市圖的標單，都令業者望眼欲穿，其他圖書館的誘惑更不在話下，只是每年得標的同業都以六折多拿到，怎麼賺錢，大家心裡有數。

1.店銷通路經營型態：

⑴**走向多元化經營的大型連鎖書店**。特色：寬敞、明亮的賣場，供應中外圖書、文具禮品、玩具、有聲出版品的複合式經營，提供藝文表演的售票服務，暢銷書排行榜，與出版社合作舉辦圖書特價活動等。如金石文化廣場、新學友書局、何嘉仁書店等。

⑵**分工專精的專業書店**。特色：以產品的特殊性或專業領域爲銷售主體。可分爲語文專業書店，如書林書店、雙葉書廊、早期的敦煌書局（現已改爲綜合性書店）；藝術類專業書店，如大陸書店、中國音樂書房（音樂爲主）、藝術圖書公司門市部等；文學專業書店，如九歌文學書屋等。其他專業書店還包括電腦、醫學圖書、數學、宗教、兒童等。

⑶**複合式經營的傳統書店**。特色：書店街的傳統書店仍然擁有固定的顧客羣，鄉鎮社區中（含學校附近）的小型書店，兼售文具、參考書、考卷、科學實驗用品等。

⑷**新近崛起的超商、便利商店銷售系統**。特色：遍布臺灣各地，大部分採二十四小時營業，全年無休。多數與出版社或圖書供應商合作，設有「圖書推薦架」。銷售產品以雜誌、漫畫、暢銷書、食譜、休閒讀物、勵志小品、影視小說爲主。如：統一超商、OK便利商店、萬客隆等。

⑸**附設在百貨公司的書店**。特色：增添百貨公司的文化氣質、利用百貨公司的客羣來增加銷售績效，百貨公司則以「抽成」或「包底」方式向書店收取租金。如：紀伊國屋SOGO店，賣場約一百一十坪，以上班族和家庭主婦爲主要客羣。另外，還有永漢書局與新光三越百貨公司合作，敦煌書局與內湖德安百貨公司合作，高雄宏總文化廣場開在百貨公司五樓，賣場占地七百坪。

⑹**書店與麵包店、Coffee Shop 複合經營的書店**。特色：採取複合式經營，除了服務一般購書讀者外，並可吸引另一批消費族羣，爲讀者提供一個休憩、閱讀的場所。位於重慶南路書店街的東華書局，結合馬可波羅麵包、餐飲業，經營風格獨特，開業以來受到讀者、消費者的肯定與歡迎。一樓爲書店與麵包店複合經營，二樓書店與 Coffee Shop 結合，全店氣氛柔和，設計雅緻，營造了一個舒適的選書、用餐環境。

⑴大型連鎖書店的經營策略——以新學友書局為例說明

新學友書局負責人廖蘇西姿女士曾談到考慮開連鎖書店的地點選擇問題。她通常將地點分爲三類：文教區、辦公廳聚集處、住宅區，而她選的地點大部分是「文教區」的商圈。她認爲靠近學校，自然會有住宅區，而住宅區是能養根的地方，在那裡能辦一些家庭性活動，藉以培養、教育出看書人口，這些消費者是固定的。但一般大型書店或連鎖書店業者還是喜歡開設在商業區，尤其是每個城鎮的商業中心。

新學友書局在經營上是定位在「全家人的書店」，也就是幼兒到成人的書都有。在布置各樓面的商品結構時，朝人性設計思考，如二樓大多放專業書，顧客大多是上班族，所以也結合辦公用品、較精緻的文具、禮品，提高彼此銷售的機會。另外，兒童書、女性用書和保健類圖書是放在一起的，讓媽媽陪子女選購圖書時，也能爲自己買些書，充實一下。

在臺灣，開一個大型書店與開中、小型書店所花費的心力是差不多的。以營運成本爲例，小書店房租較低，但人事的花費上相同。與其開設面積小、樓層多的書店，不如開設面積大、樓層少的書店，可以節省不少人事費用。

(2)大型連鎖書店的商品管理——以金石文化廣場為例說明

金石文化廣場成立於一九八三年一月，爲「高砂紡織」的關係企業，至一九九六年底有五十多家連鎖店，主要營業項目爲：圖書、文具、卡帶、百貨、餐飲。

在十餘年的經營過程中，對商品管理曾經歷下列的階段：

①一九八五年一月（二家店）：成立統一採購。

針對所有圖書，成立統一的採購、驗收、發貨作業。唯一例外是雜誌因爲牽涉到時效的問題，迄今大宗雜誌仍在現場進退貨。

②一九八六年七月（三家店）：實施採購周期。

由於上游廠商衆多，作業繁瑣，必須運用固定採購時間，劃分成每週採購、二週採購與四週採購。

③一九八九年七月（七家店）：實施採驗分離和各店POS系統。

採購歸採購、驗收歸驗收，爲統一採購、分區發貨做鋪路。

各店實施POS系統，及時讀取各店銷售資料，了解進貨。

④一九九〇年七月（十一家店）：正式上線EOS（電子訂購系統），成立「新書配點制」，施行「訂購單指定到貨日」。

金石文化廣場是臺灣首家實行電腦訂購的書店，但因並未引進任何外國的know How，一切自己來，陣痛期長達半年，程式修改了兩次，到現在已漸趨正常。

成立「新書配點制」，爲所有新產品設立「配點表」，按基本數配貨，控制各商品的各店進貨數量。

爲了配合EOS作業，實施「訂購單指定到貨日」，在訂購單上證明到貨日期，掌握採購到進貨的時效，從到貨日期到訂購日期的時間差，可以統計單位作業的效率和廠商配貨的效率。

⑤一九九二年十一月（二十四家店）：成立臺中發貨中心。

成立臺中發貨中心，主要目的在縮短臺中以南的配送時間。

金石文化廣場的商管部門的任務如下：

①進貨的新書由商品部管理，採用新書配點制。補書部分由各店配合EOS系統，進行統一採購。平常的退貨由各店依據退貨周期，以目測或報表的方式辦理退貨：異常情況時，則由商品部通知各店辦理退貨。在年終時由商品部通知各店依照滯銷書種辦理退貨。

②金石堂有自己的一套新書篩選原則：㈠是查看有沒有版權頁？㈡是有沒有序或跋？㈢品質如何？㈣品牌形象如何？㈤內容如何？（絕對禁止色情或暴力）㈥平均單價多少？

⑶設立在百貨公司內的書店經營——以高雄宏總文化廣場為例說明

百貨公司內設立書店的歷史，大約始於一九七八年。當時有一家以出版童書爲主的三通圖書與來來百貨公司合作，開闢一百五十坪大賣場。目前，臺灣大約有二十家大型百貨公司內設書店，如紀伊國屋書店（臺北SOGO忠孝店、臺中中友百貨、高雄大立百貨）、永漢書局（臺北新光三越百貨、永琦百貨、臺南東帝士）、宏總文化廣場（高雄宏總百貨公司）……等。

在百貨公司設置圖書賣場，基本上，百貨公司是以「抽成」或「包底」方式向書店收取租金，照營業額的數目抽取一定比例的傭金。百貨公司擁有基本的消費羣，平時常透過廣播介紹各樓層的商品，遇有節慶推出的促銷活動，能帶來更多的消費者。但也有書店是由百貨公司自己經營，如宏總文化廣場。

一九九二年八月開始營業的高雄宏總文化廣場，位於宏總百貨公司五樓，賣場七百坪，規畫爲：一般商品區、文具禮品區、CD卡帶區、圖書區、展覽場、演講廳。圖書區又分爲中文圖書區、外文圖書區、兒童圖書區。

「宏總」除了以文化廣場遼闊的賣場、舒適的購書環境來吸引人潮外，也利用百貨公司和戲院的客羣來增加銷售績效，例如：開幕時的促銷活動，以憑購書滿二百元的發票到戲院購票享半票優待爲號召，業績驚人。經營者表示：由於圖書商品是屬於單站購足的文化產品，必須著重觀念與策略性的運用。演講廳所辦的活動，也要求必須高度契合其文化訴求。

(4)社區性書店的經營策略——以芳和文化廣場為例說明

芳和文化廣場位於臺北市樂業街黃昏市場附近，一八〇坪的賣場，規畫爲圖書區（約一四〇坪）、文具禮品區（二十三坪）、兒童圖書區（十五坪），另外還附設一個三十一坪的才藝教室。經營者表示：該書店除了商品活動外，由於客層穩定，希望藉著才藝教室爲社區盡一點心意，在與社區結合的前提下，提供社區居民辦活動的場所，也可由書店代辦社區的文教活動、親子活動、雜誌展、新書導讀等。

在經營方向上，「芳和」的原則是：

1.商品進、銷、存管理做到單品數量、金額必須清楚。
2.對於固定費用，做到微小化，亦降低管銷費用。
3.在管理上減少人爲因素影響。
4.依擬定的作業流程做員工自我管理。

在商品銷售的擬定上：

1.認識書店的屬性，以商品與客戶的互動爲原則。
2.接受電話訂購，賣場書訊提供。
3.掌握住宅區客戶羣的流行訊息，並主動創造商品需求。
4.運用無店鋪販賣與店頭銷售優點，增加銷售空間，創造利潤。

(5)便利商店的經營策略

臺灣的便利商店可大致區分爲連鎖店及加盟店兩種型態，連鎖店的規畫整齊劃一，但在產品選擇、資訊收集等，都操控在總公司手中，經營上顯然較爲被動。加盟店的組織較爲鬆散，各店水平不一，但是具備較主動積極的態度。

近年來，便利商店開業家數大幅上升，已改變臺灣傳統的消費市場。大多數的便利商店導入西方先進國家的經營理念，提供消費大眾多項便捷的服務，其中也包括書籍、雜誌等文化商品的販售。

由於便利商店中書刊只占五%營業額，在有限的陳列空間下，多趨向選擇周轉率高、迎合大眾口味的流行性商品，如雜誌、影視、愛情小說、漫畫、人生心理叢書、理財系列叢書……等。雜誌與書籍的比例約爲七：三。便利商店有固定的顧客羣，一般而言，業績大都保持一定的水平。據發行業者提供的資料顯示：便利商店的書籍、雜誌查補作業方式與一般書店大同小異，平均每星期出貨三次，每一個點一週查補書一次，雜誌則每星期可達三至四次。經營的困境有下列數點：一、店員對文化商品了解不夠，補貨不暢；二、店員採輪班制，對當天的銷售狀況無法作正確的掌握；三、中盤或出版社送貨常有遭拒收的情況發生。

2.臺灣中小型出版社在行銷上的困境

臺灣的出版社以中、小型規模爲多，這類型的出版社通常不放心把發行工作全部交給經銷商，而是盡量直接與全省書店直接往來，其次才交給地區中盤商做其他點的發行。

中小型出版社面臨的行銷困境包括：㈠配銷通路上龐大的管銷費用，㈡專業人才的培育養成，㈢繁瑣的作業程序，㈣限於人力無法做全面性的查補書工作，㈤無法獲知外縣市的銷售狀況，面對中南部發行系統，常有力不從心之感。

臺灣「東販」總經理志賀國隆曾指出：臺灣應走日本的大發行商路線，站在物流觀念上，若發行量未達到一定的規模時，由出版社自行做物流的工作是較無效率的作法。日本的圖書發行完全採產銷分離作法，日本出版社的營業員到書店，主要是爲書店查補書，也將未出版的新書介紹給書店，請書店注意出書的時間以便向中盤商訂貨。日本的出版發行中盤商主要有二家——東販及日販，書店大部分屬於東販系和日販系。書店和二大中盤商幾乎都有CD–ROM SYSTEM，儲存了到前一個月所出版書籍的資料，書店可隨時檢索這些資料，然後下訂書單給中盤商，中盤商再由出版社進書，一般的作業流程約需一週。

在營業者的構想中，臺灣的中小型出版社與經銷商之間，最理想的合作模式如下：

1.出版社與經銷商之間要有充分的默契、完美的配合，經銷商本身的機能要提昇，才能有效的改善發行效率。

2.出版社應該要有業務員主動去做查補及促銷的工作；經銷商在發行新書時應協助促銷，在書店缺書時儘快補書，並負責將重點書推薦給書店，定期提供銷售情況等。

臺灣的書店與上游廠商（出版社、中盤）的關係：

一、站在書店經營的立場，期望上游廠商配合下列數項：

1.書店的坪數有限，中盤商或出版社在發行新書需考慮書店的庫存容量，以免造成書店的庫存壓力。

2.提供新書出版資訊，出版社如有促銷活動提前和書店接洽配合。

3.出版社或中盤商能代爲訓練、教育書店的工作人員。

4.補書的配送速度要快；書店也有責任主動將補書需求告知上游廠商。

5.大型書店多維持與二、三百家以上的出版社、中盤商往來，而不願精簡上游廠商，直接與大盤或總經銷往來。主要原因是擔心祇與少數幾家廠商往來，貨源容易被壟斷，形成不平等的地位。

二、臺灣的出版社直接將產品發行到書店的原因如下：

1.直接發行能夠充分掌握圖書銷售情況，而中盤商無法提供相關資訊。

2.近年來書店的變化趨勢太快，許多連鎖書店的採購作業及補書系統已有很大的改變，但傳統的中盤商卻沒有跟得上腳步的因應策略。

3.與中盤商往來的出版社非常多，中盤無法特別照顧某一家出版社的產品。如果出版社直接與書店往來，就可以妥善照顧自己的產品，也能掌握每家書店的特色。

3.臺灣書店的「折扣」政策

長期以來，臺灣的書店習慣以打折銷售產品，造成讀者買書時理應享受打折優待的心態。有些傳統經營型態的書店競爭不過大型書店，祇有靠打折作爲與同業競爭的武器。書店再回過頭來要求上游廠商（中盤商、出版社）壓低批書價格，出版社爲求生存，祇有提高定價以因應銷售通路的需求，至於書籍定價的合理性，早就被擱置一旁了。

大部分的書店其實是贊成書籍不二價販賣，一來可防止書店間惡性競爭；二可讓流通過程中，每個流通環節都有合理的利潤；三可促使書籍定價合理化。但他們也預期推行「書籍不二價運動」會遭遇到的困難，主要還在於：一、消費者普遍有貪小便宜的心理，不能接受照定價購書，減低購書欲望；二、業者本身不夠團結，配合意願不高。

就目前的出版通路來看，仍然存在著以打折爲促銷手段，或以折扣高低作爲招標手段的一些例子，如：

(1)出版社、書店舉辦的不定期書展；

(2)學校、機關等團體購書的折扣；

(3)許多連鎖或大型書店發行貴賓卡，有變相打折扣的嫌疑；

(4)圖書館的招標折扣；

(5)滯銷書、回頭書、廉價書的促銷折扣；

(6)直銷與郵購的優待折扣。

並不是所有的書店都贊成打折，有一些傳統的書店，由打折販賣轉型爲定價販賣，在重新裝潢過的賣場，以明亮、舒適的環境，熱誠的服務態度，陳列販賣的圖書品種，贏得新舊顧客的滿意，大幅提昇了營業額。

四、臺灣書市的長銷書與暢銷書

(一)永不落架的好書

一本書稿從創作、編印、發行到書店，再到讀者的書架上，在整個流通過程中，必須通過各個專業領域不同的關懷和考量。在臺灣，一本長銷的，值得每一代人閱讀的，永不落架的好書，究竟需要具備什麼條件呢？

一般而言，書店補書率（即回轉率）高、知名度高的書，銷售期自然也較長；此外，工具書、家庭用書、歷久不衰的中外文學作品，或者被廣泛採用的教材（包括語言教材），較不受回轉率的影響。以目前市場的銷售情況而言，文學作品的淘汰率較高，九十年代以來，曾有出版業者以「文學最寒冷的冬天」、「寂靜的春天」來形容當時文學出版的蕭條。但近年來，攀附在「文學」名下的大衆讀物强力崛起，再加上一批頗受歡迎的「明星作家」，如林清玄、劉墉、張大春、侯文詠、苦苓等人，撐起文學的一片天，給讀者「繁華滿目」的錯覺印象。其實，許多文學專業出版社，如洪範、前衞、大地、爾雅等，都是堅持出版理想，慘澹經營；純文學出版社更在讀者錯愕、婉惜聲中結束營業。

在文學類的書籍中，有些類別的書已流行一段時間，還是在書架上被保留下來，通過了讀者與時間的檢驗：

㈠是勵志性讀物，如王鼎鈞的《開放的人生》、《人生試金石》，劉墉的《肯定自己》、《超越自己》、《創造自己》、《點一盞心燈》，傅佩榮的《開拓心靈的世界》等，這類產品不受時間影響，永遠有它的讀者羣。

㈡是感性或兩性題材的作品，如鹿橋的《未央歌》、林良的《小太陽》、張曼娟的《海水正藍》、《緣起不滅》、劉墉的《愛就注定一生的漂泊》、電視夫妻檔李濤、李艷秋的《親愛關係》、蕭麗紅的《千江有水千江月》等。

㈢是身心修養，有關佛學、禪學的書，最著名的首推林清玄的「菩提」散文系列、《歡喜自在》、《煩惱平息》，鄭石岩的《禪．生命的微笑》、《禪．生活與工作》，證嚴法師的《證嚴法師靜思語》，星雲大師的《心甘情願》等。

㈣是階段性報導具時效性，或內容具獨創性，觀念有精闢理論基礎的作品，如周玉蔻的「傳記」系列，包括《誰殺了章亞若》、《蔣方良與蔣經國》、《李登輝的一千天》、《李登輝，一九九三》，張大春的《少年大頭春的生活周記》、《我妹妹》、《撒謊的信徒》，毛毛的《我的父親鄧小平》，李志綏的《毛澤東私人醫生回憶錄》等。

㈤是結合電影、電視出版的原著或改寫小說，如瓊瑤的愛情小說《梅花烙》、《鬼丈夫》、《水雲間》，電影翻譯小說《刺鳥》、《與狼共舞》、《此情可問天》、《侏儸紀公園》、《蝴蝶君》等。

在非文學類作品方面，㈠是報導如何追求更好的生活、工作方法，如林清玄《歡喜心過生活》、黃明堅的《簡簡單單過日子》、《爲自己活》等。㈡是有關健康、生活、實用方面的叢書，如莊靜芬的《怎樣吃最健康》、杜奇榮譯《吃的科學觀》、蕭世民《能言善辯一百法》，旅遊指南等。㈢是提供各種人生經驗的書。㈣是因應社會的需求，針對自由化、國際化有精闢言論的書。

書店經營重視營業績效，如果沒有合理的利潤使書店開銷持平，很快就會導致關門的命運。有不少書店祇喜歡販賣暢銷書，往往忽略了帶領讀者讀好書的責任。在臺灣最受讀者和出版界肯定的誠品書店，它所進的書種不以暢銷書爲主要考慮，而是以顧客的需求，書店的經營理念，做爲進貨的挑選原則。讀者一走進寬敞、舒適，充滿藝術品味的賣場，即能感受到書店經營者對顧客的尊重，在這裡買書絕對是一種享受。

㈡暢銷書排行榜上的出版趨勢

一九八三年初，高砂紡織公司投資成立第一家大衆化新型賣場的書店——金石文化廣場，至一九九五年底全省已擴展至五十二家分店，並積極擴展海外分店。該書店首創的暢銷書排行榜對讀者、出版界、大衆傳播界，都造成巨大的影響，不僅左右了讀者的購書意向，扭轉了出版業者企劃製作與促銷手法，並引起大衆傳播界的仿效，紛紛製作各式各樣的排行榜。根據金石文化廣場製作的「暢銷圖書類別分析」一九九一、一九九二、一九九三年份，可以大致觀察到社會大衆的集體閱讀取向。下列這幾種書是三年間臺灣暢銷書排行榜上曾經出現的類別，有的書至今仍然雄踞榜上，有的書早已降溫，留下歷史的見證。臺灣讀者選購圖書時，有非常明顯的「品牌」觀念，祇要是「遠流」、「天下」、「皇冠」、劉墉（個人出版）、「爾雅」、「洪範」、「張老師」……的書，大都能讓讀者買的安心，這些出版社的書在銷售上也較佔優勢。以下是暢銷書圖書類別分析：

㈠强勢媒體造勢，小說改編電影、影集、劇本模式。運用强勢媒體是瓊瑤最擅長的手法，她製作的電視劇，通常帶動原著小說或改編小說的銷售，而且屢試不爽，除了前文提及的幾部外，還有《雪珂》、《望夫崖》、《蘇州格格》等。另外，如電視影集、電影名著，如《清秀佳人》系列、《沈默的羔羊》、《滾滾紅塵》、《牯嶺街少年殺人事件》、《異域》、《阮玲玉》、《虎克船長》、《再世情緣》、《喜宴》……等。

㈡幽默漫畫、輕鬆小品，曾一度橫掃書市，如《腦筋急轉彎》、《軍中笑話》、《雙響炮》系列、蕭言中《童話短路》系列等，但這一類作品有退流行的趨勢。

(三)名人講座，感情、婚姻、人際溝通的有聲出版（或配合書籍）出版模式，如苦苓《愛就從這裡開始》、《眭澔平與你談心》以及林清玄、傅佩榮等人的錄音帶。

(四)心靈禪學書籍（上文已提及）。

(五)解決生命困頓，追求自我的勵志叢書。

(六)向歷史借鏡的「實用歷史」系列，如遠流版《曹操經營爭霸史》、《三國英雄傳》系列、黃仁宇的《地北天南敍古今》、《資本主義與二十一世紀》、《中國大歷史》、《赫遜河畔談中國歷史》等。

(七)趨勢叢書，如《大未來》、《全預測》等。

(八)應用心理學、兩性之間、生涯規劃和以女性爲議題的叢書，兼具實用性與專業性，迎合上班族需求的書，如《腦力激進十二周成長計畫》、《與成功有約》、《愛溝通成長》等。以女性爲議題的書包括：王碧瑩《做個風姿綽約的女人》、曹又方《做一個有智慧的女人》和《內在革命》等。

(九)各行各業的人物傳記、史話、描繪人物與時間的結合，如《孫運璿傳》、《居禮夫人》、《走過關鍵年代》、《沙卡洛夫回憶錄》、業强版中外文化名人傳記、《空中飛人麥可・喬登》、《別鬧了，費曼先生——科學頑童的故事》、《李國鼎口述歷史：話說臺灣經驗》、兩岸政治人物傳記、工商人物傳記等。

(十)企管行銷叢書，如《廣告人企劃法》、《事件行銷100》、《How to 系列》、《其實你懂老板的心》、《如何做個好主管》、《行銷大師法則：永恆不變22誡》等。

(十一)文學出版品，除了上述提及的幾位暢銷作家外，還可列出皇冠的《心情故事》、蕭颯的《單身薏惠》、廖輝英的《輾轉紅蓮》、《你是我今生的守候》、小野的《豌豆家族》等。

㈡影視明星、新聞和廣播媒體主播、主持人出書蔚爲風潮，包括：伊能靜、王傑、李明依、劉德華、童安格、胡瓜、郭富城、周華健、林志穎等著名歌手都曾推出新書或寫眞集。電視記者、主持人眭澔平的《誰該與我相遇》、《相遇自是有緣》普遍受到歡迎。

㈢關照本土環境的文集，如臺原的《臺灣風土傳奇》系列，《臺北老街》、《臺北歷史散步》、孫大川《久久酒一次》等。

㈣專業類書籍生活化，如以淺顯、生動文字表現的科普書籍《時間簡史》、麥田的運動家系列、張老師的《棒球新樂園》等。

㈤神祕文化讀物，如張老師的《前世今生：生命輪迴的前世療法》、邱彰的密宗系列等。

五、暢銷書的行銷企劃

——以《商業周刊》出版的《走過關鍵年代——汪彝定回憶錄》爲例說明

創刊於一九八七年的《商業周刊》，於一九九一年十月十四日正式推出《走過關鍵年代——汪彝定回憶錄》後，在極短時間內就登上金石堂及新學友非文學類的暢銷書排行榜榜首。這本暢銷書從出版到行銷過程都經過事先縝密的企劃，堪稱典範。企劃過程如下：

㈠出版企劃：汪彝定先生的個人價值及新聞性高，他在臺灣經濟起飛的年代扮演關鍵性的角色，也在新聞界擔任多年的主筆，出版他的回憶錄，預期在政治界和新聞界都會引起回響。

(二)促銷企劃：①商業周刊運用媒體和售價並行的策略。回憶錄上市一個月前，就開始在媒體刊登預約廣告，以特價八五折優待，並贈送汪先生親筆簽名。②企劃部門與各媒體接觸，希望能增加此書在媒體上曝光的機會，主動提供此書部分篇章供轉載、摘錄，安排專訪汪彝定先生。十月十三日舉行新書發表會的消息，在主要媒體的見報率更達到高峯。

(三)行銷通路：①利用商業周刊的郵購通路。②店銷方面交給總經銷負責。出書前即向全省各書店做市場調查，預估市場需求及銷售數量；透過營業人員向書店介紹這本書，溝通促銷計畫上的配合，除了希望在平臺及明顯之處陳列本書，並另闢空間將這本書以幾十册大量的陳列出來，吸引讀者的注意。平臺上另搭配其他同類型的書，像《孫運璿傳》一起平擺，並配合出版社作店頭海報的發送及張貼，提供讀者此項出版訊息。③書籍上市後，經銷商針對書店作銷售狀況的追蹤，並將這些資訊轉達給出版社，作爲調整促銷策略的參考及再版數量的依據。

(四)結語：一本書的銷售成功，應結合出版社到經銷商與零售商店三者的配合，也就是需具備情報訊息的傳遞、物品的流通順暢及零售店的販賣技術等機能。

(五)附錄——商業周刊的企劃部：該部屬於幕僚單位，負責搜集資訊並對公司整體的運作提出建議；它同時也是支援單位，協助推動行銷專案。一九九三年初，有六位成員，依工作性質，分屬總監、副理、主任管轄。

六、臺灣出版資訊簡介

一、官方出版品部分：

1.中華民國出版圖書目錄／國立中央圖書館編目組，一九六〇年九月創刊，分爲季刊、年彙編本、五年彙編本。

2.中華民國行政機關出版品目錄／國立中央圖書館官書股，一九八四年四月創刊，分爲季刊、年彙編本。

3.中華民國臺灣地區國際標準書號中心通訊／國立中央圖書館、國際標準書號中心，一九九〇年三月創刊，月刊。該中心另出版《中華民國臺灣地區國際標準書號出版機構名錄》，一九九〇年二月創刊，爲年刊。

4.中華民國出版年鑑／中國出版公司，一九七六年創刊，一九七六至一九八一年爲年刊，共六本；一九八二至一九九〇年爲雙年刊，共五本；一九九一年爲年刊，一九九二年、九三年爲雙年刊，一九九四年起爲年刊。

5.書香／行政院新聞局出版事業處，一九九一年七月創刊，月刊。（贈閱）

6.書評／臺灣省立臺中圖書館，一九九二年十二月創刊，雙月刊。

7.書評索引／臺北市立圖書館，一九九三年七月創刊，半年刊。

二、出版協會、公會出版品部分：

1. 出版人／中華民國圖書出版事業協會，一九九一年三月三十日創刊，季刊。前身爲《出版之友》季刊，出版至五十二期，一九七六年十一月十二日創刊。
2. 出版界／臺北市出版商業同業公會，一九八〇年一月十五日創刊，季刊。

三、民間出版品雜誌部分：

1. 中國書目季刊／中國書目季刊社，一九六六年九月創刊，季刊。
2. 文訊／文訊雜誌社，一九八三年創刊，月刊。
3. 出版情報／金石堂實業股份有限公司，一九八八年五月創刊，月刊。（贈閱）
4. 誠品閱讀／誠品書店，一九九一年十二月一日創刊，雙月刊。從一九九三年二月十五日第八期開始增加《誠品閱讀人文特刊》
5. 出版流通／農學股份有限公司，一九九一年十一月創刊，月刊。
6. 書卷／光復書局企業股份有限公司，一九九三年三月創刊，季刊。
7. 分享新書香月刊／人合物力流通股份有限公司，一九九三年三月創刊，月刊。

（其他介紹新書情報的雜誌極多，請自行參閱，不一一列舉）

四、報紙型出版品部分：

1. 愛書人雜誌／愛書人雜誌社，一九七五年創刊（一九九三年五月以新型態出現），月刊。
2. 中國時報「開卷版專刊」，周四出刊
3. 聯合報「讀書人」專刊，周四出刊（後改爲周一出刊）
4. 民生報「讀書」專刊，周六出刊
5. 中央日報「讀書出版」專刊，周三出刊
6. 自立早報「讀書生活」，周五出刊
7. 自立晚報「新象書坊」，周日出刊
8. 工商時報「大書坊」，周日出刊

五、出版社的書訊部分：

各出版社大都有定期或不定期推出的書訊，如遠流的《書店導遊》、《讀書社羣》，漢藝色研、躍昇的《三稜鏡》，天下的《書的天下》，文經社的《書園》，時報的《時報廣場》，臺英社的《精湛》，以及爾雅、九歌、洪範、珠海書訊、聯經書訊、幼獅書訊……等。

六、電子資訊部分：

1. 中華民國期刊論文索引光碟系統／國立中央圖書館、工業技術研究院電腦與通訊工業研究所，一

九九三年八月一日發行。收錄一九八二年一月至一九九二年十二月間，臺灣及港澳地區出版之中外文期刊一、二五五種，共二十五萬六千多筆，每年新增約三萬筆，並將回溯至一九七〇年，約可增加三十萬筆，資料每六個月更新一次，資料種類包括：總類、哲學類、宗教類、自然科學類、應用科學類、社會科學類、史地傳記類、語文類、藝術類、中共蘇俄研究。

2.書香月刊「電子公布欄」／行政院新聞局出版事業處／自一九九三年九月一日起，書香月刊以「電子公布欄」的形式，將原本以書面呈現的新書資訊，改以電子資訊方式提供民衆查詢（可經由電腦終端機、數據機及電話），在接通專線電話後，即可查詢近二年及當月出版的書籍。

（附：臺灣《出版年鑑》的內容介紹——以一九九三年版爲例說明）

一九九三年版《出版年鑑》，收錄一九九一、一九九二年臺灣地區出版業的概況，內容包括：

大事紀——一九九一、一九九二出版大事紀

㈠回顧——大事分析（海峽兩岸出版交流概況、著作權法對出版業的影響）、各業回顧（圖書出版業、雜誌出版社、有聲出版業、報業）。

㈡圖書出版業——圖書出版業名錄、新出版圖書目錄、政府出版品目錄。

㈢雜誌出版業——雜誌出版業名錄、內銷僑辦雜誌名錄、學報名錄、新核准登記雜誌名錄、註銷雜誌名稱。

㈣有聲出版業

㈤報業及通訊業

㈥統計——圖書出版業（圖書出版社縣市分布統計表、圖書出版社家數增加率統計圖一九五三——

一九九二、新書類別分析圖、新書類別統計表、新書售價統計表）、雜誌出版業、有聲出版業、其他（中文出版品進出口統計表、外文出版品進出口統計表【不含日文部分】、日文出版品進出口統計表等）

(七)其他：圖書館名錄、出版品進出口代理商名錄（勞務輸出印刷廠商名錄、日文報紙進口代理商名單、日文書誌商名錄、英文書誌商名錄、主要進口英文報刊名錄）

(八)獎助活動

(九)法規及社團

(十)附篇——新出版圖書書名索引、新出版圖書著者、編譯者名索引等。

（附：理想的新書出版資訊）

收錄範圍——民間、個人、政府、學術研究機構、大專院校的出版品外，還應包含期刊及其他具有學術研究價值的小册子。

著錄書目——包括書（刊）名、編譯者、出版者、出版年月、裝訂（精、平裝）、定價、開數、頁數、ISBN（國際標準書號）、CIP（出版品預行編目）等。另可考慮附上該書的簡介或公正、客觀的書評。出版統計概況應包括下列數項：

1.出版事業的行政統計

一九九三年版年鑑已具備的統計——圖書出版與雜誌業者總家數及其分布，新書與雜誌的分類統計及各項進出口統計數字，新書售價統計表者。

尚未列入的統計有：1.新書出版、發行總量、紙張使用統計；2.、翻譯資料的統計分析，包括：

臺灣取得翻譯權的外國出版品總數？類別？原文所使用的語文？翻譯著作的出版量與銷售量？有哪些出版品是經翻譯後，再輸往國外地區？

參考書目

應鳳凰、鍾麗慧，《書香社會》臺北：行政院文化建設委員會，一九八四年六月

陳銘磻，《掌燈人》臺北：行政院文化建設委員會，一九八七年六月

行政院新聞局編，《中華民國出版事業概況》臺北：行政院新聞局，一九八九年五月

行政院新聞局，《政府對圖書出版業有關工作簡介》臺北：行政院新聞局，一九九一年六月初版，一九九一年十二月修訂一版

行政院新聞局編，《中華民國臺灣地區出版供需統計概覽》臺北：行政院新聞局，一九九四年一月

行政院新聞局編，《中華民國出版事業統計概覽——民國七十七年～民國八十三年》臺北：行政院新聞局，一九九五年六月

另參考《出版情報》、《出版流通》、《出版人》、《出版界》、《書香》等雜誌。

貳、大陸出版事業

一、大陸出版事業發展及現況

㈠沿革

從三十年代起，中共地下組織就積極展開行動，收編國民政府統治區內的出版機構；一九三七年，中共最早的出版發行機構新華書店成立於延安，並不斷對外擴展發行網點。據統計，至一九四九年九月，新華書店在各地的分支店已有七三五處，印刷廠二十九處，職工八、一三二人。一九四九年二月底，中共派出書店幹部在北京接收正中書局、獨立出版社、中國文化服務社及其所屬的兩個印刷廠，相當程度地壯大了大陸出版事業。

1. 改造、創建期（一九四九——一九五六）

一九四九年十月一日，中共新政權成立後，旋即於三日至二十一日召開了「全國新華書店第一屆出版工作會議」，討論通過了關於統一全國新華書店的各項決議。十一月一日，「出版總署」成立，由胡愈之和葉聖陶、周建人分任正副署長。從一九四九年十一月到一九五二年，「出版總署」

採取一系列措施來領導、管理大陸出版事業，其中重要的有：

(1)統一全國新華書店

一九五〇年三月二十五日，「出版總署」作出《關於統一全國新華書店的決定》，將過去分散各地經營的新華書店，統一為全國性的國營出版企業，並對統一後的方針、領導、組織作出具體規定。四月一日，在北京設新華書店總管理處；同時在華北、東北、華東等各大行政區分別成立新華書店總分店，各省設分店，縣設支店。到一九五〇年九月底，新華書店初步完成了統一，共有九個總分店，四十七個分店，八八九個支店。

(2)出版、印刷、發行實行專業分工，調整公私出版業關係

一九五〇年八月二十九日，「出版總署」召開第二屆全國新華書店工作會議，通過了《關於國營書刊出版印刷發行企業分工專業化與調整公私關係的決定》，決定將全國新華書店改組為「統一的、專營發行的國營企業」。一九五一年一月，對當時的機構體制進行了調整，新華書店解除了出版和印刷的業務，成為專營書刊發行業務的機構。新華書店總管理處改組為新華書店總店，全國各級新華書店原有的出版機構改組為中央級和地方人民出版社。各級新華書店原有的廠務部和印刷廠劃分出來，另成立單獨經營的新華印刷廠。這一年底，大陸共有出版社三八五家，其中中央級十三家，地方五十一家，私營三二一家。

(3)對私營出版業進行調整和初步改造

據統計，一九五〇年三月底，在大陸十一個大中城市，私營書店共有一千多家，其中經營出版業務的有二四四家，在當年第一季度內印行的書籍，約占大陸出版新書中的半數。中共自一九五〇

年即開始對私營出版業進行必要的調整和初步的改造，一方面以懷柔的手段，吸收私營出版業的一些代表參加「第一屆全國出版會議」（一九五〇年九月十五日至二十五日召開），幫助他們調整業務範圍，推動業者組織聯營；另一方面以強硬的手段，對私營出版社的出版物進行監督，如有嚴重錯誤的書籍則採取行政措施，予以停售處分。一九五二年八月，「政務院」頒布的《管理書刊出版業、印刷業、發行業暫行條例》，對違反條例的私營投機出版業，由行政機關給予警告或吊銷其營業許可證等處分。另外，也鼓勵私營出版業中具備公私合營條件的，在自願的原則下，進行公私合營。

截至一九五二年底，大陸共有出版社四二六家，其中中央級十六家，地方五十四家，私營三五六家。共出版各類圖書一・三六九二萬種，印行七・八六億冊（張）。共出版期刊三五四種，年總印數達到二・〇四億冊。

一九五三到一九五七年，是中共發展國民經濟的第一個五年計畫時期。在一九五四年制訂通過的《中共發展國民經濟的第一個五年計畫》中規定：要發展報紙、雜誌和書籍的出版事業，增加社會科學、自然科學、工業技術、文藝創作、少年兒童讀物和通俗圖書報刊的種類和數量，提高作品和翻譯的質量，以滿足國家建設和人民文化生活的需要。

在第一個五年計畫期間，中共對出版事業的建設，採取了下列一些重要措施。

(1) 繼續發展國營出版業

在第一個五年計畫期間著重發展出版科學技術圖書的專業出版社，還新建立通俗讀物、文字改革、文物、音樂、體育、電影、古籍、中國少年兒童、中國人民大學等綜合和專業出版社，並建立了少數民族文字出版社。截至一九五七年底，大陸共有出版社一〇三家，其中中央級五十五家，地方四十八家。

(2)基本上完成了對私營出版業的社會主義改造

一九五二年底，大陸還有私營出版商三五六家，其中大部分規模很小，有的兼營文具、印刷等業務，這一年他們出版的書籍有七、二二五種，印行八、〇六五萬冊，占大陸出版總冊數的一〇・二%。但私營出版業的經營方式無法見容於中共的出版方針，一九五三年十月，「出版總署」在關於《辦理書刊出版業印刷業發行業核准營業工作報告》中，明確地指出：「對私營出版業，以各種方式加以利用、限制和改造，使能逐步地納入國家計畫建設的軌道。」從一九五四年開始，有步驟地開展了對私營出版業的社會主義改造。對一些基礎較好，經營作風正派的私營出版社，採取由國家投入部分資金，派入幹部加強領導、促進聯合經營等方式，將它們改造為公私合營的國家資本主義企業。對其他資金和人員都不足的私營出版社，則採取機構裁併、人員妥善安置的辦法；對其兼營印刷、發行業務部分，併入國營或公私合營的印刷、發行行業。到一九五六年初，對私營出版業的社會主義改造基本完成。

(3)加強出版工作的計畫性

一九五二年十月二十五至三十一日，「出版總署」召開第二屆全國出版行政會議，著重討論出版計畫化的問題，並於十一月二十七日，發布了《實行出版計畫化初步辦法》的指示，這是中共第一個全國性的出版事業發展規畫。一九五六年三、四月間，「文化部」曾召開會議，分別討論《出版、電影、社會文化、文物、藝術、藝術教育事業十五年遠景規畫》（草案）。

(4)制定統一的出版工作制度

一九五二年十月，「出版總署」作出《關於國營出版社編輯機構及工作制度的規定》。

在第一個五年計畫實施期間，出版行政領導部門陸續制訂了一些出版工作制度，較重要的有：

一九五三年三月二十八日，「出版總署」發出《關於圖書、雜誌版本記錄的規定》，五月一日實施。一九五四年四月一日，該署將以前的規定修訂成《關於圖書版本記錄的規定》，於四月十九日頒發實施。

一九五五年十二月十二日，「文化部」發出《關於書籍、雜誌使用字體的原則規定》，對各類書籍、雜誌使用的字號作出具體規定。十二月三十日，又發出《關於漢文書籍、雜誌橫排的原則規定》。

一九五六年二月十八日，「文化部」發出《全國雜誌、書籍定價標準的通知》。

(5)對外國文學的翻譯出版工作積極開展

五十年代初期，大陸對外國文學的翻譯出版工作，在文化、出版部門制定計畫下，迅速開展，一方面翻譯出版一些外國文學名著，同時選擇一批舊譯本校訂、重印。一九五一年初，「出版總署」發出《為出版翻譯書籍應刊載原本版權說明的通知》；十一月五至十二日，「出版總署」召開的「第一屆全國翻譯工作會議」在北京舉行，外國文學的翻譯出版工作，列為會議的重要討論項目。一九五三年七月一日，「中華全國文學工作者協會」主辦、茅盾(沈雁冰)主編的《譯文》雜誌在北京創刊，對外國文學新著的介紹和評論，傳遞外國文學信息，都有一定的助益。一九五四年，全國文學翻譯工作會議在北京召開。「文化部」部長、「中國作家協會」主席沈雁冰在會上作了《為發展文學翻譯事業和提高翻譯質量而奮鬥》的報告。會議的成果之一是制訂了一個翻譯世界各國文學名著的初步選題計畫，對以後的外國文學出版工作起著指導作用。一九五五年十月，「文化部」發出《關於我國處理國際著作權的通知》。一九五七年十月，該部又發出《對於支付外國作家的補充規定》。

在這一時期，人民文學出版社（一九五一年三月成立）和上海新文藝出版社是主要翻譯出版外國文學的國營出版機構。當時翻譯、出版最多的是俄國蘇聯作家的作品，許多俄國古典名著成為書店的長期暢銷書，如托爾斯泰的《戰爭與和平》、《安娜·卡列尼娜》、《復活》，屠格涅夫的《父與子》、《羅亭》、《貴族之家》，陀斯妥耶夫斯基的《被侮辱與被損害的》，普希金的詩，契訶夫的短篇小說與創作等等。蘇聯作家奧斯特洛夫斯基的《鋼鐵是怎樣煉成的》，以及《卓婭和舒拉的故事》、《拖拉機站站長和總署農藝師》，都有百萬冊的銷量，對大陸青年影響極大。其他國家知名作家，如莎士比亞、巴爾扎克、歌德等的文學作品也被翻成中文，銷售歷久不衰。

(6)大陸期刊出版事業得到發展

在五十年代初，大陸期刊總數不超過二二九種，編輯出版地點主要集中在上海、北京兩地，分布很不平衡。幾個較重要的期刊如《學習》、《新華月報》、《文藝報》、《人民文學》都創辦於一九四九年；《人民中國》英文版、《兒童時代》雜誌、《中國科學》、《科學通報》、《人民畫報》創辦於一九五〇年。

一九五〇年九月十五至二十五日，在北京舉行的第一屆全國出版會議，通過了《關於改進期刊工作的決議》，要求各種期刊逐步做到專業分工，消除重複現象；大量增進通俗期刊，注意出版各民族語文期刊，健全編輯機構等。一九五二年八月十六日，「政務院」頒布《期刊登記暫行辦法》，這是大陸制定的第一個期刊管理法規。

截至一九五六年底，大陸共出版期刊四八四種，其中，在北京的中央級期刊為二七〇種；各地的地方期刊為二一四種，改變了五十年代初期集中於幾個大城市的畸形發展。大陸期刊肩負的任務，包括：宣傳馬克思列寧主義毛澤東思想，宣傳中國共產黨和人民政府的方針、政策、傳播知識，累積文化，溝通信息，進行學術交流……等。

2.曲折、調整期（一九五七——一九六五）

一九五六年冬到一九五七年春，中共發動整風運動，在隨之而來的反右派鬥爭中，出現了嚴重擴大化，有一大批作者和出版系統人員（包括雜誌主編和編輯）被劃為「資產階級右派分子」，許多人被迫離開工作崗位，使出版的圖書、期刊受到相當的影響。「反右」運動以後，知識分子噤若寒蟬，反映在期刊上的，不僅寫文章的人少了，質量也大幅調低。

一九五八年，大陸進入「大躍進」時期，出版系統配合宣傳「總路線」、「大躍進」、「人民公社」三面紅旗，浮濫出版質量很差的書，數以千計的未經正式批准的期刊，在各地出現，刊登的都是鼓吹浮誇風、「共產風」的文章。接著，一九五九年至一九六〇年的「反右傾」鬥爭中，又錯誤地批判了一批有價值的文藝作品和學術著作。一九六二年下半年，大講階級鬥爭，把一些文藝作品說成是反黨反社會主義的「毒草」；一九六四年、一九六五年，出版行政部門通知各出版社對歷年圖書進行清查，涉及的一批圖書被查禁，作者也受到批判。

五十年代末，較不受政治運動影響的是外國文學的翻譯出版。不但過去已有較多介紹的國家，如蘇聯、法、英、德、美、日等國的作品重新有了大量的介紹，而且許多以前沒有介紹過的國家的作品，也開始有中譯本。人民文學出版社編輯出版了一些大作家的選集或全集，出版了莎士比亞戲劇集（十二卷）、蕭伯納戲劇集（三卷）、易卜生戲劇集（四卷）、高爾基選集（十卷）、泰戈爾作品集（十卷）、夏目漱石選集（二卷）等；新文藝出版社也編輯出版了契訶夫小說選集（二十七卷）、安徒生童話全集（十六卷）。「中國科學院」文學研究所也會同出版社和有關的學者，編選了《馬克思主義文藝理論叢書》（十二種）、《外國文藝理論叢書》（五十種）、《外國文學名著叢書》（二百種）。

可惜的是，自五十年代後期起逐漸形成的「左」的指導思想干擾了外國文學介紹工作的發展，像《安娜．卡列尼娜》、《紅與黑》、《呼嘯山莊》、《約翰．克里斯朵夫》等名著都遭到批判。在六十年代前期，先是「批資」，即批判外國資產階級文學，後是「批修」，即批判蘇聯及其他國家所謂「修正主義文學」，以致外國文學的介紹工作，受到嚴重的阻撓，出版數量大幅萎縮。

在古籍出版方面，自一九五三年以後進展很快，並成立了古典文學出版社、文學古籍刊行社、古籍出版社等專業出版社。一九五七年出書種數近一九〇種，是「文革」以前出書數的最高記錄。一九五八年，「國務院」科學規畫委員會成立了古籍整理出版規畫小組，由齊燕銘擔任組長，制定了整理出版文史哲古籍的十年規畫，並指定中華書局為古籍整理出版規畫小組的辦事機構，協助規畫小組擬訂《中國古籍整理和出版的計畫要點》。從一九五八年起，出版分工作了重大調整，確定古籍的出版主要由中華書局和中華書局上海編輯所承擔，並撤銷了古籍出版社、文學古籍刊行社和古典文學出版社的建制，將其部分編輯人員轉入中華書局上海編輯所。從一九五九到一九六五年，中華書局相繼出版了《史記》、《前漢書》、《後漢書》、《三國志》。這段期間也陸續出版不少文史哲的古代名著，如《全上古三代秦漢三國六朝文》、《全漢三國晉南北朝詩》、《全唐詩》、《全宋詞》、《全元散曲》、《文苑英華》，並影印出版了《藝文類聚》、《太平御覽》、《冊府元龜》、《永樂大典》等類書。

從一九五八年起，反右派鬥爭的餘波盪漾未息，又相繼掀起批判「資產階級學術思想」和反「右傾」運動的風潮。古籍的整理和出版遇到了重重阻礙，許多古籍及其研究著作都無法出版。一九六〇年僅出書五十種，一九六二年回升至九十七種，但在一九六六年上半年只出書五種，古籍整理出版規畫小組被迫停止工作，古籍整理和出版工作也完全中斷。

截至一九六五年底，大陸共有出版社八十七家，其中中央級三十八家，地方四十九家。

3.摧殘、破壞期（一九六六——一九七六）

一九六五年十一月十日，上海《文滙報》發表了姚文元的文章《評新編歷史劇〈海瑞罷官〉》，嚴厲批判吳晗的《海瑞罷官》是一株毒草。文章的發表及隨之而來的批判運動，成為「文化大革命」發動的導火線。一九六六年五月十六日，中共中央政治局通過由毛澤東主持制定的《中國共產黨中央委員會通知》（即《五一六通知》），要求全黨「高舉無產階級文化革命的大旗，徹底揭露那批反黨反社會主義的所謂『學術權威』的資產階級反動立場，徹底批判學術界、教育界、新聞界、文藝界、出版界的資產階級反動思想，奪取這些文化領域中的領導權。」中國大陸從此進入「文化大革命」的十年動亂時期，出版事業遭受嚴重的摧殘。

「文革」初期，中共中央決定加速大量出版毛澤東著作，據統計，自一九六六年至一九七〇年，累計出版各種文本（含漢文、盲文、五種少數民族文、三十六種外文及世界語）的毛澤東著作高達四十二億六百萬冊。一般書籍僅出版二七二九種，其中政治讀物占五八四種，大部分是「中央兩報一刊社論」、「活學活用毛澤東思想」、「革命大批判」等報刊的文章彙編；文藝圖書一三七種，大部分是「革命樣板戲」的劇本及據以改編的各種故事、演唱材料；文化教育圖書五種；科學技術一七三九種，印製數量較多的是《赤腳醫生手冊》、《中草藥手冊》和一些介紹工農業生產經驗的小冊子；少年兒童讀物二八七種，主要是根據「樣板戲」編繪的連環畫冊和不定期出版的《紅小兵》之類的讀物。

從一九七〇年下半年開始，「國務院」總理周恩來親自過問出版工作，督促「出版口」制定一般圖書的出版計畫，並責成「出版口」於一九七一年三月十五日至七月二十二日在北京召開全國出版工作座談會，討論以後二、三年的圖書選題。會後由「國務院」發出《關於出版工作座談會的報告》，但由於「四人幫」在《報告》中塞進了兩個反革命「估計」（即「文化大革命」前十七年的出版工作是「反革命專政」，「出版隊伍基本上是資產階級的」），反而成為往後「四人幫」壓制、打擊出版界的兩根棒棍，致使許多出版工作者繼續遭受迫害。據不完全統計，從一九七一到一九七六年十月止，大陸出版的七千五百多種哲學、社會科學類圖書中，約有八〇%是與當時的政治運動有關的小冊子，毫無閱讀、保存價值。

截至一九七六年底，大陸共有出版社七十五家，其中中央級四十家，地方三十五家。

在十年「文革」期間，各種期刊也成為被批判的對象，除《紅旗》雜誌等少數幾種外，其餘的基本上都停刊。在這段動亂期間，全大陸正式登記的期刊數，在最低的一年只有二十一種。其中，《北京周報》、《中國畫報》等六種，是在周恩來干預下，得以保存的，地方上則保留了三種科技類期刊。

4.恢復、改革期（一九七六— 迄今）

一九七六年十月，「文革」結束後，文化出版領域得到重生的機會。一九七七年十二月三至十七日，「國家出版局」在北京召開全國出版工作座談會。與會代表批判了「黑線專政」論，推倒了兩個反革命「估計」，討論了出版工作的具體路線、方針、政策等問題。會後各出版單位都制訂了一九七八至一九八〇年三年出書計畫、一九七八至一九八五年八年出版規畫。一九七八年七月十八日，「國務院」批轉了「國家出版局」《關於加強和改進出版工作的報告》，提出「加強出版事業，盡快改變目前書刊品種少，出版周期長，印刷技術落後的狀況」。這一年底，隨即作成了加強少年兒童讀物出版工作的決定，並成立北京印刷學院。

一九七九年十二月八日至十九日，「國家出版局」在長沙召開全國出版工作座談會。會上明確了出版工作「為社會主義服務、為人民服務」的基本方針，提出了地方出版社「立足本省，面向全國」的出版方針，還原則通過了《出版社工作條例（草案）》。一九七九年以後，「國家出版局」為了健全規章制度，重新制定和補充了一些規定，如《關於書籍稿酬的暫行規定》（一九八〇年七月一日起實行）、《編輯幹部業務職稱暫行規定》、《出版企業會計制度》、《關於出版部與印刷廠簽訂合同的原則意見》、《關於出版社與新華書店業務關係的若干原則規定》等。

一九八二年十一月二十六日，根據中共中央書記處的決定，「國家出版委員會」在北京成立，由「文化部」聘請王子野等十五位委員組成。主要功能是協助政府出版管理部門掌握出版方向，促進出版事業的發展。同年十二月二十八日至一九八三年一月八日，「中宣部」和「文化部」聯合在北京召開全國出版工作會議。會議總結了中共十一屆三中全會以來出版工作經驗，討論了「中宣部」代表中共中央和「國務院」起草的《關於加強出版工作的決定》及「文化部」提出的《關於制訂一九八三至一九九〇年圖書出版規畫的意見》。

一九八三年六月六日，中共中央、「國務院」發布《關於加強出版工作的決定》，指出當前出版工作還存在著不少迫切需要解決的問題，包括：出書難、買書難的問題十分尖銳；圖書出版周期太長；大、中、小學教材和課本還不能做到全部課前到書；有些書刊質量不高，甚至粗製濫造；在資產階級自由化思潮的影響下，有些圖書、刊物上的文章、作品偏離馬克思主義、毛澤東思想基本原理的指導，偏離社會主義軌道等。《決定》針對「新時期」出版工作的性質、作用、方針和任務作了明確規定，對出版隊伍的思想建設和業務建設，改變印刷、發行的落後現狀，加強和改善出版工作領導等方面提出了具體的要求。這個指導文件對大陸出版事業的未來發展，產生了深遠的影響。

㈡出版事業經營現況

從七十年代末，大陸實行改革開放政策之後，出版事業有了長足進展，一九七八年有一〇五家出版社，一九九二年底已成長為五百一十九家，截至一九九三年底，共有五百四十二家出版社（包括副牌三十七家），是一九七八年的五・一七倍。其中中央級出版社（中央各部委和工青婦、民主黨派等團體辦的）二百一十家（包括副牌十四家），地方出版社三百三十二家（包括副牌二十三家）。在兩級出版機構中，包括大學出版社九十家，軍隊出版社十二家，少數民族出版社十二家。

大陸出版社，如按類別區分，計有六十八家科技出版社，三十四家教育出版社，二十五家少年兒童出版社，三十七家文藝出版社，五十家美術出版社。截至一九九二年底，出版社職工近三萬九千人，其中中央級出版社一萬八千餘人，地方出版社二萬餘人。圖書發行全行業人員共有二十三萬六千餘人。（至一九九三年底已超過二十五萬人）

從一九七九至一九九二年間，大陸出版業出書品種共達七十三萬二千四百九十七種，每年約以一三・九%的速度遞增，印數共達八百多億冊，平均年遞增率為三・八%。目前大陸平均每天就有二百五十餘種圖書問世，一九九三年全大陸人平均圖書五・六冊（張），期刊年人均二・〇五份。

「新聞出版署」為加強對印刷業的管理，將書刊印刷廠區別為：1.國家級書刊印刷定點企業；2.省、市級書刊印刷定點企業；3.領有書報刊印刷許可證的企業。據調查統計，大陸現有書刊印刷企業共四千四百九十八家，職工人數為七四九六五八人（一九九二年十二月底）。

據統計，一九九三年末，大陸共有書店（含書亭、書攤、供銷社圖書部）十萬零二千處，其中，國營新華書店共有門市一萬二千處，遍布大陸各省市縣及部分大集鎮，年圖書銷售額占全行業的八五%；供銷社圖書部四萬六千處，遍布農村鄉鎮；個體書亭、書攤二萬八千處；由學校、工廠、商店和文化部門職工集體創辦的書店和書亭一萬二千處；另外還有數以萬計的城市個體書攤。

目前，大陸有八家圖書進出口公司可以經營進口圖書。據統計，一九九二年由中國圖書進出口總公司系統通過香港進口的臺灣書刊實洋有四百二十萬美元，其中，圖書為二百八十八萬美元（四千種，四十七萬冊）。一九九三年，書刊合計進口碼洋（圖書按定價未打折計算）為六百萬美元，圖書共三十五萬冊，碼洋四百四十萬美元。如果再加上其他公司的進口額，此數可能還要增加二〇%。而根據不完全統計，大陸出口到臺灣的書刊，一九九二年約有五十萬冊左右（臺灣方面估計超過百萬冊），金額約一百至一百五十萬美元。

大陸對臺灣圖書的需求，以建築、美術和經濟類圖書最被看好，偏重於較實用的圖文並茂的家庭裝潢、室內外裝修及建築設計和材料。此外，服裝、美容美髮、古玉、磁器、鐘表、廣告設計等圖書也深受歡迎。臺灣的大陸圖書市場並不十分看好，目前出版的以文學、藝術、考古、文物、旅遊、宗教、醫療保健類的需求量較大。

二、大陸出版事業管理體制

(一)出版管理體制之沿革與現況

大陸出版事業的管理體制，是指中共中央和地方出版管理機構管理出版事業的一整套組織形式和方法。一九四九年十月，在中共政權成立不久，「中宣部」隨即召開了全國新華書店第一屆出版工作會議，著重討論了對出版發行工作實行集中統一領導的問題。同年十一月一日，「出版總署」

正式成立，由「政務院」直接領導。下設一廳、三局（編審局、翻譯局、出版局），編制為二七八人。當時規定它的主要任務是：1.建立及經營國家出版、印刷、發行事業；2.管理國家出版物的編輯、翻譯及審訂工作；3.聯繫或指導全國各方面的編輯出版工作，調整公營、公私合營及私營出版事業的相互關係。

一九五四年十一月，「出版總署」裁撤，所有出版行政業務劃歸「文化部」管理。「文化部」設置出版事業管理局，下設二室、七處（人事處、出版管理處、報刊管理處、圖書審讀處、印刷管理處、發行管理處、計畫財務處）。編制為二〇〇人。一九五七年以後，根據中共中央精簡編制、緊縮機構的精神，國家管理出版事業的組織形式雖然發生了變化，但其管理工作的內容和方式方法則無多大改變。這種體制一直延續到一九六六年五月。

「文化大革命」開始之後，出版管理機構陷於癱瘓，出版工作基本停頓。一九七〇年五月，「國務院」成立了出版口，下設三個組（辦事組、政工組、業務組），負責全國出版工作的歸口管理機構。出版口的主要任務是組織印刷毛澤東著作。一九七三年七月，「國家出版事業管理局」成立，屬「國務院」領導。局設領導小組由六人組成，下設三部（政治部、出版部、印刷部）、二室，編制為六〇人，統一管理全國出版、印刷、發行、物資供應及印刷的科研、教育等部門的工作，一九七五、一九七七年，「國家出版事業管理局」編制略有擴增，人員為一〇〇人。

一九八二年四月，「國家出版事業管理局」再次併入「文化部」，改稱「文化部出版事業管理局」，下設十處（出版處、印刷處、綜合業務處、版權處、科教處、編刊處、計畫財務處、外事處、幹部處、行政處）、二室、一組，共有幹部一二二人。一九八五年七月，「國務院」批准「文化部」設立「國家版權局」，「文化部出版事業管理局」改稱「國家出版局」，與「國家版權局」為一個機構，兩塊牌子，編制增加五〇人。一九八六年十月六日，「國家出版局」和「國家版權局」脫離「文化部」，「國家出版局」恢復為「國務院」直屬機構的建制，編制為二五〇人。

為了加強對新聞出版事業的領導和管理，一九八七年一月，「國務院」決定成立「新聞出版署」，作為國家主管新聞出版事業的最高職能機構。成立之初，下設五局（圖書管理局、期刊管理局、發行管理局、報紙管理局、印刷管理局）、三司（人事教育司、計畫財務司、版權司）、二室、五個直屬處、二委，編制為三〇〇人。

一九八八年十二月，「新聞出版署」對機構和職能進行了調整，下設十二個職能司、室（辦公室、政策法規司、報紙管理司、期刊管理司、圖書管理司、音像管理司、技術發展司、發行管理司、版權司、計畫財務司、人事教育司、外事司），編制為三五〇人。「新聞出版署」與「國家版權局」是一個機構，兩塊牌子。在版權管理上，「國家版權局」對內、對外單獨行使職權。

「新聞出版署」的主要職責包括：

1. 制訂和起草新聞出版業的法規制度，包括受委託起草新聞法、出版法以及與此有關的管理條例；
2. 研究制訂新聞出版業的方針政策和管理措施，並組織實施；
3. 制訂報紙、期刊、圖書、音像出版的發展規畫，並組織實施；
4. 負責審批報紙、期刊、圖書、音像等出版單位的建立；
5. 會同有關部門管理報紙、期刊、圖書、音像市場，依法查處出版、印刷、發行活動中的違法行為；依法保護出版印刷、發行單位及其從業人員的合法權益；

6.對於報紙、期刊、圖書、音像等各類出版物組織審讀，主持國家級的出版物評獎工作，查處違禁出版物。

7.歸口管理新聞出版的對外交流和對外合作出版，管理報紙、期刊、圖書和音像製品的進出口貿易；

8.管理報紙、期刊、圖書的印刷，管理紙張和其他印刷物資的供應；

9.研究和制訂新聞出版業的經濟政策和價格政策；

10.制訂新聞出版業科技發展規畫和標準化規畫，並組織實施，負責新聞出版業的科研成果和專利的管理工作；

11.制訂新聞出版系統幹部、工人和專業人員的教育培訓規畫，負責新聞出版專業技術職務條例的制訂和修訂工作；

12.負責直屬單位的管理工作；

13.指導報紙、出版、印刷、發行協會的工作；

14.完成「國務院」授權或交辦的其他工作。

大陸出版單位的業務都由「新聞出版署」領導，如出版社的建立、撤銷、分工和書號序列均由該署審核。與「新聞出版署」相對應，各省、自治區、直轄市也都設有新聞出版局，統一管理本地區的新聞出版事業。「新聞出版署」和各省市新聞出版局對出版社的領導又有直屬、非直屬之分。直屬是指導業務、財務、人事都歸署、局統一領導。非直屬的除業務之外歸「國務院」各部、研究機構、大專院校或群眾團體領導。「新聞出版署」有直屬單位三十多個，其中有人民出版社、人民文學出版社、人民美術出版社、中華書局、商務印書館、生活・讀書・新知三聯書店、中國大百科全書出版社、中國對外翻譯出版公司、榮寶齋等十多家著名的出版單位；有中國印刷公司、北京新華印刷廠、北京新華彩印廠、人民美術印刷廠等印刷單位；有新華書店總店、中國出版對外貿易總公司等發行部門；有中國出版發行科學研究所、北京印刷學院、中國版本圖書館等科研、教學、資料部門及中國物資印刷公司等物資部門。

(二)出版管理制度

1. 出版社工作制度

中共政權剛成立時，就在北京成立新華書店總管理處，下設出版、廠務、發行三個部門，並在各地設立分店。一九五一年一月起，新華書店總管理處改組為新華書店總店，解除了出版和印刷的業務，成為全民所有制的圖書發行企業。大陸各級新華書店原有的編輯、出版機構改組為中央和地方人民出版社。

出版社的組織機構，一般根據各自的專業分工、出書任務以及出版社規模大小來作設置的決定。一九五二年，「出版總署」發布《關於國營出版社編輯機構及工作制度的規定》，要求建立以總編輯為首，包括若干編輯人員的編輯部、專業的編輯室，藉以保證出版物的政治和技術質量。

一九八〇年四月，由「國家出版局」制定，「中宣部」批准發布的《出版社工作暫行條例》，對出版社的方針任務、圖書的質量與數量、出書規畫與計畫、作者、編者、印校、發行、圖書的宣傳、評介、經營管理、後勤、幹部工作等，作了全面詳細的規定。在「出版社的方針任務」這一項中特別重申：「不同性質的出版社，按照各自的分工和特點，確定出書範圍。專業出版社應出版有關本專業的圖書。」在「編輯工作」這一項中規定書稿「一般應實行三級審稿制度，即編輯（或助理編輯）初審、編輯室主任和總編輯複審和終審。」但不同的書稿，可採取不同的審讀方法。這個條例的有些內容已跟不上新的形勢，需要進行修訂。

一九八三年六月六日，中共中央、「國務院」發布的《關於加強出版工作的決定》中，再度強調：「不同性質的出版社，要按照各自的分工和特點，確定出書範圍。各類專業出版社，要集中力量出好有關本專業的圖書，各大學出版社，要根據各自的教學和科研任務安排出書，各出版社都不得超出確定的出書範圍。」為了貫徹執行來自黨中央的決定，「文化部」在十一月十八日發出《關於專業出版社應嚴格按專業分工出書的通知》，對自然科學技術的專業出版社，作了補充規定，其要點如下：(1)科技專業出版社可以出版一些和本專業發展有密切關係的其他專著或邊緣學科和圖書。(2)基礎理論和專業基礎理論圖書，應結合本專業的發展和職工培訓的實際需要，有計畫地組織出版。(3)科技專業出版社不要出版文學藝術圖書，包括不要出版科學幻想小說。

大陸出版社有的實行社長（總經理）負責制（亦有黨委領導下的社長負責制），由社長負責全面的工作，向上級領導部門負責；也有實行社長和總編輯分工負責制，社長、總編輯均可設副職協助工作進展。實行社長負責制的出版社，也有同時建立社務委員會，由社一級領導和黨委書記組成，作為全社領導的議事機構，定期舉行社務會議，由社長主持審議全社性對內對外的各項重大問題。實行社長負責制，社長是出版社的法人代表，在企業經營中處於核心地位，而出版社的黨委，則專管思想政治工作，監督黨的出版方針政策能夠貫徹執行。

2. 稿酬制度

一九四九年以來，大陸實行的書籍稿酬制度大致可分為四個階段。

第一個階段：一九五〇年三月，「出版總署」作出關於稿費制度的決定，但各出版社基本上參照蘇聯的做法，制訂自己的稿酬辦法，一般都用書稿的質量、字數和印數定額（每個定額自一萬至數萬不等）計算稿酬。由於沒有一個統一的書籍稿酬制度，各出版社付酬標準差別很大，出現許多混亂現象。

第二個階段：一九五八年七月，「文化部」制定頒發了第一個稿酬規定，即《關於文學和社會科學書籍稿酬的暫時規定（草案）》。該草案的要點包括：(1)凡公開出版的書稿，一律實行基本稿酬和印數稿酬相結合的計酬辦法。(2)不同類型的書稿，規定不同的印數稿酬遞減率。(3)對著作稿和翻譯稿的基本稿酬和印數稿酬加以區別；(4)質量高的書稿給予較高的基本稿酬。

這個草案只在北京、上海兩地的二十多家有關出版社試行不到三個月，北京和上海的一部分作者和出版社建議調降稿酬標準，以支持當時提倡的不計報酬的共產主義式的勞動。同年十月，「文化部」將《暫行規定（草案）》的稿酬標準降低一半，卻對作者寫作的積極性、文化和學術的繁榮產生不利影響。一九五九年十月，「文化部」恢復執行一九五八年八月試行的稿酬辦法。

六十年代初，「文化部」、「中國作家協會」發出廢除版稅，徹底改革稿酬制度的通知，規定；出版社出版的書籍，一律按作品的字數和質量付一次稿酬，重印不再付酬。廢除印數稿酬後，稿酬數目和幅度一般維持原定標準；對專業作者，由國家按其行政級別或文藝級別發給工資，他們的作品發表時，仍付給應得的稿酬。

第三個階段：「文革」期間，稿酬制度被視為「修正主義的物質刺激」，正在試行的各種付酬辦法和標準，宣布全部取消。

第四個階段：「文革」結束後，一九七七年十月，經「國務院」批准，「國家出版局」發出《關於試行〈新聞出版稿酬及補貼辦法〉的通知》，被廢除達十餘年的稿酬制度得到恢復。這個試行辦法實行低稿酬制度，根據作品的字數和質量一次付酬；對因抽調脫產寫作而減少收入的工農作者，除稿酬外還給予適當的補貼。另外規定，著作稿每千字二至七元，翻譯稿每千字一至五元。

一九八〇年四月，「國家出版局」制訂的《關於書籍稿酬的暫行規定》（同年七月一日施行），將基本稿酬提高到每千字三至十元，翻譯稿每千字二至七元；對確有重要學術價值的科學著作，每千字最高可到二十元。初版的書除了按照字數付給譯者基本稿酬之外，並按照印數付給著譯者印數稿酬，再版時不付基本稿酬，只付印數稿酬。這個暫行規定十二條還增加了臺灣、港澳同胞和中國血統的外籍華人的著譯，均按以上統一標準，以人民幣支付稿酬的規定。

一九八四年十二月一日，經「文化部」批准、試行的《書籍稿酬試行辦法》，又將基本稿酬提高一倍，著作稿每千字六至二十元，翻譯稿每千字四至十四元；對確有重要學術理論研究價值而印數較少的專著，規定了較高的計酬比例。另外，增加了古籍整理、詞書條目、書籍編選費、編輯加工費、審稿費、校訂費等的計酬標準。一九八五年一月五日，「文化部」出版局制定、發布《美術出版物稿酬試行辦法》，對美術出版物的付酬標準作了規定。

一九九〇年六月十五日，經「國務院」核准，「國家版權局」頒發《書籍稿酬暫行規定》（自同年七月一日起實行），再度提高書籍稿酬標準，著作稿每千字十至三十元，對確有重要價值的著作，可以適當提高標準，但每千字不超過四十元。翻譯稿每千字八至二十四元，特別難譯而質量優秀的譯稿，可以適當提高標準，每千字不超過三十五元。印數稿酬的標準，印數在一萬冊以內的，以一萬冊計算付基本稿酬的八％；印數超過一萬冊的，其超過部分以千冊為計算單位（不足一千冊的，按千冊計算），每千冊付基本稿酬的〇・八％。

一九九〇年七月十日，「國家版權局」發出了《關於適當提高美術出版物稿酬的通知》，決定美術和攝影出版物的稿酬標準，以一九八五年「文化部」出版局頒發的《美術出版物稿酬試行辦法》的標準為基礎，提高五〇％左右，對特別優秀的作品，其付酬標準可以再適當提高，但提高幅度不超過一〇〇％。

一九九一年六月，中共《著作權法》實施以後，「國家版權局」正會同有關部門研究稿酬改革方案，著手制訂、修改各類作品的付酬標準和辦法，如《關於出版文字作品付酬標準的規定》、《關於出版美術、攝影作品付酬標準的規定》、《關於出版音樂曲譜作品付酬標準的規定》、《關於表演作品付酬標準的規定》、《關於錄製作品付酬標準的規定》、《關於播放作品付酬標準的規定》等。

3. 著作權保護制度

大陸的著作權保護工作，受到政治體制、意識型態、法律認知和層出不窮的政治運動影響，推展過程並不順利，走過一段漫長又曲折的道路。

一九四九年中共新政權成立以後，廢除了國民政府於一九二八年制定的《著作權法》及一九三〇年制定的《出版法》，並未立即對著作權進行立法保護，而是通過有關部門制訂了一些行政法規和政策文件，藉以保護作者對自己作品所享有的正當權益。

一九五〇年九月，中共召開了全國性的第一次出版工作會議，通過了《關於改進和發展出版工作的決議》，這是大陸頒布的第一個保護作者著作權的行政法規。該決議規定：「出版業應尊重著作權與出版權，不得有翻版、抄襲、篡改等行為」；在圖書的版權頁上，「對於出版、再版的時間、印數、著者、譯者的姓名及譯本的原書名稱等，均應作史實的記載」等。

一九五一年四月，「出版總署」根據「政務院」文化教育委員會的指示，成立了「著作權出版權暫行條例」起草委員會，當時曾翻譯了蘇聯及一些東歐國家的著作權法，並先起草了《保障出版物著作權暫行規定》。一九五四年，「出版總署」合併到「文化部」，此項工作由「文化部」出版局接辦，成立新的起草小組，於一九五七年十一月向「國務院」法制局報送了《保障出版物著作權暫行規定（草案）》，請求審查。但由於一九五七年整風反右運動的開展，使得保護作者權利的著作權起草工作停頓了下來。

一九七八年底，中共十一屆三中全會召開以後，一些作家、新聞出版工作者相繼提出制訂法律以保護知識分子的勞動成果。一九七九年初，中共與美國建交後，美方首先提到了雙方保護著作權的問題，後來又要求中共把專利、商標、版權這些知識產權的保護納入貿易協定，否則美國就不簽訂《中美貿易關係協定》，並不給對方最惠國待遇。

為了建立完善的版權保護制度，一九七九年，「中國出版工作者協會」成立了版權研究小組，為起草版權法開始進行準備工作。一九八四年六月，「文化部」有鑑於當時侵犯作者與出版者權益的行為日趨嚴重，版權法又一時尚難以出臺，遂先制定《圖書、期刊版權保護試行條例》，印發內部執行。一九八五年一月一日，又頒發《圖書、期刊版權保護試行條例實施細則》。這個試行條例與實施細則，不僅是大陸「著作權法」施行前的著作權保護的現行政策、法規，也是作為該著作權法實施後處理歷史遺留的著作權糾紛的政策、法規。

一九八五年七月，「國務院」批准成立了「國家版權局」，專門負責版權法的起草工作和全國的版權管理工作。翌年五月，「國家版權局」正式向「國務院」呈交了《版權法（草案）》（一九八八年底將版權法改稱為著作權法）。直到一九八九年十二月十四日，由「國務院」總理李鵬將《著作權法（草案）》提請第七屆全國人大常委會審議，經過了多次討論，終於在一九九〇年九月七日獲得通過頒布，並自一九九一年六月一日起施行。從一九七九年組織起草班子，到本法正式通過，前後歷時十一年，先後修改了二十多稿，由此可見內部爭議之大，立法之難了。

自八十年代以來，大陸致力於推動知識產權的保護工作，具體的成績包括：一九八二年八月二十三日頒布《商標法》（一九八三年三月一日起施行）；一九八四年三月十二日頒布《專利法》（一九八五年四月一日起施行），初步建立了大陸工業產權制度。大陸四十年來的第一部《著作權法

》頒布、施行後，又於一九九一年六月四日公布《計算機軟件保護條例》（一九九一年十月一日起施行），這是大陸全面建立知識產權制度的開始，也使知識產權法得以完整和配套。

一九九二年六月二十三日，在中共第七屆人大常委會第二十六次會議上，通過加入《伯爾尼保護文學和藝術品公約》（臺灣通稱《伯恩公約》）和《世界版權公約》，並於十月中、下旬正式生效。十一月七日，在該會第二十八次會議上，又通過加入國際鄰接權公約《保護錄音製品製作者防止未經許可複製其錄音製品公約》（簡稱唱片公約）。「國務院」於九月三十日又專門頒布了《實施國際著作權條約的規定》，就大陸著作權法中個別與國際版權公約不盡一致或不盡明確之處作出進一步規定，以保證有關的外國作品在大陸受到充分保護。

大陸的著作權法頒布、施行後，並未「明文規定」此法如何適用臺灣及香港、澳門地區。目前，對臺、港、澳三地的著作權保護原則，主要根據一九八七年十二月十六日，「國家版權局」擬定的《關於出版臺灣同胞作品版權問題的暫行規定》（自一九八八年三月一日起生效）。規定中指出：依照中共《民法通則》第九十四條關於「公民、法人享有著作權（版權），依法有署名、發表、出版、獲得報酬等權利」的規定，臺灣同胞對其創作的作品，享有與大陸作者同樣的版權。這個規定也訂出侵權罰則：「自本規定生效後，大陸出版者或其他人如侵犯臺灣同胞的版權，版權所有者可請求侵權所在地的版權管理機關進行處理，亦可向當地人民法院提出訴訟。「國家版權局」官員指出：這些行政規定，在大陸的著作權法公布以後，仍然有效。

4. 書刊價格政策

大陸的出版事業是社會主義性質，書刊的定價不完全取決於自身的價值或市場的供需，還必須考慮到黨和國家的宣傳教育方針以及讀者的購買力。五十年代初期，大陸猶處經濟恢復時期，物價尙不穩定，所有的出版社，包括私營、國營和國家級的人民出版社，均自己決定圖書的價格，一般定價的原則是成本加上利潤和稅收，有關當局祇抓出版方針的掌控與監督執行，如一九五一年「出版總署」規定，書刊在全國各地都必須一律按同一定價出售，不得有地區差價；但對書價並沒有具體的要求或規定。

一九五六年二月，「文化部」頒發了大陸第一個《全國雜誌、書籍定價標準》，確立了書刊正文按印張分類別定價的模式。一般書籍、課本分為二十六類、十一檔，根據圖書的性質、內容、讀者對象、印刷成本等，按印張分檔計價。由於政治上的考量，決定採取「保本微利」為出版業的經營方針和定價原則。這個定價標準，經過幾次調整，一九七三年「國務院」出版口頒發了《圖書定價試行標準》，把書籍分為三十八類、十二檔。

從七十年代末期開始，紙張價格、印刷工價、稿費等都大幅度提高，繼續執行一九七三年制定的定價標準，將使不少出版社出現非經營性虧損，不利於出版事業的發展。一九八四年十一月，「文化部」獲得「國家物價局」同意後，經中共中央批准頒布《關於調整圖書定價的通知》，對一般圖書定價的管理進行改革。《通知》規定：各省、自治區、直轄市的圖書定價，由各地根據「保本微利」原則，自行制定。中央一級出版社按統一規定的圖書定價標準幅度制定本單位的定價標準，報上級主管部門批准後實施。這次圖書定價的調整和改革，擺脫了繁瑣的分類、分檔次計算定價的辦法，出版社可以根據實際情況，靈活掌握每一本書的定價。但是，這個通知也全面提高了各類圖書的定價標準，直接促成了一九八五年大陸圖書價格大幅度上漲。以上海為例，一九八五年圖書價格上漲了四〇・三%，導致了包括圖書庫存數猛增、讀者購買圖書能力下降等的銷售危機。

一九八八年六月，「新聞出版署」提出了一份改革書刊定價的新辦法，主要內容包括：在堅持「保本微利」原則和分級管理的前提下，國家不制訂統一的定價標準，各出版社可自行定價，但由國家控制其定價利潤率。同年八月二日，「國家物價局」函覆同意上述的辦法，並提出具體意見如下：

(1)同意改革書刊定價辦法，定價原則仍按保本微利原則掌握。具體價格水平，採取控制定價利潤率辦法，即在五—一〇%幅度內考慮。

(2)定價權仍由地方和中央有關部門分別管理。對有價值的學術專著定價權下放給出版社，由其根據實際情況自行確定售價。

(3)為避免書刊定價變動頻繁，調定價時，要充分考慮近期原輔材料、印刷工價變動因素，以便使調整或制定的書刊價格在一定時期內保持相對穩定。

一九八九年八月，「新聞出版署」檢討了一年來實施控制書刊定價利潤率的成效，發現少數出版社片面追求經濟效益，沒能將書刊定價利潤率控制在五—一〇%的規定幅度之內，甚至超過了上限，導致書價偏高，在某種程度上抑制了購買力。為此，該署發出通知嚴格控制書刊定價利潤率，如發現超過規定的，應立即將定價偏高的書價降下來，超過規定多收的價款用於補貼出版學術價值較高而賠錢的圖書，或由出版單位讓利給書刊印刷廠、書店。

5. 對非法出版品之管理

近年來大陸的非法出版活動已經成為嚴重的社會問題，使眾多的作者、出版者、管理部門大傷腦筋。根據「新聞出版署」的說法，非法出版物是指所有不是按正常的合法的途徑出版的圖書和音像製品。它和反動、淫穢書刊是兩個不同的概念。黃色書刊是指內容非法，非法出版物是指出版手段非法。非法出版物中可能有反動淫穢者，也可能在內容上沒有問題。

在八十年代中期，書刊的商品屬性逐漸被肯定，非法的出版活動也隨之而來。最早的非法出版主要是內容的非法，即由正規的出版社、期刊社出版黃色書刊。一九八七年七月六日，「國務院」鑑於非法出版活動猖獗，大量宣揚凶殺、色情和迷信的出版物充斥市場，發布了《關於嚴厲打擊非法出版活動的通知》，首度開展全國性大規模的打擊非法出版活動，也包括「掃黃」。一九八九年下半年和一九九〇年冬，大陸又兩度進行大規模的「掃黃」，一時之間，由正規出版社出版的黃色書刊減少了許多。但過不了多久，非法出版活動又迅速增加，其中以手段非法者占大多數。非法出版的手段主要有兩種，一種是盜用出版社、期刊社的書號、刊號和名義，以假亂真，欺騙讀者；一種是不法書商從正式出版物中挑選出一些暢銷書，依原樣翻印。

非法出版物的發行量都很大，書商的祕訣只有兩點：

(1)在抓出版選題時迎合社會底層廣大讀者的需要，在很大程度上不需對社會負責；(2)在經營上偷稅、漏稅，印書時使用最低檔的紙張，不考慮書的質量，書的成本壓低，就能以較低的折扣批發出去。目前，非法出版活動已逐漸發展成黑社會組織。在這個組織中，有明確的分工，有人專門負責書稿，有人專門跑印刷，有人專門聯繫發行。在大陸各地都有一些大書販在操縱地下出版和銷售活動，他們之間定期召開圖書發行會議，交流出版信息，劃分勢力範圍，解決財務糾紛。

一九八九年六月，「新聞出版署」成立全國掃黃辦，但因成員太少，既要研究非法出版動向，協調全國各級掃黃辦的工作，又要負責對中央級出版社圖書的鑑定，沒有能力投入偵查非法出版活動。一些地市縣以下沒有新聞管理單位或機構的設立，也沒有人員、經費，更是難以對非法出版活動進行經常性的監督。分析非法出版猖獗的原因主要有下列幾點：(1)缺乏有效的管理；(2)大陸還沒有《出版法》，對從事非法出版的犯罪分子，只能參照投機倒把罪進行處理；(3)一些操守不佳的領導幹部默許某些非法出版活動；(4)印刷企業過多，管理不善；(5)查處非法出版，很容易捲入地方保護主義的漩渦。

從一九八九年八月至一九九三年三月，大陸共收繳、封存違禁書刊九千多萬冊，抓獲違法販賣分子八萬五千多人。多年來的打擊非法出版活動、掃黃，並沒有使不法業者因而收斂，他們不斷改頭換面，採取新的對策，有些非法出版活動已形成跨省、跨國的托拉斯式的地下組織，並出現了向黑社會發展的趨勢，增加了取締的困難度。

6.出版物繳送制度

中共新政權成立之初，對出版物繳送制度十分重視，於一九五〇年七月成立了隸屬於國家新聞出版行政主管機關的「中國版本圖書館」，專門收藏繳送的出版物。一九五一年十二月二十一日經

「政務院」通過的《管理書刊出版業印刷業發行業暫行條例》（一九五二年八月十日公布），是最早提出有關出版物繳送制度的文件。文件第八條第九款規定：「每種書刊出版後，應向各級出版行政機關及國立圖書館送繳樣本，其辦法另訂之」。

一九五二年十二月十七日，「出版總署」發布了《出版總署關於徵集圖書期刊樣本暫行辦法》（草案），對應繳送出版物的範圍、份數、接受繳送單位等都作了具體規定。一九五五年四月二十五日，「文化部」頒布《文化部關於徵集圖書雜誌樣本辦法》，對一九五二年的暫行辦法作了修訂補充，同時宣布該暫行辦法作廢。同年七月八日，「文化部出版事業管理局」發布《徵集圖書雜誌樣本補充說明》，辦法規定：從第一版起，每出一版均應繳送「文化部出版事業管理局」二份，「中宣部」一份，中國科學院圖書館一份，國立北京圖書館一份，當地文化局一份。

「文革」期間，出版物繳送制度遭受破壞。一九七九年四月十八日，「國家出版局」發布《關於徵集圖書、雜誌、報紙樣本的辦法》，辦法規定：出版物出版後即向「國家出版事業管理局」、版本圖書館（包括二庫）及北京圖書館繳送出版物樣本，繳送樣本辦法另有規定。目前，大陸的出版物繳送制度基本上是照此辦法執行的。但是，一些新建的出版社、雜誌社不了解徵集辦法，未按規定繳送樣本，一些出版社也不願繳送定價較高的樣本，致使各徵集單位所收樣書不全，不僅影響了出版管理工作也影響國家版本的保存。

一九九一年九月十一日，「新聞出版署」發布《重申〈關於徵集圖書、雜誌、報紙樣本辦法〉的通知》，這個通知的特點是，繳送出版物的範圍，增加了音像製品；規定了繳送出版物的期限；制定了對不執行繳送制度者的處罰辦法。

綜合以上兩個行政法規，現行的繳送辦法如下：初版新書應向「新聞出版署」、中國版本圖書館各繳送一份，向北京圖書館繳送三份；不同裝幀、開本、版式、字號的圖書向中國版本圖書館和北京圖書館各繳送一份；重印書應向上述三個單位分別繳送一份。社會科學雜誌向「新聞出版署」繳送三份，自然科學雜誌繳送一份；向中國版本圖書館繳送一份（不分學科）；向北京圖書館繳送三份（不分學科）。音像出版物向「新聞出版署」繳送二份。

期限規定：圖書、雜誌、音像出版物出版後一個月內繳送樣本（以郵寄日期為準）。

處罰規定：出版單位逾半年不按規定要求繳送樣本的，給予警告處分；此後仍不送樣本的，給予應繳樣本金額一倍的經濟處罰；情節嚴重者，予以停業整頓。

7. 對外合作出版及其管理規定

合作出版是指兩家或兩家以上的出版單位，共同確定選題、共同投資、共擔風險、共享版權、共享利潤、共同出版發行一種書刊的活動，其性質是民事法律上的合夥行為。合作出版也稱為「聯合出版」、「共同出版」，但它與圖書貿易、版權貿易和單純的代印書刊活動不能混為一談。

在「文革」前，大陸談不上有什麼對外合作出版項目，從一九七八年後，大陸出版界才開始與國際出版界進行接觸。大陸出版界經常派代表團赴世界各國，並邀請外國出版界人士訪問大陸，互相交流，也達到洽談業務的目的；或者直接舉行合作洽談會，雙方提出要求，作出共同合作出版的計畫。單以一九七九至一九八〇年間為例，大陸有二十多家出版社分別和日本、南斯拉夫、美國、英國、西德和香港的出版單位簽訂了出版協議。在與國際合作交流的第一個十年間，大陸有一百多家出版社，同世界二十多個國家和地區的二百多家出版單位簽訂合作項目約六百餘個，已經出版圖書達一千種。

(1) 對外合作出版的形式

大陸出版社對外合作出版的形式多樣，現就十多年來所採取的方式及效益評估歸納敘述如下：

①雙方共同商定選題，共同制定編輯計畫，共同組織稿件，以雙方名義共同出版，版權歸雙方共有。在經濟上，對方負責印刷和發行，並按商定的比率支付中方版稅。

效益評估：採用這種合作出版的方式，比大陸自己編輯出版的圖書向外發行效果更好。但在經濟上，由於外滙、物價的計算以及其他原因，成本核算與利潤分成，雙方不易協調，大陸頗感不便，現在已較少採取這種合作方式。

②雙方共同擬定選題，由中方提供圖片、稿件或雙語種原稿，對方負責排版並向中方提供印刷用版型。印刷發行權歸雙方出版社共有，其他版權（著作權）仍歸中方作者。中方在大陸境內印刷發行，對方在大陸以外的商定地區印刷發行，並根據發行範圍和印數多少，按比率支付中方版稅。

效益評估：此種合作方式受到大陸的歡迎，主要是中方搜集資料與拍攝圖片比較便利，外國印刷質量較高，效果較好，在經濟上，雙方計算便利，中方亦能得到實利。

③對方提供外文原稿，由中方增減或翻譯改編成中文出版，對方支付中方一定數量的編譯費，版權歸雙方共有。

效益評估：中方掌握編輯主控權，享有對內容適度的增添、修補，以符合中方的尺度要求。對方負責排版製版，可確保圖書印刷的品質，中方除賺取編譯費外，也減省了部分成本支出，最大的收穫則是吸取外國的先進知識。

④中方提供以圖片為主的原稿或照相底版，對方負責翻譯、複製，以雙方名義出版，版權歸雙方共有。

效益評估：對方負責印刷發行外文版，向中方支付版稅或雙方利潤分成。中方提供具濃厚民族風格的圖畫，頗能迎合外國讀者的口味，這一類合作出版的案例不少。

⑤雙方商定選題，各方撰寫一部分內容，或將某書作為範本，進行改編，由一方出版發行或合作出版發行。在經濟上根據雙方的協議處理。

效益評估：以中外合作編譯出版的《簡明不列顛百科全書》為例，按照雙方協議，中譯本可作部分增刪，有關中文的條目，可較原書增加百分之二十。這部工具書的中文版，內容經過壓縮和改寫，比較符合大陸知識界的需要，也照顧了大陸讀者的購買力；更重要的，中方主動爭取到對中國條目的解釋權。

⑥圖書發行上的合作，雙方達成協議，就某圖書翻譯出版成另一種文字版本，在不同地區和國家發行。

效益評估：近年來，大陸在開展合作出版和版權貿易的同時，也注意到充分利用外方的海外發行優勢，以此來擴大中方圖書的海外市場和影響。外方純粹從事發行的利潤，當然比自行出版、發行的少，但也相對降低了鉅額的投資風險。

⑦期刊的合作出版。主要是合作編輯出版科學技術類期刊，一般由中方供稿，外方出版發行。

效益評估：中方透過這種合作辦法，向海外介紹大陸各方面發展情況和與大陸進行經貿往來的有關知識等，協助海外人士了解大陸。

(2) 對外合作出版的管理規定

七十年代末，隨著對外開放和文化交流的迅速發展，大陸逐步開展了與國外出版機構合作出版的業務。一九八〇年六月，「國務院」、「中宣部」批准了「國家出版局」《關於加強同國外合作出版的報告》，報告指出：「合作出版的圖書應有利於我對外宣傳，促進各國人民之間的相互了解和友誼，…同時也有利於多創外滙，吸收外國的先進技術和經驗，促進我國出版事業的發展。」

一九八一年五月，為了加強對外合作出版工作的領導和管理，大陸於成都召開了「全國對外合作出版工作座談會」。會議指出：一九七九年以來對外合作出版的發展和取得的成績證明了：①開展對外合作出版，可以利用國外出版公司的印刷出版條件和發行渠道，在全世界出版發行大陸編寫的書刊，加強對外宣傳和文化交流，擴大對外國的影響；②可以保護大陸部分作品的版權和為國家增加外滙收入；③可以吸取國外先進的出版、印刷、攝影技術和編輯工作經驗，改進大陸的出版工作。會議也討論並制訂了《加強對外合作出版管理的暫行規定》。

同年十月十二日，「國務院」批准了「國家出版局」關於頒發《加強對外合作出版管理的暫行規定》，這個規定在目前仍然適用，其主要內容包括：

①對外合作出版，必須符合中共的外交政策和對外方針，有利於加強對外宣傳和文化交流；不得有損於中共主權和國家利益。

②確定對外合作項目，要根據自己的條件和特點，符合本社的出書方針和範圍。

③對外合作項目，應經雙方充分協商確定。合作書刊的編輯方針、書稿內容以及最後定稿，均須經中方同意。凡經中方審定的書稿，未經同意，對方不得擅自增刪或作其他改動。合作出版介紹大陸情況的攝影畫冊或其他書刊中選用的照片，一般應由中方提供，不宜採取由對方派人拍攝或雙方合拍的方式。

④對外合作出版，只能由國家正式批准的出版社進行，任何非出版單位和個人，均不得同國外進行合作出版。大陸出版社擬同國外合作出版的書稿，應事先徵得原作者或原編輯單位的同意。

⑤為了明確雙方的權利和義務，每個合作項目都應簽訂有一定時限的合同。凡中方提供的書稿或圖片，未經同意，對方不得轉讓版權，不得擴大使用權，不得擴大發行區域。

⑥合作出版書刊，應按大陸現行稿酬制度，分別情況向作者支付報酬；首次出版的書稿，可按高於大陸稿酬標準支付報酬；使用大陸已出版過的書稿，亦可支付適當的報酬，一般不超過原基本稿酬的百分之六十；使用外國人的作品，可按略高於大陸作者稿酬支付。上述報酬均以人民幣支付，個別確屬特別情況必須支付外滙者，經上級主管部門批准後，在本單位所得外滙中支付。

對於文物出版對外合作問題，一九八二年初經「國務院」批准，由「對外文化聯絡委員會」、「國家文物局」聯合頒發的《關於文物事業涉外工作的幾點意見》中有明確的規定，相關要點如下：

①近兩年來，外國人要求獨自出版或同大陸合作出版中國文物書刊的情況，日益增多。凡與外國合作出版文物專刊，都必須事先提出合作出版的計畫，經「國家文物局」批准。未經「國家文物

局」同意，文物部門不得提供文物資料。

②合作出版文物書刊，只限於文物選集，不准出版全集。

③任何部門均不得允許外國人為獨自出版中國文物專集的目的赴大陸拍攝文物照片或向外國人提供文物照片和文字資料。

④除有關出版社和文物部門外，大陸其他部門不得與外國人簽訂合作出版中國文物書刊的協議。

三、大陸重要出版社、期刊

(一)重要出版社

1. 人民出版社

創立於一九五〇年十二月一日的人民出版社，是大陸第一家國營出版機構，擔負政治和哲學社會科學書籍的出版任務。主要出版下列讀物：馬列主義毛澤東思想經典原著；中共黨和國家的文件、文獻、領導人的論著；宣傳馬列主義毛澤東思想和共黨的路線、方針、政策的普及性讀物；中共黨史和黨建論著；哲學社會科學方面的學術著作。另外，還主辦《新華月報》、《新華文摘》和《人物》等期刊。

該社出版的重要圖書有：范文瀾等著十卷本《中國通史》、集體撰寫的七卷本《中國史稿》、翦伯贊主編《中國史綱要》（上下冊）、侯外廬主編五卷本《中國思想通史》、馮友蘭著七卷本《中國哲學史新編》、任繼愈主編四卷本《中國哲學史》、七卷本《中國哲學發展史》、胡繩著《從鴉片戰爭到五四運動》、彭明著《五四運動史》、周一良等主編的《世界通史》、黃心川主編的《世界十大宗教》等。

2. 人民文學出版社

一九五一年三月創立的人民文學出版社，是出版中外古今文學書籍的專業出版社，曾先後使用作家出版社（一九五三—一九五八，一九六〇—一九六九）、藝術出版社（一九五三—一九五六）、文學古籍刊行社（一九五四—一九五七，一九八七—一九八九）、中國戲劇出版社（一九五四—一九七九）、外國文學出版社（一九七九迄今）等副牌，出版中外各類文學圖書。該社主要任務是：出版大陸當代反映現實生活的新創作；現代文學史上影響較大的文學作品；古典文學作品的整理本、影印本；外國文學古典名著和現、當代有代表性的作品；文學理論和有關文學方面的學術、資料著作。還出版《當代》、《新文學史料》、《外國文學季刊》等刊物。

該社幾十年來，出版了近百種叢書和系列書，已經編輯中外文學大師的多卷本至三、四十卷本的大型全集、文集三十餘種，包括外國的莎士比亞、巴爾札克、列夫•托爾斯泰、高爾基、泰戈爾等，中國的魯迅、郭沫若、茅盾、巴金等全集或文集；大陸當代著名作家的代表作，絕大多數由人民文學出版社出版。其他重要出版圖書有：「中國現代文學作品原本選印」叢書三十餘種、「中國現代文學流派創作選」叢書、與三聯書店（香港）有限公司合作出版的「中國現代作家選集」叢書、唐弢等著三卷本《中國現代文學史》、楊義著三卷本《中國現代小說史》、嚴家炎著《中國現代小說流派史》、「百家文論新著叢書」、「文藝新學科建設叢書」；古典文學的「中國大作家集」叢書、「中國古典文學讀本叢書」、「中國古典文學理論批評專著選輯」叢書、「中國歷代文論選」、「中國小說史料叢書」；外國文學的「外國文學名著叢書」、「外國文藝理論叢書」、「二十世紀外國文學叢書」等等。

3.商務印書館

一九八七年（清光緒二十三年）成立於上海的商務印書館，是中國的一個重要的文化教育事業單位。中共政權成立後，於一九五四年將總管理處遷北京，一九五八年確定出版任務為：以翻譯外國的哲學、社會科學方面的學術著作為主，並出版中外文的語文辭書。

四十年來，商務印書館出版各種語文辭典共二百餘種，其中影響較大的有：《辭源》、《現代漢語詞典》、《新華字典》、《英華大辭典》、《漢英詞典》等。從一九八二年起開始陸續出版的《漢譯世界學術名著叢書》，內容包括哲學、經濟學、社會主義各流派學說、政治學、法學、歷史學、地理學、語言學等具有廣泛影響的學術著作。

4.中華書局

一九一二年成立於上海的中華書局，原以出版中小學教科書和少年兒童讀物作為主要業務之一，同時也出版社會科學和文學藝術書籍，並注重校印、影印古籍以及出版各種工具書。一九五四年總公司由上海遷至北京；一九五七年與古籍出版社合併，成為整理出版中國文史哲古籍的專業出版社。現中華書局主要任務是：一、整理出版中國古代和近代文學、歷史、哲學、語言文字書籍及各類資料滙編、各種方志、歷史年表、索引、大事記等專業工具書，影印珍本、善本和重要古籍；二、出版中國歷史、古典文學、古代哲學和語言文學方面的研究著作；三、適當出版一些選本、譯注本及知識性讀物。

中華書局出版的重要圖書有：文學方面的《全上古秦漢三國六朝文》、《全唐文》、《全宋詞》、《石頭記》；語言方面的《甲骨文合集》、《殷虛甲骨刻辭摹釋總集》、《甲骨文編》、《金文編》；古代史方面的《二十五史補編》、《續資治通鑑》、《清實錄》、《通典》；哲學方面的《新編諸子集成》、《中華大藏經》、《十三經注疏》；綜合性方面的《四庫全書總目》、《明經世文編》。系列叢書方面有：「中國古典文學基本叢書」、「中國近代人物文集叢書」、「文史知識文庫」、「中華古典名著釋注叢書」等。

5. 生活、讀書、新知三聯書店

三聯書店是由一九三二年創辦的生活書店、一九三六年創辦的讀書出版社、一九三五年創辦的新知書店於一九四八年十月合併而成。一九八六年以後，三聯書店任務進行了調整，以海內外具有中等以上文化水平的知識分子為主要服務對象，主要出版人文科學著譯的書籍，兼及經濟、文史等方面的社科著作、工具書等。此外還編輯《讀書》月刊。

在已出版的圖書中較有影響的有：《傅雷家書》、「研究者叢書」、「讀書文叢」、「今詩話叢書」、「現代西方學術文庫」、「現代外國文藝理論譯叢」、「新知文庫」、「文化生活譯叢」、「科學與生活叢書」、「美國文化叢書」、「日本文化叢書」、「大眾文庫」等。

6. 人民美術出版社

一九五二年九月成立於北京的人民美術出版社，主要出版各種類型的美術和攝影畫冊、論著；

美術教材和技法書；各種題材的連環畫、年畫、宣傳畫和單幅畫；美術叢刊、期刊，以及月曆、年畫等。出版的期刊有《連環畫報》、《美術嚮導》、《美術之友》、《中國書畫》、《中國藝術》、《版畫世界》、《兒童漫畫》等。

已出版的大型畫冊有：《中國歷代名畫集》、《故宮博物院藏畫集》、《中國古代木刻畫選集》、《外國美術選集》、《齊白石作品集》、《中國美術全集》（與其他出版社聯合出版）；另有《中國畫家選》，每冊介紹一位著名美術家及其創作風格和代表作、《世紀美術文庫叢書》，是普及性的藝術導遊叢書。

7.文物出版社

一九五七年初成立於北京的文物出版社，是出版文物考古書籍的專業出版社，直屬「文物局」。出書範圍主要是：一、大陸各博物館和其他收藏單位的重要藏品及重點文物保護單位的圖錄；二、重要考古發掘報告，有關文物、考古的學術研究論著、工具書和參考書；三、古代繪畫、碑帖、珍本書籍的影印複製品；四、普及性的文物知識讀物等。還出版《文物》、《文物天地》、《博物館學通訊》、《中國歷史博物館館刊》、《書法叢刊》、《文物資料叢刊》、《文物集刊》等期刊。

已出版的重要圖書有：《中國美術全集》（與其他出版社聯合出版）、「中國博物館叢書」、《中國石窟・敦煌莫高窟》、《中國古代書畫圖目》、《魯迅手稿全集》、《新中國的考古發現和研究》、《殷墟發掘報告（一九五八——一九六一）》等。

8.中國大百科全書出版社

一九七八年，「國務院」決定編印《中國大百科全書》，並在北京成立了中國大百科全書出版社，後來在上海設立了分社。其出版任務是編輯一套概述古今中外各學科和各知識門類的《中國大百科全書》，以及其他綜合、專業、地方百科全書和大型辭典。

《中國大百科全書》共七十四卷，收入七萬八千個條目，總字數一億二千萬字，涵蓋了哲學、社會科學、文學藝術、文化教育、自然科學、工程技術等六十六個學科及知識門類。中國大百科全書出版社還同時編輯出版了《世界經濟百科全書》、《世界地名錄》、《力學詞典》、十卷本《簡明不列顛百科全書》中文版、《蘇聯百科詞典》、《中國百科年鑑》等。還編輯、出版《百科知識》月刊。

9.上海辭書出版社

一九七八年一月成立於上海的上海辭書出版社，是大陸第一家出版工具書的專業出版社，其前身是一九五八年成立的中華書局辭海編輯所，原是專門編纂《辭海》的機構。主要任務是編輯出版用漢語編寫的各類工具書，包括大型綜合性辭書、專科辭書、語文辭書以及年表、年鑑、手冊、索引等。

《辭海》原出版於一九三六年，自一九五八年起重新修訂，一九六五年以《辭海》未定稿的形式出版。一九七二年再次修訂，於一九七九年出版上、中、下三卷，並按學科分門別類出版《辭海》二十五種分冊。從一九八四年起進行第三次修訂，在一九八九年推出新版三卷本《辭海》。其他出版的大型辭書有：于光遠主編的《經濟大辭典》、「中國社會科學院」編纂的《中國歷史大辭典》、三卷本《中國人名大詞典》；專科辭書有：「文學鑑賞系列」辭典、《中國風俗辭典》、《中國歷史文化名城詞典》、《數學題解辭典》、《中國美術辭典》等；語文辭典有：「彩圖系列」辭典、現代漢語、古漢語、成語、俗語、諺語以及指導寫作和學生語文課程參考工具書等。

10. 少年兒童出版社

一九五二年底成立於上海的少年兒童出版社，是以新兒童書店為基礎，吸收中華、商務和大東三個書局的兒童讀物編輯出版部門合併而成，後來又併進啟明書局和其他幾個出版社。它是中共政權成立後第一個建立的、專門出版一至十五歲少兒讀物的機構。主要出版以十五歲以下少年兒童為對象的讀物，包括兒童文學作品、連環畫、科普讀物、音像讀物、工具書等。還辦有一報七刊，如《小朋友》、《少年文藝》、《故事大王》等。

該社出版的重要圖書有：《十萬個為什麼》、《上下五千年》、《世界五千年》、《三六五夜故事》、《三六五夜兒歌》、《三六五夜謎語》、《少年自然百科全書》等。

(二)重要期刊

1. 《求是》

創辦於一九八八年七月一日的《求是》雜誌，是中共中央的理論刊物，其前身是《紅旗》雜誌。該刊的編輯方針，是要完整準確地宣傳共黨的「一個中心、兩個基本點」的基本路線和黨的方針政策以及重大決策。

《求是》經常發表中共中央和國家領導人、地方和部門領導人的文章或講話；發表社論或評論，在理論上、思想上指導黨員幹部。闢有「改革開放論壇」、「探索與爭鳴」、「幹部學哲學」專欄，另設有發表雜文、散文和其他形式文藝作品的「綠野」專欄；「調查報告」、「理論動態」和發表書評、讀後感之類的「讀書」等欄目。該刊發行到世界一百多個國家和地區。

2.《瞭望》

由新華通訊社主辦的《瞭望》，是以時事政治為重點的新聞周刊，也是內容廣泛的綜合性雜誌。它的前身是一九八一年四月創刊的《瞭望》月刊，於一九八四年一月二日改為周刊。

該刊設有「瞭望論壇」、「中南海紀事」、「特稿」、「本刊專訪」、「政治・社會」、「當代中國人心態錄」、「時事雜談」、「經濟縱橫」、「文化・教育」、「今日世界」等欄目，內容包括由該刊評論員和特約專家撰文，縱論國內外大事，闡述中共路線、方針、政策；傳達來自中共中央、國務院的重要信息；刊登權威人士發表的權威性言論。

《瞭望》周刊海外版創刊於一九八四年九月，向東南亞、北美、拉丁美洲及日本、西歐、大洋洲等地發行。

3.《當代》

由人民文學出版社主辦的大型文學刊物《當代》，創刊於一九七九年六月，初為季刊，後改為月刊。以刊載小說為主，也發表散文、詩歌、報告文學、傳記文學、話劇、影視文學劇本、評論等。

十餘年來，《當代》所發表的各種作品，不僅反映群眾的生活，也反映人們在日常生活中的悲歡離合和大千世界的形形色色。它也先後發表了很多具有廣泛影響的作品，如《將軍吟》、《芙蓉鎮》、《新星》、《改革者》、《故土》、《赤橙黃綠青藍紫》、《太子村的祕密》、《老井》、

《商界》等。其中有不少作品獲大陸全國性大獎。

4.《收穫》

創刊於一九五七年七月的《收穫》文學雜誌（雙月刊），是大陸創辦最早的純文學大型期刊，由巴金、靳以擔任主編。早在五、六十年代就曾發表了《茶館》、《創業史》、《山鄉巨變》等一批在大陸當代文學史占有一席之地的作品。

「文革」後，一度印行百萬份，發表過數百部（篇）優秀的中、長篇小說，如諶容的《人到中年》、馮驥才的《啊！》、《三寸金蓮》、路遙的《人生》、陸文夫的《美食家》、張賢亮的《男人的一半是女人》、賈平凹的《浮躁》、王朔的《頑主》、《我是你爸爸》、王安憶的《叔叔的故事》、蘇童的《妻妾成群》、《罌粟之家》、余華的《呼喊與細雨》、格非的《迷舟》……等，網羅了新時期文壇不同藝術風格的作家作品，其中有不少作品被改編成電影、電視劇。上海作家余秋雨受兩岸讀者高度評價的散文集《文化苦旅》，絕大多數的篇目也都發表在《收穫》上。

巴金的女兒李小林掛名副主編，在父親多年纏綿病榻時，早已一肩挑起《收穫》的編務，執行「嚴肅而不呆板，活躍而不出格」的編輯方針，贏得作家、評論家、讀者的一致好評，多年來刊物的銷售量也始終維持在十萬冊左右。

四、大陸重要圖書發行機構及書展、書市活動

(一)圖書發行網的建立與發展

一九四九年十月三至十九日，中共「中宣部」在北京召開全國新華書店第一屆出版工作會議，作出了有關統一全國新華書店的各項決議。翌年三月二十五日，「出版總署」發布《關於統一全國新華書店的決定》，將過去各地分散經營的新華書店統一為全國性的國營出版企業，「加強專業化、企業化」。四月一日，新華書店總管理處在北京成立，下設出版、廠務和發行三個部門。各大行政區設新華書店總分店，各省、自治區、直轄市設新華書店分店，在省屬市、縣設新華書店支店。

為了改善出版事業的混亂狀態，一九五〇年八月召開的全國新華書店第二屆工作會議、九月召開的第一屆全國出版會議，討論實行出版、印刷、發行分工專業化問題；十月二十八日，「政務院」發布《關於改進和發展全國出版事業的指示》，指出：「書籍雜誌的出版、發行、印刷是三種性質不同的工作，原則上應當逐步實現科學的分工。」

一九五一年一月，「出版總署」發行《關於新華書店總管理處改組及成立人民出版社、新華印刷廠總管理處、新華書店總店等三企業單位的通報》，將原新華書店總管理處的出版部與該署編審局的一部分組成人民出版社；將廠務部、發行部等分別改組成新華印刷廠總管理處和新華書店總店。分工之後，混亂的出書現象得到了改善，大陸的出版事業走上了專業化的道路。

早期的出版與發行的關係，可由一九五一年三月一日，人民出版社與新華書店總店訂立的圖書產銷合同得知。這個合同規定：人民出版社出版的圖書，全部交由新華書店發行，不得委託其他方面發行。雙方業務往來的方式，分為訂貨和寄售兩種，以訂貨為主，寄售為輔。社店雙方還達成了《關於圖書宣傳推廣工作分工的協議》。

一九五三年，「出版總署」決定降低書價，並對新華書店減少發行折扣，實行徵訂包銷制度，出書後新華書店立即向出版社付清全部書款，改變了原來產銷協議。這種徵訂包銷體制一直延續到八十年代中期。

五十年代初，圖書發行網點尚未在大陸各地普遍建立起來。一九五一年十二月，「政務院」通過了《關於建立全國報紙書刊發行網的決定》，要求有計畫有步驟地加快發行網點的建設。從一九五三年起，報刊與圖書的發行工作進行了專業分工。根據一九五二年十二月，「出版總署」和「郵電部」發出的《關於改進出版物發行工作的聯合決定》，規定定期出版物，包括報紙和雜誌的總發行由「郵電局」負責；不定期出版物，包括課本、一般圖書及圖片的總發行由新華書店負責。零售業務則由雙方訂立互銷合同，分工合作。

為了滿足廣大農民的閱讀需求，一九五六年一月和十月，「文化部」和供銷合作總社發出《關於加強農村圖書發行工作的聯合指示》、《關於鞏固供銷社農村圖書發行業務的聯合指示》，要求新華書店必須依靠深入農村的供銷社做好農村的圖書發行工作。

中共十一屆三中全會召開後，圖書發行工作進入了一個新的發展時期。一九七九年十一月，新華書店總店制定《關於加強郵購工作的意見》、《新華書店郵購簡章》，經「國家出版局」批准施行。大陸幅員遼濶，書店網點少，不少邊遠偏僻地方，根本沒有書店，供應達不到。書店郵購業務，主要是為偏僻邊遠地區的個人讀者提供服務。

從一九七九年七月起，全大陸新華書店實行利潤留成，增加了企業自我改造和自我發展的能力。部分省會和中等城市，新建了圖書發行大樓；大多數縣書店新建或擴建了門市部；各省、自治區、直轄市普遍成立了外文書店，專售外文書刊；在許多大城市增設或改建了許多專業書店；在部分城市已開始發展集體、個體書店和書攤書販。

根據「新聞出版署」的統計，截至一九九三年末，大陸共有售書點九六、二五七處。其中，城市售書點二四、四二三處，占二五・四%；農村售書點七一、八三四處。按一九九三年年末人口統計，大陸平均一二、三一二人有一處售書點。

各類售書點與上年末相較，新華書店售書點一○、○五七處，增加一八四處；供銷社售書點三八、一○八處，減少四、六六七處；國營商業售書點二、四一九處，減少六處；其他國營售書點二、一八三處，增加一七九處；集體書店四、四九六處，增加四一一處；個體書店一一、九二二處，增加二、○二○處；書攤書販一五、一二二處，減少二○○處；其他社會售書點一○、五五八處，減少一二七四處。

㈡對內發行機構

大陸圖書對內發行機構按其經營的圖書種類，大致可分為外文圖書發行機構、古舊書發行系統及中文新書發行系統。

(1)外文圖書發行機構

主要是指大陸各地的外文書店，專營大陸國內外出版的各類外文圖書，並包括臺港澳的出版品。外文書店一般只設在省會城市和個別對外開放城市，目前已有近三十個省、市、自治區建立了外文書店，另有六個開放城市——大連、青島、寧波、廈門、汕頭、重慶亦有外文書店。在圖書進口業務方面，一般是各圖書進出口公司定期將編印好的目錄寄給外文書店，由他們轉發給當地訂戶進行徵訂，然後把各訂戶的訂單彙整後再報送給各圖書進出口公司進口。圖書經各圖書進出口公司進口後，再寄給外文書店，由他們轉發給訂戶。

為因應形勢發展的需要，許多中等城市亦先後成立外文書店，如深圳、蘇州、桂林、洛陽、開封、包頭、岳陽等，各圖書進出口公司一般並不會直接寄目錄給中等城市的外文書店去開展徵訂工作。尚未成立外文書店的城市，在當地新華書店裡均設有外文門市部，主要經營大陸版的外文圖書。

(2)古舊書發行系統

主要指專營中外文古舊圖書、期刊、報紙收售業務的書店，一般歸屬當地文化、出版機關或新華書店領導。較著名的有北京的中國書店、古籍書店，上海的上海書店、古籍書店等。一般省會所在地或中等城市都有古舊書店。

其經營業務範圍，一般是負責收售中外文古舊圖書、期刊、報紙、字畫、碑帖，也有經營古舊書刊的複製出版、古籍整理出版和修補古舊殘書，配套供應業務，還有兼售筆墨硯紙文房四寶的。

(3)中文新書發行系統

主要包括：新華書店發行系統、社會發行網點、出版社自辦的發行點、各類圖書聯合發行公司。一九八二年六月，有關部門在「全國圖書發行體制改革座談會」上提出了改革圖書發行體制的意見，改革的目標是建立一個多種流通渠道，多種經濟形式，多種購銷形式，少流通環節的圖書發行體制新格式（即所謂的「三多一少」改革方案）。一九八六年四月，在全國圖書發行工作會議上，提出以新華書店為主體的「一主三多一少」圖書發行新體制。

新華書店發行系統，按其任務和職責可分為下述三種店：管理店、發貨店、銷貨店。

①管理店：包括新華書店總店、各省（市）自治區的新華書店及大、中城市的市店和省以下的地區店。新華書店總店設在北京，為全國性圖書發行事業的管理機構，直接受「新聞出版署」發行司領導，對全國新華書店負有業務指導的責任。設在省會所在地的各省、自治區、直轄市新華書店通常既是管理店，又是發貨店。

②發貨店：是新華書店系統辦理圖書進發工作的批發機構，主要是負責本地區出版的圖書購進、調撥、儲運等業務，也承擔其他出版社在其所在地印刷的圖書的進發或代發業務。目前有：北京發行所、北京首都發行所、上海發行所、天津發行所、重慶發行所。各發行所均編有書目刊物，向大陸各地發行。

③銷貨店：包括省級新華書店、市、地新華書店、縣級新華書店、專業書店、集鎮門市部、書亭和其他銷售形式。專業書店，是以專業讀者為對象或專營特定類別圖書的書店，如科學技術書店、農業書店、技術標準書店、工具書店、音樂書店、美術書店、兒童書店等。集鎮門市部，是縣級新華書店下伸到農村較大集鎮的售書點。書亭，是為了便利讀者購書而設置的小型售書點，通常設

在距離大中型書店較遠的商業區、文教區或住宅區。其他銷售形式，包括流動供應，書市、書展，郵購服務、優惠供應、風漬書特價銷售等。

社會發行網點，包括國營商業售書點、供銷社售書點、義務發行站（員）、集體書店、個體書店、私營書店（攤）等。

國營商業售書點：在部分城市為彌補新華書店網點的不足，一些國營百貨商店接受新華書店委託，常年或季節性的代銷圖書，設圖書專櫃專架銷售。一些專業商店如兒童用品商店、文化體育用品商店、花木商店、樂器商店、照相器材、無線電、醫療器械商店以及藥店等，有時也為新華書店代售與行業有關的專業圖書。

供銷社售書點：為目前農村圖書發行工作的重點，也是無可替代的主體力量。經營形式主要有：圖書專業書店、圖書文具門市部、圖書專櫃、圖書代銷點。貨源主要由本縣新華書店批發供應，一般有批銷包退和選批不退貨兩種形式。也有一些發行點到外地或其他圖書發行機構組織貨源作為補充。近年來大力推行農村圖書發行改革工作，在購銷形式、服務方法都有所變革。近年來，供銷社售書點的數目逐年下降。據統計，至一九九三年大陸有供銷社售書網點三萬八千多處。

義務發行站（員）：是指新華書店在大專院校、科研機關和部隊等單位建立的業餘性質的代訂、代銷圖書網點。新華書店委託他們為本單位的讀者代訂、代銷圖書。一般沒有固定折扣，而只從銷售利潤中留取一部分作為臨時性的補助和獎勵。農村的中、小學、文化站、農業技術推廣站等單位有的也代銷部分圖書。

集體書店：指集體所有制性質的書店，資金來源主要有以下形式：①城市街道委員會，農村鄉鎮管委會出資興辦；②由各企事業單位組織職工家屬、待業青年開辦；③出版社或新華書店聯合集資開辦；④由私人集資開辦。集體書店根據工商行政管理部門批准的經營範圍，有的專營圖書，有的兼營其他商品，有的賣書又租書，在具備一定的條件後還可經營二級批發業務（指定國營書店、出版社、期刊社批進書刊進行轉批）。

個體、私營書店（攤）：指個體所有制性質的書店，其經營方式主要有：①城鎮個體經營的書店、書亭、書鋪；②規模較小的個體書攤、書販；③農村流動售書、走鄉串戶的圖書發行專業戶。個體、私營書店（攤）一律不准經營圖書、期刊（包括掛曆、畫冊、明信片）的批發業務，只能按照有關規定開展零售業務。

一九八九年十一月二十五日，「新聞出版署」、「國家工商行政管理局」聯合發布的《關於加強集體、個體、私營書店（攤）管理的暫行規定》，要求上述書店（攤）不得經營進口書刊、港澳臺書刊和限定「內部發行」的書刊；不得代理出版業務，不得以「協作出版」為名，向出版社（期刊社）「買」書（刊）號。至一九九三年底，大陸的集體、個體書店（攤）約有三萬多處，彌補了國營圖書發行網點之不足。

出版社自辦的發行點：主要包括出版社自辦發行所、出版社自建書店或門市部、郵購部等。出版社自辦發行所，主要任務是辦理本版圖書的宣傳、徵訂、調撥、發運、貨款結算等業務，優點是可以減少中間批發環節、縮短發運周期，節約費用。但因自辦發行需要建立相應的機構，配備必要的人員、設施以及資金，一般出版社尚難以建立獨立的發行所。目前只有上海辭書出版社設有自辦發行的機構。

出版社自建書店或門市部、郵購部等，主要是建立本版書的宣傳櫥窗，直接開展本版書的銷售，並聽取讀者意見，調查了解圖書市場信息，以供編輯、出版和發行工作參考。目前出版社開的書店，有全民所有制的，也有集體所有制的；有獨立核算，也有與出版社統一核算；也有的是幾個出版社聯營的。

圖書聯合發行公司：主要有圖書聯合發行所、圖書聯合發行公司、圖書聯合批發中心等形式。

圖書聯合發行所：由若干出版社集資聯合建立，或出版社與書店聯合建立的本版圖書發行所。現在建立的聯合發行所，一般都是股份公司，建立董事會，聘請經理，推行經理任期的目標管理和經營承包責任制。其業務範圍除了辦理本所圖書的進發業務之外，還承辦代印、代發、代銷、代加工等業務。

圖書聯合發行公司：由若干出版社或出版社與書店聯合組織的圖書發行公司。採集資經營，獨立核算，自負盈虧。主要是發行參加聯營的各出版社的圖書為主，適當經銷其他出版社的圖書。一般都設有門市部，有的還在各地設立分支機構。經營零售、批發業務，也承辦出版社代訂、代發業務。它的優點是貨源組織上環節少，速度快，產銷結合，市場競爭能力較強。

圖書聯合批發中心：由出版、發行等各單位在自願互利的原則下，共同投資、聯合組織以圖書批發為主要經營業務的開放式發行機構。它的一般做法是由出版社提供貨源，銷貨店提供營業場所，發貨店提供倉庫、設備、運輸工具。這是圖書批發多渠道實行橫向聯合的一種新形式。它的優點是可以打破行政區域的界限，吸收各地願意參加的出版社、發貨店、銷貨店投資，聯合經營。

目前新華書店在中文書發行機構中扮演主要的角色，除了各省市的新華書店外，還在社會發行網點上擁有國營商業售書點、供銷社售書點及義務發行站三種發行渠道。新華書店在發行上形成了三個網絡，一是遍布城鄉的銷售網絡，包括上萬家國營新華書店，十萬多處集體、個體經銷、代銷點。二是可以發至全國數千個市縣級和部分城鎮的儲運、轉運網絡。三是由各省級書店承擔的承轉結算網絡。這可以看出新華書店在大陸圖書發行網上的獨占性。

㈢對外發行機構

中共政權成立之後，十分重視大陸書刊對外發行工作。一九四九年十二月，中國國際書店在北京成立，專營書刊進出口貿易和進口書刊大陸發行業務。一九五二年七月，外文出版社成立後，加強出版外文書刊，使外文書刊的對外發行工作有了較多的貨源。一九五三年九月，中國國際書店首次派人參加萊比錫國際圖書展覽會，發展了與各國書商的貿易合作關係。

一九五八年七月，中國國際書店劃歸「國務院」對外文化聯絡委員會領導。一九六三年九月，「國務院」決定成立外文出版發行事業局，並調整了書刊進出口體制，將中國國際書店書刊進出口業務一分為二。進口業務由另行成立的中國外文書店承擔，劃歸「國家科委」領導（一九七一年，中國外文書店更名為中國圖書進口公司，後又改為中國圖書進出口總公司）。中國國際書店則改名為「中國國際書店」（中國出版物中心），專營書刊出口業務，隸屬於外文出版發行事業局。

從八十年代起，先後新增加了多家經營書刊進出口業務的機構。目前，對外發行機構主要有中國圖書進出口總公司、中國國際圖書貿易總公司、中國出版對外貿易總公司、中國教育圖書進出口公司，簡介於下：

(1)中國圖書進出口總公司(CNPIEC)

簡稱中圖，其前身為國際書店，成立於一九五〇年，從事外國書刊的進口業務；一九六四年改名為中國外文書店；一九七三年中國外文書店與新華書店外文發行所合併，成立中國圖書進口公司；從一九八一年起，因新增加了出口業務，因此改為現名，是大陸進口圖書、報刊、文獻資料和音像製品的最大貿易機構，也是引進外國書刊資料的信息和服務中心。

中國總公司設在北京，國內的分支機構計有：一九七九年創辦的中圖廣州公司，主要經營港、澳、臺圖書、報刊、音像製品的進銷業務；一九八五年創辦的中圖上海公司，主要經營上海地區訂戶所需海外書刊資料、音像製品的進銷業務；一九八八年創辦的中圖西安公司，主要經營進口的書刊資料、音像製品，西北地區出版物的出口業務；一九九三年創辦的中圖深圳公司，主要經營深圳和廣東東部沿海地區所需港、澳、臺及部分外國書刊資料的進銷業務，以及本地區書刊資料的出口業務。

此外，中圖與英國於一九八八年合資創辦萬國學術出版社，主要出版英文版中國學術著作和在大陸召開的國際性學術會議論文集，向世界各國發行；一九九二年創辦中國科學文化音像出版社，主要經營科技文化方面音像製品的出版和發行業務；一九八八年創辦的萬迅國際運輸公司，主要經營國際貨物的運輸和快遞，以及進出口報關業務。中圖和國外分支機構計有：一九八一年創辦於美國新澤西州的北京圖書公司（美國）；一九八六年設立的中圖駐倫敦代表處；一九八六年設在德國艾格爾巴赫的中圖駐德國代表處；一九八八年設在東京的中圖駐日本代表處。

中圖隸屬中共「國家科學技術委員會」直接管理，總部對外業務機構計有：一、報刊部：經辦訂購進口報紙、雜誌業務，該部編有《外國報刊目錄》和《臺港澳報刊目錄》，供訂戶選訂，目前中圖進口報刊市場占有率為九〇%以上；二、圖書部：經辦訂購進口圖書業務，每年進口圖書十萬餘種，每月編輯出版進口圖書徵訂目錄六種；三、文獻部：經辦訂購進口文獻業務，主要包括會議錄、科技報告、標準、專利、年鑑、政府出版品和縮微製品、只讀光盤等科技文獻，該部編有各類進口文獻徵訂目錄七種；四、音像部：經辦訂購進口音像製品，該部編有定期的《進口唱片磁帶激光唱片預訂目錄》和不定期目錄；五、代銷部：在各主要城市的近二百個涉外賓館及旅遊景點設代銷處，銷售世界各國和港澳臺出版的各種圖書、畫冊等旅遊出版物，以及進口的辦公用品；六、開發部：經營世界各國和香港、臺灣生產的與書業有關的各種設備和器具，包括縮微系統、光盤系統和電教系統等有關圖像信息管理的先進設備；七、出口部：經營大陸出版的書刊文獻資料向世界各國的出口業務。

自一九八六年起，經「國務院」批准，由中圖負責每兩年舉辦一次北京國際圖書博覽會，開展中外圖書貿易、版權貿易和合作出版業務，進行中外科技文化交流。中圖總部設有北京國際圖書博覽會辦公室，經辦博覽會的組織和籌備工作。

(2)中國國際圖書貿易總公司(CNPITC)

簡稱國圖，該公司前身為中國國際書店，成立於一九四九年十二月，隸屬「文化部」，原是統一經營書刊進出口貿易的機構，一九六四年起專營書刊出口業務。一九八一年起恢復圖書進口業務，並於一九八四年十二月改為現名。該公司的總公司設在北京，在上海、廣州設有辦事處，並在大陸和海內外設立了中國圖書進口中心、朝華出版社、中國微縮出版物進出口公司以及香港地區的和平圖書有限公司和美國、英國的常青圖書有限公司等分支機構。

在對外發行書刊方面，該公司為大陸幾家進出口公司中，向外發行書刊數量最大、網路最暢通的公司，發行範圍達一百八十多個國家與地區，與全世界近千家同業保持經常性的貿易往來。公司業務範圍如下：①出口中外文圖書、報刊、畫冊、書畫原作、木版水印複印品及手工藝製品；②生產並出口大陸書刊、報紙、縮微複印膠片；③進口中外圖書、期刊、畫冊、聲像製品、縮微膠片、閱讀器及其他縮微設備；④編譯出版文化歷史叢書、兒童讀物、畫冊及明信片，並與國外合作出版圖書；⑤在國內外舉辦大陸出版物和書法、繪畫展覽，並承辦世界各國赴大陸書展。

(3)中國出版對外貿易總公司(CSPITC)

簡稱版圖，該公司成立於一九八〇年，隸屬於「新聞出版署」。總公司設在北京，在上海、天津、廣東、福建設有分公司。公司設有書刊進出口部、印刷器材進出口部、綜合貿易進出口部、企業經營部、展覽部、諮詢信息部、計畫財務部、現代出版社、藝術中心等業務部門。

其業務範圍涵蓋面頗廣，包括：①經營中文書刊和部分外文書刊的進出口業務，音像出版物和微縮製品出口業務；②代理全大陸出版部門的對外版權貿易及合作出版業務；③開展合資經營、合作生產、來料加工、補償貿易和技術服務；④經常出版系統的印刷設備、器材的進出口業務；⑤開展公司經營商品的出國展覽、展銷活動及在大陸舉辦國際性展覽、展銷會。

(4)中國教育圖書進出口公司(CEPIEC)

簡稱教圖，該公司成立於一九八八年，隸屬「國家教委」，在業務上接受教委條件裝備司的指導，是進出口教育圖書、報刊、音像、縮微製品、教學用具的貿易機構，成立宗旨是以高質量的服務、高效率的工作擴展大陸與各國間教育、科學和文化的交流。

教圖的進出口業務範圍包括：①各類教材、學術專著、學報、論文集、工具書等圖書和報刊；②各類與教育有關的音像製品、縮微製品及計算機軟件等；③教學標本、模型和掛圖；④中外文版出版物；⑤教學用具。

另外從事書刊進出口業務的還有：中國經濟圖書進出口總公司（簡稱經圖）、北京市圖書進出口公司、上海外文圖書公司、中華商務貿易公司、黑龍江省新聞出版進出口公司、江蘇省圖書進出口公司、浙江省出版對外貿易公司、廣東省圖書進出口公司、福建省出版對外貿易公司、山東省出版對外貿易公司、廣西省圖書出版進出口公司、四川省出版對外貿易公司、重慶出版對外貿易公司等。

㈣圖書發行體制之改革

中共十一屆三中全會後，讀者對圖書品種的要求越來越多樣化，對圖書數量的需要也越來越大，社會上不時出現「買書難」的現象。一九七九至一九八一年間，新華書店系統就對如何改革發行體制進行探索。

一九八二年，是大陸圖書發行體制改革的分水嶺。本年六月十二日至十八日，「文化部」在北京召開「全國圖書發行體制改革座談會」，由各省、自治區、直轄市出版局、出版社、新華書店及部分中央一級出版發行單位負責人參加。七月十日，「文化部」發出《關於圖書發行體制改革工作的通知》，決定將新華書店獨家經營的體制，改變為多種渠道、多種經濟形式和多種購銷形式的圖書發行體制。一九八二年十二月二十八日至一九八三年一月八日，「中宣部」和「文化部」在北京聯合召開全國出版工作會議，會中討論了《關於加強出版工作的決定》（草案）。截至一九八二年底，出版社已建立自辦或合辦門市部共六十六處，有一六一家出版社建立了郵購部，有八十一家出版社同北京、上海、一些省會城市及其他中等城市的新華書店建立了一八二處特約經銷關係。

一九八三年六月，中共中央、「國務院」又發布《關於加強出版工作的決定》，提出「改革圖書發行體制，增加圖書發行能力」的具體做法，包括改革新華書店的經營管理體制，同時要發展集體和個體的發行網點，逐步形成以新華書店為骨幹的，多種流通渠道，多種經濟形式，多種購銷形式，減少流通環節的圖書網。

一九八六年四月，「國家出版局」在北京召開全國圖書發行工作會議，討論圖書發行體制改革大計。七月一日，「國家出版局」根據本年全國圖書發行工作會議的討論，制定、發布《關於推行多種購銷形式的試行方案》及該方案的補充規定。試行方案主要推行以下三種購銷形式：徵訂包銷、徵訂經銷、寄銷。

一九八八年四月，「中宣部」、「新聞出版署」聯合發布《圖書發行體制改革試行辦法》，在「一主三多一少」的圖書發行改革目標外，又提出推動「三放一聯」，即：放權承包，搞活國營書店；放開批發渠道，搞活圖書市場；放開購銷形式和發行折扣，搞活購銷機制；推行橫向經濟聯合，發展各種出版發行企業群體和企業集團。

一九八二年以前，新華書店對出版社出版的圖書基本上採取徵訂包銷一種形式。徵訂包銷，是指出版社出版的圖書由新華書店負責總發行。凡包銷的圖書，在版權頁上須印上「新華書店總發行」字樣。各級書店全面負責安排圖書市場，做好分級備貨，並負責全部圖書庫存。對徵訂包銷的圖書允許出版社在自辦的或合辦的門市部零售、辦理郵購並作適當儲備國營書店和特約經銷處添貨，但不得搞徵訂、批發或委託第三方總發行。

圖書實行徵訂包銷制度的主要弊端，主要是出版與發行絕對分工，出版社祇管出書，而書店祇管賣書；書店無法確切了解圖書的出版情況，祇能從徵訂目錄一、二百字的簡介來訂貨。徵訂目錄一般在圖書出版前五至六個月編印發出，從發出到向出版社提出訂數共四十五天。書店在訂貨時一般採謹慎態度，寧少勿多。此外，出版品由新華書店統購包銷，書籍的命運全掌握在書店手裡，書店對眾多的圖書品種無法全面熟悉、統籌安排，絕大部分品種只能憑印象訂貨，發行的結果不是脫銷便是積壓，很難做到進銷基本平衡。圖書推出市場後，即使反應超出書店預估，補貨並不容易，因許多出版品印數係依徵訂數量而來，備貨量有限，出版後往往立刻缺書，再版則需另行徵訂。

一九八六年開始推行的多種購銷形式，主要有三種：徵訂包銷、徵訂經銷和寄銷。實行徵訂包銷的圖書，由新華書店負責總發行，其範圍包括：共黨和大陸領導人著作，共黨和政府重要文獻，共黨和政府統一規定學習的政治理論書籍；中小學課本和大中專教材；年畫、年曆、掛曆、臺曆；內部發行的圖書等。在上述出版範圍以外的圖書則採取徵訂經銷和寄銷制。

實行徵訂經銷的圖書，由出版社負責總發行，新華書店負責經銷。出版社可以自行決定補充徵訂的品種和開展對集體、個體書店的批發。經銷圖書的存貨由書店負擔。這種經銷制度經過實行後，在市場靈活調度上，顯然不及寄銷制。

實行寄銷的圖書，由出版社負責總發行，新華書店負責寄銷，並規定寄銷期限。銷貨店經過銷售，賣不完的存書，先進行調劑，經調劑不出去的多餘存書由出版社負責收退。對實行寄銷的圖書，出版社經與發貨店協商，可採取出版社通過發貨店單方寄銷或出版社與發貨店聯合寄銷的方式。對寄銷的圖書，可以採取主動分配寄銷，包括按各種不同類型店的不同基數實行分配寄銷；或採取徵訂與分配相結合的寄銷方式。也可以採取初版寄銷（或試銷）、重版徵訂包銷（或徵訂經銷）的辦法。

為了活躍圖書市場，緩解八十年代中期「出書難、買書難、賣書難」的困境，一九八七年三月，由出版社和書店在秦皇島市舉辦了第一屆圖書看樣訂貨會，讓產銷直接見面，改變了舊式盲目性的訂貨方法。它為各地書店充實貨源，又向出版社提供了讀者閱讀品種的信息，可以作為出版社組稿、編輯選題計畫的依據，因此受到社店雙方的歡迎。近年來，更在舉辦看樣訂貨的基礎上，進一步發展為常年的、有固定場所的、多功能的、開放性的圖書批發市場，有利於圖書的正常流通，並擴大了圖書發行。

(五)重要書展、書市活動

書市，是指在一定期間內，集中豐富的圖書，以銷售為主而舉辦的集市。具體的做法是：舉辦單位（書店、出版社等）準備充足的圖書，選擇大型的公共場所，確定舉辦日期，事前進行宣傳，吸引讀者去書市選購。

中共政權成立後，第一次舉辦的大型書市，是一九五七年十一月一日至十日，由新華書店北京分店在北京勞動人民文化宮舉辦的大規模露天書市。「文革」後至八十年代中期，規模較大的書市有：一九八〇年十月的北京首屆全國書市，一九八一年九月的上海書市，一九八三年的北京全國科技書市，一九八四年昆明、廣州、蘭州、成都等大中城市書店舉辦的書市等。一九八六年，大陸各地舉行的各類書市八十多次，其中參加展銷的圖書超過一萬種以上的書市有二十三次。

一九八五年四月二十五日至五月十日，香港漢榮書局有限公司和深圳大學文化科技服務總公司聯合舉辦的「臺灣圖書展銷會」在深圳大學舉行。這是五〇年代以來在大陸舉辦的規模最大的臺灣書展，共展出臺灣版各類圖書一萬一千種，共計二萬多冊。各省、市有上千個圖書館前去訂購書籍近十萬冊。向展銷會間接提供樣書的臺灣出版社有五十多家。

一九八六年七月二十五日至八月十日，由香港漢榮書局與深圳大學聯合舉辦的第二屆「臺灣圖書展銷會」在深圳大學舉行。間接提供樣書的臺灣出版社增為一百五十多家，共展出各類圖書一萬多種，二萬多冊。展出品種包括文學、藝術、歷史、法律、經濟、管理、科技、工程、醫學等。社會科學類比重較大，經濟管理和法律書籍數量較多。為了配合紀念孫中山先生誕辰一百二十周年，展銷會精選了臺灣出版的有關孫中山先生的著作、手跡、圖片、資料和研究專著、論文等近三百種參展，僅研究孫中山思想的專著就有五十六種。

近年來臺灣出版業者逐漸意識到：參與大陸舉辦的各類型書展，是當前臺灣圖書進軍大陸的最佳途徑之一，但業者多半僅祇被動地提供展品，對書展的性質、展出方式、相關促銷配合活動，暢銷書品種等，缺乏進一步地了解。本文特別蒐集近年來幾個具代表性或有臺灣出版業參與的書展，供大家參考。

(1)第二屆全國圖書展覽

一九八九年八月十八日至三十日，「新聞出版署」主辦的第二屆全國圖書展覽在北京「中國國際展覽中心」展出（第一屆於一九八六年四月二十日至五月五日，在北京「中國革命博物館」舉行）。共有來自包括臺、港地區的五百四十七家出版社參加，參展圖書約兩萬多種。來自臺灣的出版社包括：臺灣商務印書館、臺灣中華書局、五南圖書公司、曉園出版社、遠東圖書公司、雄獅圖書公司、牛頓出版公司、旺文社、黃帝圖書公司、錦繡出版公司、臺灣華園、華一書局、圖文出版社十四家。共有二十餘位臺灣出版界人士到場參觀，洽談合作出版。

本屆書展籌備期間，由「新聞出版署」成立以副署長劉杲為組長的全國書展領導小組。承辦單位「中國出版對外貿易總公司」成立了全國書展辦公室。各省、自治區、直轄市的新聞出版局都相應成立了書展辦事機構，負責處理選送展品、組織宣傳、布置陳列等工作。

書展會場分為：序言大廳，介紹舉辦這次展覽的宗旨和內容；二號展廳設綜合館，按圖書類別和專題集中展示各類圖書；二號展廳的內側由北京地區各參展出版社自設展臺；三號展廳由省、市、自治區各參展出版社自設展臺，展示各自出版的圖書；四號展廳設銷售館，有近百家出版社參加。八月二十日至二十五日，還在三號展廳樓上組織看樣訂貨會，吸引了各地國營、集體、個體書店三百家左右訂貨，金額達人民幣二千五百萬元左右。

⑵第三屆全國書市

一九九〇年八月三十日至九月十二日，由上海市新聞出版局、新華書店總店、上海新華書店聯合主辦的第三屆全國書市在上海展覽中心（原中蘇友好大廈）舉行。共有大陸各省市四一九家出版社的四萬多種圖書參加展銷，零售圖書一四五萬套（冊），營業額達人民幣五百二十四萬元。

本屆書市由上海市「新聞出版局」直接領導，上海新華書店組成了書市辦公室。他們在書市開幕前半年前後三次到各地組織書源，做好事先準備工作。書市設有文史哲綜合、上海版、省版、少兒、企管及工具、藝術、文教、法學、科技、古籍、外文、音樂等十二個展銷館。書市期間舉辦各種類型的新書發表會、首發式十多次；為讀者簽名售書五十多人次；作品研討會或座談會七次；讀書報告會一次；與新聞界合作舉辦了「科技圖書新品展」、「我與體育書」徵文等活動；並與電視、電臺合作製播了「第三屆全國書市特別節目」。此外，書市期間也評選出十本暢銷書、十本精品書、十本令人遺憾的書。北京三聯版的《蔡志忠漫畫系列》（共九種），以七千套的銷售量，榮登第三屆全國書市銷售排行榜榜首。

(3)第一屆北京圖書節

一九九一年九月，北京十九家單位聯合舉辦了第一屆北京圖書節。據統計：北京地區有一百五十五家出版社、二十二家社會書店和市屬的新華書店、外文書店參加了圖書節的各項展銷活動，共銷售各類圖書近六萬種，一百六十多萬冊，總銷售金額約人民幣一千零九十三萬元，創北京歷屆社科書市銷售圖書的最高記錄。

本屆圖書節從三月開始籌備，由北京市副市長何魯麗親自擔任圖書節組委會的主席，並取得包括市公安、工商、財政單位提供的各種支持。圖書節主、分會場的全部籌備及組織工作由市新華、中國、外文三家國營書店承辦。作為責任承辦單位的市新華書店，並提供了宣傳、銷售、展覽、導讀、招商、贊助、保衛、財務、後勤等十幾項具體方案。

這次活動的相關配合活動也值得重視。在精心的設計和組織下，包括了五月下旬展開的圖書節會徽徵集活動、卡拉ＯＫ試唱活動、圖書猜謎活動、新書首發式、圖書報告會、「幸運讀者摸獎」活動、各種展覽、文學名著朗誦會、著作權知識的宣傳諮詢活動等。

(4)'92廣東科技文化書市

一九九二年六月二十一日至三十日，廣東省「科技進步月」壓軸戲——「'92廣東科技文化書市」在廣州圖書館舉辦。展銷圖書達二萬五千種，科技圖書佔百分之六十，其中大陸版圖書一萬五千種，由十九個出版社和書店提供參展，分佔廣場的一〇七個攤位。中國圖書進出口廣州公司在廣州圖書館的一個展覽廳展出進口圖書、文獻、期刊一萬種（港臺版圖書約五千種）。十天展銷期間，大陸版圖書銷售了近人民幣一百萬元，港臺版（包括部分外文版）圖書銷售了六十多萬元。

大陸版圖書中，實用型的輕工業、手工業、服務業、飲食業的科技讀物、電腦電子類書籍是本次書市的暢銷書；而港臺版圖書、廣告、設計、裝潢、包裝等類圖書則最為搶手。

廣東省副省長盧鍾鶴建議有關部門在廣州辦個進口及港臺圖書陳列室，讓廣大科技人員在書展以後也能及時購到最新的科技圖書資料。

(5)第五屆全國書市

一九九二年十月十一日起至二十二日，大陸第五屆全國書市在四川省成都市人民體育中心舉行。共有來自各地的五百多家出版社、幾十家音像出版社參展，展銷五萬多種圖書和音像製品（含臺港澳圖書八千多種）。整個書市期間訂貨總額達人民幣一億四千三百萬元，零售總額達一千九百六十多萬元，創下空前記錄。

以往四屆全國書市，均在大陸東部經濟文化發達的城市——北京、上海、廣州舉行，這是第一次在西南地區舉辦的全國書市，主要承辦單位四川省及成都市政府特別用心規劃。本屆書市採取圖書、音像出版物展覽、零售、批發、訂貨、合作出版和版權貿易一體化方式進行。書市展場的總面積為一萬二千多平方米，分為十二個中文圖書展廳、一個音像製品展廳和一個臺港版圖書展廳，並特別設置了一個「臺北故宮珍藏書畫展覽」，展覽傳神逼真的臺北故宮珍藏複製品。其他配合活動包括著名作家為讀者簽名售書、評選「讀者最喜愛的十本書」、書海導遊、購書抽獎、圖書出版發行諮詢，發行書市紀念封等。

(6) 九三年星沙春潮書市

一九九三年四月十八日，在湖南長沙舉辦了「九三年星沙春潮書市」，共有三百餘家、六千多人參加，成交額超過了八千萬人民幣。這是一次以第二渠道為主體的書刊交易會，在大陸尚屬首次舉辦，參加的書商約有九〇%以上屬於第二渠道。

這次書市的具體承辦者是長沙市書報刊發行業協會，並得到主渠道湖南省新華書店、長沙市新華書店的支持與合作，有近一百家新華書店系統的單位參加。展廳內展出近萬種書刊，包括三百多種首發新書、一千多種書市暢銷書、七千多種調劑書刊和一百多種掛曆。看樣訂貨、現貨買賣、期貨之交易、碼洋交換、庫存調劑、批零兼營等多種形式的交易，異常活躍。

二渠道的發展歷史，應上溯到一九八〇年十二月起，大陸各地城鄉開始發展集體、個體書店和書攤。一九八二年七月，「國家出版局」進一步提出，圖書發行體制改革的目標是「三多一少」，後來又加上「一主」，即以國營書店為主體，多種流通渠道，多種經濟形式，多種購銷形式，少流通環節。這些措施促成了書刊業的發展，近十年來，集、個體書店以迅猛的速度發展。以聞名大陸的長沙黃泥街書市為例，目前集結集、個體書店二百餘家，一九九二年總銷售額在一億二千萬人民幣以上。

這次書市反映出幾個值得注意的問題：

一是折扣高。二渠道對發行者的折扣不再是出版社給新華書店的六七折，而是六折、五折之間，甚至四六折，掛曆在四折，甚至三六折間。

二是圖書品味相對來說比較低。雖說出版社參展的圖書品味高，但展廳內充斥著通俗性、消遣性讀物，如武俠、占卜、風水、言情、紀實作品等。

三是買賣書號問題嚴重。在二渠道各展臺上，有相當數量的圖書是通過買書號「做」（即自編、自印、自發）出來的。據某記者抽查入市的書刊中，通過二渠道買書號涉及近二百家出版社，問題不可謂不嚴重。據來自四川出版界人士的估計，賣書號的圖書在一些出版社要占總出書量的三〇%，多者達五〇%。書號流散在書商手中，所出圖書內容、方向、格調，是否對讀者、社會有利，出版社是無法控制的。

(7)九三年海峽書市

「九三年海峽書市」由福州市新華書店主辦，中國出版對外貿易公司協辦，經「新聞出版署」同意，福建省新聞出版局正式批准，於一九九三年九月十八日至十月三日為期十五天在福建省體育館內（五一廣場）舉辦。除邀請中央及地方重點出版社、全國省會城市（計畫單列）和部分地（市）新華書店、集體書店、大型圖書館等單位代表參加，也邀請臺、港及東南亞等國的出版發行商及作家與會。書市設社科、文藝、少兒、科技、古籍等在內的十三個專業展館，舉辦展銷、訂貨、座談及著名作家簽名售書等活動。其中，海外版圖書展銷作為內部館單獨陳列。

據統計，本屆書市圖書看樣訂貨成交額達一千一百多萬人民幣，圖書銷售總額逾二百萬人民幣。

福州市新華書店總經理呂贛明表示：海峽兩岸的經貿交流帶動了文化交流，首次海峽書市就是兩岸文化交流所做的新嘗試，他盼望兩岸出版同業能夠繼續加強合作，第二屆海峽書市能早日在臺灣舉行。

(8)九三年南國書香節

由中共廣東省委宣傳部、廣東省新聞局主辦的首屆南國書香節，於一九九三年十二月十九日至二十六日在廣州舉行。計有來自北京、四川、江蘇、湖南、湖北、廣西等二十個省市及港臺地區的三百多家出版發行單位，三千多位海內外來賓參加此一盛會。

本屆南國書香節的主體項目是設在廣交會展廳的圖書交易會，展場占地六千五百平方米，分為三百二十個攤位，廣東館、內地館、港臺館各占三分之一，參展圖書達七萬多種。主辦單位將書香節定位為「一次集我省及各地（包括港臺）圖書的展示交流、編讀往來、批發零售、出版合作、版權貿易、理論研討、文藝演出為一體的大型綜合性社會文化活動」。書香節期間，還舉行下列的出版文化系列活動：包括：第二屆廣東優秀圖書獎頒獎大會、評選南國書香節十大暢銷書、版權貿易洽談會、名家簽名售書、文化經濟辯論會、中國圖書走向世界研討會、讀書發燒友活動日等等。開幕當天，並由廣東人民出版社舉行《嶺南文庫》第一批十八種書的首發式。

在八天展銷期間，共接納讀者五十六萬人次，銷售圖書九百七十萬元人民幣，訂貨一千三百七十萬元人民幣。與兩年前在廣州舉行的第四屆全國書市相比，書香節的日均銷售量和人流量均創下新紀錄。廣東人向有喜好讀書的優良傳統，據統計，一九九二年廣州市人均購書額為八九．二元人民幣，位居大陸之最。由書香節的盛況空前，可印證這個記錄的真實性。

本屆書香節港臺圖書有九十七個攤位，參展單位六十七個，主體構成是臺北市出版商業同業公會、香港聯合出版集團和香港教育出版商會。現場銷售金額約一百五十萬元人民幣，大大超過原計畫數的一半，也躍居在大陸港臺圖書展銷活動銷售額的第一名。為什麼港臺圖書價格高出大陸同類書的七至八倍，仍然能夠在書市上受到歡迎，根據大陸方面的分析，有下列幾個原因：

①港臺版圖書信息快資料新，應用性強，用料和裝幀精美考究，設計者超前的創作意識加上現代化技術設備的運用，使出版物具有獨特的個性和醒目的形象；

②從整個書香節圖書銷售趨勢看，高檔次、高質量、裝幀好，又具有珍藏價值的圖書，即使定價高，依然受到歡迎；

③港臺出版商的經營之道值得借鑑，在每一批新書推出前向讀者寄送徵詢意見表，花大量功夫在圖書選題和定價的市場調查，使之能夠保持暢銷。

參考書目

《當代中國叢書編輯部》，《當代中國的出版事業》（上、中、下），北京，當代中國出版社，一

九九三年八月

《中國出版年鑑》一九八〇～一九九三年（十三冊，其中一九九〇、一九九一年合為一冊），前七冊由北京的商務印書館出版；接下來的四冊由北京的中國書籍出版社出版；後兩冊，由北京的中國出版年鑑社編輯、出版。

中共「新聞出版署」圖書管理司編，《圖書出版管理手冊》，瀋陽，遼寧大學出版社，一九九一年二月

中共「新聞出版署」政策法規司編，《中華人民共和國現行新聞出版法規匯編一九四九—一九九〇》，北京人民出版社，一九九一年十月

中共「新聞出版署」辦公室編，《新聞出版工作文件選編》，北京，知識出版社，一九九二年十月

中共「新聞出版署」編，《中國新聞出版工作全書（上、中、下）》，北京，中國友誼出版公司，一九九三年十二月

《中國大百科全書·新聞出版》，北京、上海，中國大百科全書出版社，一九九〇年十二月

《出版詞典》；上海，上海辭書出版社，一九九二年十二月

陳信元主持，《兩岸出版業者合作發行書籍之現況調查與研究》，臺北，行政院大陸委員會，一九九三年八月

陳信元主持，《大陸出版業經營趨勢之調查與研究》（一九九三年七至九月、十至十二月季度報告）。臺北，行政院大陸委員會，一九九四年三月，一九九四年十二月

另參考下列報刊：《新聞出版報》、《出版參考》、《中國出版》、《著作權》、《出版發行研究

》、《出版工作・圖書評介》月刊、《文匯讀書周報》（以上大陸）；《出版界》、《出版流通》（以上臺灣）

參、大陸著作權概況與兩岸著作權問題

一、前言

近年來，大陸致力於推動知識產權的保護工作，並取得了突破性的進展。具體的成績包括：一九八二年八月二十三日中共《商標法》頒布（一九八三年三月一日起施行），一九八四年三月十二日又頒布中共《專利法》（一九八五年四月一日起施行），初步建立了大陸工業產權制度；一九九〇年九月七日，中共第七屆全國人大常委會第十五次會議通過了大陸四十年來的第一部著作權法（一九九一年六月一日起施行），並於一九九一年六月四日，由中共「國務院」公布《計算機軟件保護條例》（一九九一年十月一日起施行），則是大陸全面建立知識產權制度的開始，也使知識產權法得以完整和配套。

一九九二年六月二十三日，在中共第七屆人大常委會第二十六次會議上，通過加入《伯爾尼保護文學和藝術品公約》和《世界版權公約》，並於七月中、下旬分別向世界知識產權組織和聯合國教科文組織提出申請，在十月中、下旬正式生效。十一月七日，在該會第二十八次會議上，又通過加入國際鄰接權公約《保護錄音製品製作者防止未經許可複制其錄音製品公約》（簡稱唱片公約）。這一系列著作權保護工作國際化的成果，令人刮目相看。

雖然，大陸著作權的保護水準，與歐美先進國家相較之下，仍有不足之處，甚至著作權法的某些規定與國際著作權公約並不協調，但中共「國務院」於一九九二年九月三十日專門頒布了《實施國際著作權條約的規定》，就大陸著作權法中個別與國際版權公約不盡一致或不盡明確之處作出進一步規定，以保證有關的外國作品在大陸受到充分保護，在建立和健全著作權制度方面總算邁出了第一步。

大陸的著作權保護工作，受到政治體制、意識形態、法律認知和層出不窮的政治運動影響，推展過程並不順利，走過一段漫長又曲折的道路。一九四九年中共成立新政權以後，廢除了通行的《著作權法》和《出版法》，卻未立即對知識產權進行立法，這一延宕造成了四十多年來祇能以一些不夠周全的行政法規，作為保護作者少數權益的依據，但通常它們又無法下達到作者和一般大衆層面，出版單位也常陽奉陰違未給與應有的重視，在上下因循苟且的情況下，制定著作權法的重要性和急迫性根本被忽略了。即使在著作權法起草過程中，還有不少單位認為這個法是「引導人們『向錢看』，搞個人主義」，是「為作家樹碑立傳，爭名爭利」；更有人認為：「過去沒有法，許多作品不是也出來了嗎？」「我們是社會主義國家，應強調全心全意為人民服務，多做貢獻」（註一）。由此可以想見歷時十一年才出爐的這部《著作權法》，立法過程不免參雜著思想路線之爭，使原本已經複雜的著作權問題，愈加複雜。

本章首先分為兩個階段，分別探討「文革」前（一九四九—一九六六年）和「文革」後（一九七七—一九九〇）大陸著作權保護概況；接下來，對中共當局自八〇年代初以來，頒布的有關兩岸出版交流的行政法規，按照時間，作一整體性敍述，以窺中共現行的兩岸文化、出版交流政策；兩岸未能就著作權問題訂立一套共同遵循的規則，由此衍生不少的問題，如重複授權問題、侵犯著作權的處理方式，簽署合約應注意的事項、重複課稅問題等，除此之外，大陸於今年十月間同時加入兩個國際版權公約，本文將探討大陸加入後對臺灣的影響。

二、大陸著作權保護概況

一、第一階段（一九四九—一九六六）

一九四九年中共新政權成立以後，廢除了國民政府於一九二八年制定的《著作權法》及一九三〇年制定的《出版法》，並未立即對著作權進行立法保護，而是通過有關部門制訂了一些行政法規和政策文件，藉以保護作者對自己作品所享有的正當權益。大陸著作權法專家就曾以「有著作權保護；保護的法律不健全」（註二）這兩句話來概括當時著作權保護的情況。

一九五〇年九月，中共召開了全國性的第一次出版工作會議，通過了《關於改進和發展出版工作的決議》，這是大陸頒布的第一項保護作者著作權益的行政法規。該決議指出：「出版業應尊重著作權與出版權，不得有翻版、抄襲、篡改等行爲」；在圖書的版權頁上，「對於出版、再版的時間，印數、著者、譯者的姓名及譯本的原書名稱等，均應作史實的記載。在再版時，應盡可能與作者聯繫進行必要的修訂」；支付稿酬的標準與方法，「應在兼顧著作家、讀者及出版家三方面利益的原則下與著作家協商決定。」該決議也指出：爲「尊重著作家的權益，原則上不應採取賣絕著作

權的辦法。」（引自沈仁幹《中國大陸著作權保護概況》，《出版工作》一九九〇年十二期）

決議公布後，許多出版社根據決議的規定，並參考蘇聯當時的作法，採用「定額計數」的計酬模式，即按書稿的不同性質和質量，規定每一千字的稿酬金額，同時規定若干印數爲一個付酬定額（如有的書以一萬本爲一個定額，有的以二萬本爲一個定額），印數在一個定額以內的付給作者以一個定額的稿酬，兩個定額以內的付兩個定額的稿酬，餘類推。並規定了與作者簽訂合同的樣式，改善了與作者的關係。

一九五二年，中共「出版總署」制定了《關於國營出版社編輯機構及工作制度的規定》，要求出版者「根據選題計劃向著作人約稿，應訂立合同。」其主要內容包括：原稿字數、交稿日期、稿酬數目等項，並須經社長、總編輯、經理（出版部主任）及著作人本人簽字。另外，每種書籍版權頁上必須註明該書的著作人、編輯、美術編輯、出版者和印刷者，以明責任。編輯對一般書稿有修改的權利和責任，但修改須經著作人同意。書籍重版前，應徵詢著作人有無修改，或提請著作人修改。

有鑑於五十年代初期出版社之間相互擅自翻印書刊的情況十分普遍，中共「出版總署」於一九五三年十一月發布了《關於糾正任意翻印圖書現象的規定》，其中第一項規定：「一切機關團體不得擅自翻印出版社出版的書籍、圖片，以重版權，而免浪費，並便利出版發行的有計劃的管理和改進。」

自一九五一年四月起，中共「出版總署」根據「政務院」文化教育委員會的指示，成立了《著作權出版權暫行條例》起草委員會，由周建人領導，章錫琛負責執筆起草。當時曾翻譯了蘇聯及一些東歐國家的著作權法，並先起草了《保障出版物著作權暫行規定》。一九五四年，「出版總署」合併到「文化部」，此項工作由「文化部」出版局接辦，成立新的起草小組，於一九五七年十一月向「國務院」法制局報送了《保障出版物著作權暫行規定（草案）》，請求審查。該暫行規定對於受保護的著作，僅限於：一、文字著作及口頭著作；二、文字翻譯；三、樂譜、藝術圖畫、科學圖畫及地圖。保護期則為作者終身及其死後二十年。但由於一九五七年整風反右運動的開展，在批判資產階級法權殘餘及反對知識私有的呼喊聲中，使得保護作者權利的著作權起草工作停頓了下來。

一九五八年公私合營完成以後，所有的傳播媒介都掌握在中共政府手中，實現了國有化。這一年七月，中共「文化部」頒發了《關於文學和社會科學書籍稿酬的暫行規定（草案）》，這是中共首度正式頒布的稿酬制度，根據按勞取酬的原則制定全國統一的書籍稿酬辦法，此草案雖未在全國頒布實施（只在北京、上海兩地二十三家有關出版社曾試行過），但全國出版社大都根據或參照草案的規定，制定了本出版社的具體稿酬辦法。該暫行規定實行基本稿酬和印數稿酬相結合的辦法。基本稿酬是按每千字若干元計算，完全由書稿質量決定，計分為六級，由四元至十五元不等，不受印數影響；印數稿酬根據印數按基本稿酬總額的一個百分比計算。除了書籍稿酬外，對劇本的上演也規定了統一的付酬辦法。基本稿酬只付一次，印數稿酬的計算是採取遞減的方法。

一九五八年以後，中共要求知識分子走上與工農兵相結合的路線，中共「文化部」提出改變基本稿酬加印數稿酬的做法，一九六〇年三月，由該部發出的廢除版稅的通知，只付給作者基本稿酬，而且把基本稿酬降低到原來稿酬的一半左右。以後重印或報紙雜誌轉載，不用另付稿費。同時，建立專業作家制度，由國家發給固定工資。這些作家的基本生活費受到保障，稿酬成了獎勵性的收入，對著作權立法也就採取了事不關己的冷漠態度。

一九六六年起的「文化大革命」期間，對作者權利的保護基本上是中斷的，稿酬支付制度名存實亡。十年「文革」結束後，才逐步恢復和健全稿酬支付制度，如一九七七年十月，中共「國家出版事業管理局」發布《關於試行新聞出版稿酬及補貼辦法的通知》，對於首次發表的作品，恢復稿酬制度，經過兩年多的施行，在這個通知的基礎上制定了《關於書籍稿酬的暫行規定》，於一九八〇年七月一日起正式實行。

二、第二階段（一九七七——一九九〇）

一九七八年底，中共十一屆三中全會召開以後，一些作家和新聞出版工作者相繼提出制訂法律以保護知識分子的勞動成果。當時有人提出要制定出版法、版權法、著作權法、新聞法、電影法等，還有人提出搞文藝立法。這些都是推動大陸著作權立法的背景之一，具體的成因主要來自經貿、科技交流的考慮。

一九七九年初，中共與美國建交後，鄧小平率領一個代表團訪美。在訪問期間，由中共國家科委主任方毅和美國能源部長史萊辛格簽訂了《中美高能物理協議》，該協議提到了雙方互相保護著作權的問題。同年三月，雙方開始商談貿易協定，美方提出：如果中共尚未制定著作權法，雙方應按《世界版權公約》的標準保護對方的著作權。

這一年七月，美國商務部部長訪問大陸，與中共簽訂了《中美貿易關係協定》，該協定提出要中共考慮把專利、商標、版權，這些知識產權的保護納入貿易協定，否則美國就不簽訂此協定，並不給對方最惠國待遇。中共當局爲了加速現代化並獲取國外的資金、技術和設備，在尚未有著作權法的情況下，斷然與美國簽約。現任中共「國家版權局」副局長的沈仁幹不無感慨地說：「著作權、專利、商標的保護問題不僅僅是對知識分子的勞動成果的保護問題，也不僅僅是本民族的文化、科學事業的發展問題，還關係到國際間的文化、經濟交流問題。」（註三）

自一九七九年四月，中共「國家出版局」即向「國務院」提出報告，建議組織班子著手起草著作權法律，並逐步解決大陸將來加入國際版權公約的問題。此報告得到當時任中共中央祕書長兼宣傳部長的胡耀邦支持後，就展開蒐集資料工作，並洽請聯合國教科文組織提供各國版權法資料和國際版權公約文本。當時成立的起草小組，在「國家出版局」副局長陳翰伯的直接領導下，草擬了一部出版法。這個法分兩部分，第一部分是出版，第二部分是版權。這是草案的第一稿。一九七九年十二月，在湖南長沙召開的全國出版工作會議上討論了這個草案，與會人士認爲：出版法與版權法是兩回事，不應混爲一談，最好還是分別立法，並建議集中力量起草版權法。

版權法起草工作大致分兩個階段進行，以一九八五年中共「國家版權局」的成立，作爲劃分的依據，第一階段由「中國出版工作協會」版權研究小組和中共「文化部」版權處具體負責。一九八〇年七月，「國家出版局」（後來合併到「文化部」）草擬了《版權法（草案）》，並曾在北京討論；一九八二年春夏之交，「文化部」將上述草案修改成《版權保護暫行條例》，於本年七月印發全國徵求意見；一九八三年四月，「文化部」出版局召集專家會議，把《版權保護暫行條例》定爲《版權保護試行條例》，於七月上報「國務院」，並經該院法制局作了一些修改，初步具備了立法的基礎。有鑑於當時侵犯作者與出版者權益的行爲日趨嚴重，版權法又一時尚難以出臺，中共「文化部」決定，先制定《圖書、期刊版權保護試行條例》，於一九八四年六月印發內部執行。為了避免引起對外版權爭議，該部特別通知各有關單位：此件不公開發表，不向外國人透露。（註四）一九八五年一月一日，「文化部」又頒發《圖書、期刊版權保護試行條例實施細則》。這個《試行條例》與其實施細則，不僅是中共《著作權法》施行前的著作權保護的現行政策、法規，也是作為該著作權法實施後處理歷史遺留的著作權糾紛的依據。這是根據中共《著作權法》第五十五條第二款規定：「本法施行前發生的侵權或者違約行為，依照侵權或者違約行為發生時的有關規定和政策處理。」

第二階段是一九八五年七月，中共「國家版權局」成立以後，由該局和版權法起草小組承擔版權法起草工作（一九八八年底，將版權法改稱為著作權法）。一九八六年五月，「國家版權局」正式向「國務院」呈交了《版權法（草案）》；一九八七年七月十一至十六日，「國家版權局」在青島召開首次全國版權座談會，討論版權法草案；但部分「國務院」部委對此草案有疑義，他們認為制定版權法後，就要向外國人支付作品使用費，要支付龐大的外匯，可能拖垮國家財政，這些似是而非的觀念，延遲了大陸著作權法的通過及實施時間。

直到一九八九年十二月十四日，由中共「國務院」總理李鵬將《著作權法（草案）》提請第七屆全國人大常委會審議，並在該會第十一、十二、十四、十五次會議上進行討論，終於在一九九〇年九月七日第十五次會議上獲得通過頒布，並自一九九一年六月一日起施行。從一九七九年組織起草班子，到本法正式通過，前後耗費了十一年，先後修改了二十多稿，由此也可見內部爭議之大，立法之難。

三、中共著作權法的適用範圍

中共著作權法第二條明確地規定了適用範圍，並採取了國際上通行的「國籍原則」、「地域原則」和「互惠原則」。

國籍原則——第二條第一款規定：「中國公民、法人或者非法人單位的作品，不論是否發表，依照本法享有著作權。」中國公民，如依大陸的說法，既包括居住在臺灣海峽兩岸的中國公民，也包括居住在香港、澳門以及僑居在外國的中國公民。此外，還包括取得中國國籍的外國人和無國籍人。

早在中共著作權法頒布、施行之前，中共「國家版權局」已於一九八八年三月頒布《關於出版臺灣作品版權問題的暫行規定》，其中第一條規定：「臺灣同胞對其創作的作品，依我國現行的有關法律、規章，享有與大陸作者同樣的版權。」第七條規定：「出版香港、澳門同胞的作品，原則上照上述規定辦理。」按此規定，臺灣和港、澳人士的作品，在大陸享有與大陸作者同樣的著作權保護，但也受到行政法規的規範。（詳見本章第三節「中共當局有關兩岸出版交流的行政法規」）

法人和非法人單位可依本法規定取得著作權。法人是指擁有自主經營的財產，並能獨立地享有民事權利與承擔民事義務的社會組織。非法人單位則是不具備法人條件，經核准登記的社會團體、經濟組織或者組成法人的各個相對獨立的部門。根據中共著作權法第十一條第三款規定：「由法人或者非法人單位主持，代表法人或者非法人單位意志創作，並由法人或者非法人單位承擔責任的作品，法人或者非法人單位視為作者。」另根據十五條規定：電影、電視、錄像作品，作者除享有著作權外，其餘權利歸製片者（即：電影廠、電視劇製作中心、音像出版社等，大都是法人）享有。還有，第十六條規定的兩種情形下的職務作品，作者享有署名權，著作權的其他權利由法人或者非法人單位享有。這兩種情形是：㈠主要是利用法人或者非法人單位的物質技術條件創作，並由法人或者非法人單位承擔責任的工程設計、產品設計圖紙及其說明、計算機軟件、地圖等職務作品；㈡法律、行政法規規定或者合同約定著作權由法人或者非法人單位享有的職務作品。

中華民國的著作權法並無保護「非法人單位」的規定。依中共《民法通則》第九十四條規定：「公民、法人享有著作權（版權），依法有署名、發表、出版、獲得報酬等權利。」也並未規定「非法人單位」享有著作權，中共的《著作權法》與《民法通則》的規定顯然存有矛盾之處。

中共的著作權法對著作權的產生採取自動保護原則（又稱「創作保護主義」），即中國公民、法人或者非法人單位，對其所創作的作品，不論是否發表，也無須註册登記，只要尚未超過法定保護期限，均可依法享有著作權。中華民國著作權法第十三條規定：「著作人於著作完成時享有著作權。」兩岸著作權的取得均採取創作保護主義。

地域原則——第二條第二款規定：「外國人的作品首先在中國境內發表的，依照本法享有著作權。」另依實施條例第二十五條對此條款的補充說明：「外國人的作品首先在中國境內發表，指外國人未發表的作品通過合法方式首先在中國境內出版。」「外國人在中國境外首先出版後，三十天內在中國境內出版的，視爲該作品首先中國境內發表。」在這裡，外國人指的是不具有中國（共）國籍的人和無國籍的人，其中包括外籍華人，不論他們居住在中國（大陸），還是居住在外國。他們的作品必須是未曾在其他地方發表過，只要是第一次在中國（大陸）境內出版的，不論作者國籍，均依本法享有著作權。中華民國著作權法第四條規定：「外國人之著作合於左列情形之一者，得依本法享有著作權。」其第一款規定：「於中華民國管轄區域內首次發行，或於中華民國管轄區域外首次發行後三十日內在中華民國管轄區域內發行者。但以該外國人之本國，對中華民國人之著作，在相同之情形下，亦予保護且經查證屬實者爲限。」臺灣的著作權法的規定顯然較大陸的周延。

中國人民大學法律系副教授劉春田在《著作權法的保護對象》一文（收入《著作權講座》）指出：地域，指行政區域，既指國家也指地區。如香港就是一個地區，它現在歸屬英國治理，但在英國取得著作權和專利權並不意味著在香港就取得相同的權利，而必須依照香港的法律才能取得相應的著作權和專利權。

未來兩岸統一後，還是「一國兩制」。「這當然包括法律制度，肯定包括商標權、專利權和著作權，那麼根據這個地區法律產生的權利，也屬於地域的範圍。」

知識產權包括著作權的特點是：如果作品超越了依法產生權利的這個領域，原則上不產生權利。

各國是依照本國法律以及承諾的國際條約的規定，保護各國的作品，所以著作權仍然具備地域性的特點。

互惠原則——第二條第三款規定：「外國人在中國境外發表的作品，根據其所屬國同中國簽訂的協議或者共同參加的國際條約享有的著作權，受本法保護。」此款的意思是指外國人在中國大陸境外發表作品受中國大陸法律保護的前提有二，一是所屬國同中國大陸有協定，二是雙方共同參加國際條約。目前，中共僅與美國、菲律賓兩國有關於互相保護著作權的協議。以「中」美貿易協定為例，簽署於一九七九年七月七日，有效期三年。期滿前三十日內如有一方想中止協定，應於三十日內通知對方。如果不通知對方，視為延展三年。該協定從一九七九年已延展至今。該協定第六條第五項規定：「締結雙方同意採取適當措施，以保證根據各自的法律和規章並適當考慮國際作法，給予對方的法人和自然人的版權保護，應予對方給予自己的此類保護相適當。」有的學者認為：「一九九一年六月一日，我國著作權法一經生效，就承擔了保護美國作者著作權的義務。如果他的作品在中國境內被使用，應該受到保護。」（劉春田《著作權保護的原則》，收入《中華人民共和國著作權法講析》一書）但有的學者則認為：還是要由雙方政府進行談判，「根據各自的法律和規章並適當考慮國際上的做法」，制定具體的雙邊協議，「保護對方法人或自然人的版權」，或「保護對方國民的文學和藝術產權。」（沈仁幹、高凌瀚、許超等編著《中華人民共和國著作權講話》頁四〇）中華民國的著作權法第四條規定：「依條約、協定或其本國法令、慣例，中華民國人之著作得在該國享有著作權者。」該國人之著作得依本法享有著作權。目前，與我國有互惠關係者，包括：一、美國人的著作，二、英國人的著作，三、香港法人的著作，四、西班牙、韓國居住在臺灣地區的僑民之著作，都受到我國著作權法保護。

一九九二年十月中旬和下旬，中共申請加入的兩個國際版權公約《伯爾尼保護文學和藝術品公約》、《世界版權公約》分別生效。自生效之日起，中共應本公約的「國民待遇原則」，按本國著作權法保護其他締約國國民出版的作品。

三、中共當局有關兩岸出版交流的行政法規

自一九八〇年以來，中共當局針對兩岸及港、澳局勢發展，陸續頒發了一些政策性的出版管理法規，名目浩繁；其中有少數規定曾在臺灣的報刊上擇要批露，有些規定祇對內部發布，奉命不得對外發表。大陸的著作權法頒布、正式施行後，並未「明文規定」此法如何適用臺灣及香港、澳門地區，據悉，中共「國家版權局」還會對此作出相應的規定。（註5）目前，對臺、港、澳三地的著作權保護原則，主要根據「國家版權局」擬定、一九八八年三月一日生效的《關於出版臺灣同胞作品版權問題的暫行規定》，其中第一條規定「臺灣同胞對其創作的作品，依我國現行有關法律、規章，享有與大陸作者同樣的版權」，第七條規定港、澳同胞的作品，照上述規定辦理。中共「國家版權局」副局長劉杲在接受記者訪問時指出：「這些行政規定，在著作權公布以後，仍然有效，應當繼續執行，並且要力求把工作做得更好。」（註6）

筆者依照相關行政法規頒發時間先後，將涉及兩岸出版交流部分（包括著作權保護、版權貿易、合同簽訂、稿酬（或版稅）規定等），分爲兩個階段，作一整體性敍述，以窺中共當局處理兩岸文化交流的態度與作法。第一階段自一九八〇年七月至一九八六年；第二階段自一九八七年七月我政府宣布解嚴及大陸政策開放以後至今。（註7）

一、第一階段（一九八〇～一九八六）

■一九八〇年四月，中共「國家出版事業管理局」制定的《關於書籍稿酬的暫行規定》（同年七月一日起施行）第十二條：「臺灣、港澳同胞和中國血統的外籍人的著譯，均按本規定標準並以人民幣支付稿酬。」當時一般著作的基本稿酬按稿件質量每千字三至十元人民幣。初版的書按照字數付給著譯者基本稿酬，並且按照印數付給著譯者印數稿酬，再版時不付基本稿酬，只付印數稿酬。

■一九八四年十二月一日，中共「文化部」批准、試行的《書籍稿酬試行規定》第十四條：「臺灣、香港、澳門同胞的著譯，均按本規定以人民幣支付稿酬。」當時著作的基本稿酬已調高爲每千字六至二十元人民幣（其中，一般著作稿爲每千字六至十五元）。

■一九八六年五月二十四日，中共「國家版權局」頒布的《關於內地出版港澳同胞作品版權問題的暫行規定》指出：「從法律上講，目前內地和港、澳地區可以不承擔互相保護版權的義務。但是，『爲了貫徹黨的愛國統一戰線政策和促進祖國的統一』，……經徵得『國務院』港澳辦公室同意，對內地出版港、澳同胞作品，作出如下暫行規定。」這個規定的第五條特別載明「出版臺灣同胞的作品，原則上可參照上述規定處理。」

規定的要點包括：一、港澳同胞的作品不應視同外國作品，應保護其版權。首次發表港、澳同胞的作品，應與作者或其合法繼承人簽訂出版合同；翻印、翻譯和改編出版或轉載他們已經發表的作品，應取得作者或其他版權所有者的書面協議。二、作品出版後，應按「文化部」一九八四年頒發的《書籍稿酬試行規定》，向作者或其他版權所有者支付報酬，贈送樣書。三、如無法事先徵得作者或其他版權所有者同意，作品出版者應以適當方式，爲其保留稿酬和樣書。四、受委託向內地轉讓版權的港、澳出版社或其他單位與個人，必須持有作者或其他版權所有者的委託書，方可進行版權轉讓活動。

以上幾個規定都是我政府於一九八七年七月宣布解嚴及大陸開放政策之前，中共當局對臺文化政策的情況。值得注意的是：中共「文化部」於一九八四年六月十五日頒發《圖書、期刊版權保護試行條例》（一九八五年一月一日生效），卻列爲內部機密文件，對外始終祕而不宣，這使得下一階段的兩岸出版交流過程中，缺乏對大陸著作權保護工作的認知，衍生了許多不必要的猜測與誤解。

二、第二階段（一九八七～至今）

■一九八七年十一月十三日，中共「國家版權局」頒布《關於向臺灣出版商轉讓版權注意事項的通知》。就在這一年七月二十二日，我新聞局公布《出版品進出口管理與輔導要點》，十一月十一日又公布《申請淪陷區出版品審查要點》及《淪陷區出版品審查作業須知》，中共「國家版權局」的通知可視爲中共當局的「回應」。

該通知首先肯定了大陸與臺灣開展正常的版權貿易，無疑有利於海峽兩岸的文化交流。由於大陸尚未頒布版權法，作者對自己的權利不十分明確，對版權貿易也了解甚少。因此，爲保障作者權益和促使對臺版權貿易的健康發展，特提出一些意見。這是一個相當具體的版權貿易指導原則，涉及了專有出版權的認知、出版合同的簽定、著作權人的人身權利（包括署名權、修改權及保護作品完整權）、財產權利……等等，其中有許多要點至今仍然是兩岸簽訂出版合同重要的參考依據。其要點如下：

1.一般只轉讓某一部作品的某種形式的使用權（例如漢文繁體字本的出版權），而不是版權（筆者按：大陸的「版權」與「著作權」屬同義語）；作者仍保留全部版權。

2.一項合同最好只涉及一部作品的授權使用，不宜一次授權使用多部作品，也不宜一次授權一部作品的多種形式的使用（例如同時授與出版權和翻譯權、改編權等）。

3.所轉讓使用權的行使期限一般以不超過五年爲宜（按：大陸《著作權法》第二十六條規定：合同的有效期限不超過十年。合同期滿可以續訂），行使地區範圍應有明確規定（例如臺灣或東南亞地區）。

4.轉讓出版權時一般應明確出版物的版本形式、印數、估計定價和出版日期。

5.要求使用者尊重作者的精神權利（不變匿作者姓名、保護作品的完整性），如爲適應臺灣環境作某些改動須事先得到作者同意。

6.規定適當的版稅率（一般在五％—一〇％之間，不宜要求過高）。

7.明確版稅支付的時間和具體辦法。

8.規定經過中間人向臺灣轉讓出版權後，未經作者許可，使用者不得向第三方再轉讓所授權利。

9.規定違反合同的補救方法。

10.避免與版權無關的附加條件。

這個通知還提到，凡簽訂向臺灣轉讓版權的合同，均須將合同副本（或複印件）上報「國家版權局」登記審核。向臺灣轉讓版權，應事先了解使用者和中間人的情況和信用程度，以免上當受騙。

以上這些意見，特別註明只供大陸作者和有關的作者協會、新聞出版和版權管理機關內部參考，不對外公開宣傳，也難怪臺灣出版業者對此通知幾乎毫無所悉。

■一九八七年十一月十六日，中共「國家版權局」頒發《關於清理港、澳、臺作者稿酬的通知》，指出上述第一階段的三個規定中均有支付臺、港、澳同胞作品稿酬及保護版權的規定，但只有少數作者領取了稿酬。「最近，臺灣當局表示，在臺灣出版大陸作者作品應向作者支付版稅。此事已引起海內外的注意，這就要求我們更加認眞對待港、澳、臺同胞作品的版權。」言下之意似乎是以前的規定並不十分當眞，既然臺灣當局玩眞的，這個問題不能不嚴肅對待。

此通知特別呼籲各有關出版社、期刊社對一九八〇年七月一日以後重印（包括改繁體字爲簡體字）、發表、轉載或改編港、澳、臺同胞作品的情況，立即進行一次清理。凡未支付稿酬的，按作品出版或發表時的付酬標準與辦法結算應付稿酬，單列項目，予以保存。一旦作者或其法定繼承人或委託人來領，隨時可以兌現。

此文件特別强調：「從現在起，按照出版管理規定經批准出版港、澳、臺同胞作品，必須事先取得作者或其他版權所有者書面授權，未經授權，不得出版。」爲了擔心各出版單位陽奉陰違，不當一回事，又諄諄告誡：「此事政治性、政策性很强，務請各有關出版社、期刊社的領導同志予以重視。因違反《規定》造成不良後果，有關單位領導應承擔責任。」政策性的考量，始終是兩岸文化交流的最高指導原則，出版有如馬前卒，爲兩岸高懸的統一目標打先鋒。

■一九八七年十二月十六日，中共「國家版權局」擬定《關於出版臺灣同胞作品版權問題的暫行規定》（自一九八八年三月一日起生效），指出依照中共《民法通則》第九十四條關於「公民、法人享有著作權（版權），依法有署名、發表、出版、獲得報酬等權利」的規定，臺灣同胞對其創作的作品，享有與大陸作者同樣的版權。此外，對簽訂版權轉讓或許可使用合同、稿酬支付的規定，已見上述各條文中。至於，臺灣同胞向大陸轉讓版權或授權許可使用作品，可以自行辦理，亦可委託親友或代理人辦理。可以直接同出版者聯繫，亦可同版權代理機構「中華版權代理總公司」聯繫，受臺灣同胞委託，為其辦理向大陸轉讓版權或授權許可使用作品的代理人，必須持有經過公證的作者或其他版權所有者的委託書。這個規定值得肯定的是訂出侵權罰則：「自本規定生效後，大陸出版者或其他人如侵犯臺灣同胞的版權，版權所有者可請求侵權所在地的版權管理機關進行處理，亦可向當地人民法院提出訴訟。」不過，依中共《著作權法》第四十五條至第五十條，侵害他人著作權，沒有刑事責任，只有民事責任（如承擔停止侵害、消除影響、公開賠禮道歉、賠償損失等）和行政責任（如沒收非法所得、罰款），反觀我國《著作權法》對侵害著作權者卻有極重的刑事責任規定，如第九十一條、九十二條：擅自重製或代為重製他人之著作者，處六月以上三年以下有期徒刑；意圖銷售或出租而擅自重製他人著作者，處六月以上五年以下有期徒刑；擅自以公開口述、公開播送、公開上映、公開演出、公開展示、改作、出租或其他方法侵害他人之著作財產權者，處三年以下有期徒刑；以上都得併科罰金。目前世界各國著作權法對於侵害著作權多數都有刑事責任的規定，大陸有關當局應主動針對侵權的刑事責任問題作出明確的決定，以遏止盜印行為，落實著作權保護精神。

■一九八七年十二月二十六日，中共「國家版權局」頒發《關於當前在對臺文化交流中妥善處理版權問題的報告》，報告中首先強調：「妥善處理對臺版權問題是我對臺工作的一部分。因此，應當採取積極態度，堅持經濟利益服從政治利益的原則。……對臺灣作者應當同大陸作者一樣給予版權保護，要按有關規定制止侵犯臺灣作者版權的行爲，以避免對外的不良影響。」

報告中亦指出：對臺灣版權貿易，由「國家版權局」統一歸口管理。在北京設立「中華版權代理總公司」，「直屬『國家版權局』領導，根據工作需要，『國家版權局』工作人員可參加公司的工作。公司以民間機構對外，以自己的法人資格接受作者或其他版權所有者委託，開展對臺版權貿易業務。」大陸作者或其他版權所有者授權臺灣使用作品，可以委託「中華版權代理總公司」代理，也可以由作者或其他版權所有者直接同對方商談草簽合同；大陸出版臺灣作者的作品亦然。重要的是：「不論是臺灣出版大陸作者的作品，還是大陸出版臺灣作者的作品，均須將所草簽的合同，報『國家版權局』登記審核。未經登記審核的合同一律無效。今後對版權合同，可考慮分級處理，部分地區由省、自治區、直轄市版權局（處）審核，報國家版權局備案。」此外，由三聯書店、中華書局、商務印書館香港總管理處在香港組建香港中華版權代理公司，受「中華版權代理總公司」的委託，在港代理對臺版權業務。這個報告特別指出：「臺灣和港澳地區的機構要求在大陸設辦事處代理版權事宜，目前暫不考慮。」這一個規定很明顯地是保護「中華版權代理總公司」的業務能夠「獨家」順利開展，集中管理並掌握版權貿易的情勢。

這份報告再度強調：授權臺灣出版的大陸作品，「如對方需作某些刪節和改動，必須徵得作者同意，不得損害作品的完整性，更不得添加有損作者聲譽的內容。」至於版稅則建議一般取國際通行標準或臺灣標準，不宜自行壓低或故意抬高。

■一九八八年五月九日，中共「國家版權局」頒布《關於彙總使用港澳臺同胞作品付酬情況的通知》，訂出付酬標準爲：一九八四年十二月一日之前出版的，按一九八〇年《關於書籍稿酬的暫行規定》執行（學術著作可掌握在每千字十元左右，通俗作品每千字七元左右）；一九八四年十二月一日之後出版的，按一九八四年《書籍稿酬試行規定》執行（學術著作可掌握在每千字十五元左右，通俗作品每千字十元左右）。各出版單位應付稿酬，可保存在本單位，也可以匯寄「中華版權代理總公司」帳號。

■一九八八年六月十五日，中共「中央宣傳部」、「新聞出版署」聯合發布《關於舉辦港臺版圖書展銷的幾項規定》，其要點如下：一、舉辦港臺版圖書展銷須由國家批准的有關圖書進口單位負責承辦或協助有關單位辦理。主辦單位在舉辦展銷前三個月要向各主管部門上報、備案。二、各主管部門對展銷的港臺版圖書要認眞審查，「凡內容反動或政治上有嚴重危害的圖書要嚴格控制發行範圍，對宣傳淫穢、兇殺、封建迷信的圖書一律不准展銷。」三、在舉辦港臺版圖書展銷期間，一般不宜搞批發，只限供給專門的購書對象。四、臺版圖書上印有「中華民國」字樣，歷來是限於內部發行，目前仍然不變。凡經過批准公開展銷的臺版圖書，在封面、書脊、扉頁、版權頁上印有「中華民國」字樣的，展銷前須進行技術處理。五、舉辦港臺版書展，在公開宣傳口徑上，要注意適度，內外有別。

■一九八八年八月一日，中共「國家版權局」頒布《關於臺、港、澳作者來大陸領取稿酬的有關問題的通知》，向大陸的出版社、期刊社提出「凡有臺、港、澳作者或代理人來大陸領取稿酬的，作者本人憑身份證領取，代理人須憑本人身份證及經過公證的作者委託書領取。」出版單位也可以委託「中華版權代理總公司」辦理轉付。

■一九八八年十月三十一日，中共「新聞出版署」黨組頒發《關於當前在出版方面對臺灣進行交流的報告》，首先指出臺灣當局允許在臺灣出版和發行大陸出版的圖書是「多年來我們『和平統一、一國兩制』政策的影響和臺灣內外形勢發展的結果。我們應當充分利用時機，在出版方面做好對臺的交流工作，以促使整個形勢進一步朝有利於我的方向發展。」

這份出自黨組人員的報告，十分的政治化，傳達了兩岸出版交流初期一份「既期待又怕受傷害」的微妙心理，第一項報告就指出：「出版方面的對臺交流，既要積極，又要慎重，要高度重視，抓緊當前的有利時機積極開展工作，又要統一政策，統一管理，避免一哄而上，政出多門。要堅持經濟利益服從政治利益，單位和個人利益服從國家利益，要遵從中央關於對臺工作的總的政策和部署，嚴格防止臺灣當局乘機對我進行政治思想滲透，防止出現『兩個中國』、『一中一臺』或兩個政府的問題。」

其他的要點如下：

- 出版方面的對臺交流，包括向臺灣銷售圖書、進銷臺灣圖書、在大陸或去臺灣辦書展、與臺灣合作出版圖書和在大陸出版臺灣圖書。這些交流工作均歸口「新聞出版署」統一管理。
- 進銷臺灣圖書和舉辦臺灣書展，由國家批准的圖書進口單位負責承辦。書目應由上級主管部門審批並報「新聞出版署」備案。「臺灣圖書上有『中華民國』字樣，歷來內部發行，目前仍然不變。舉辦臺灣書展應從嚴掌握，事先須報新聞出版署批准。」報告特別强調要審慎地引進對大陸「改革、開放和兩個文明建設確實有用的圖書」。

•向臺灣銷售圖書和舉辦書展，由國家批准的圖書出口單位負責承辦或協助有關單位辦理。要加强對臺灣圖書市場的調查研究。要充分利用臺灣的、香港的和其他一切可以利用的渠道讓大陸更多的圖書進到臺灣。要組織好影印古籍、繁體字本和書畫出版物的對臺發行。

■一九八八年十一月二日，中共「國家版權局」頒布《關於大陸與臺、港、澳版權貿易合同審核辦法的通知》，要求今後大陸與臺、港、澳版權貿易合同由各省、自治區、直轄市版權局（處）進行審核，並編發審核登記號，及時報「國家版權局」備案。中央一級出版社和其他法人及非法人團體的版權貿易合同仍由「國家版權局」審核。

在合同審核前，應確認轉讓作品的版權歸屬，避免重複授權，對使用者要了解其資信情況及其代理人是否擁有合法身份。合同審核的程序是：1.申報者送上合同原件一份，複印件二份（審核後原件退回）；2.版權管理部門提出審核意見；3.符合規定者發給審核登記號；4.每份合同收審核登記費五十元；5.複印件一份及所發的審核登記號報「國家版權局」備案。

■一九八九年二月十七日，中共「新聞出版署」頒布《關於徵訂臺、港、澳作者的圖書應出示合同審核登記號的通知》，其要點如下：「新聞出版署《關於出版臺、港、澳作品和翻印臺、港、澳圖書的規定》（按：此規定未見）……明確指出，出版臺、港、澳作品和翻印臺、港、澳圖書由國家指定的有關出版社負責承辦，選題要上報主管部門和新聞出版署，得到批准後，要與作者或其他版權所有者簽訂出版合同，並將合同報版權管理機關審核登記，獲登記證號後再安排出版。」「今後各發行單位徵訂臺、港、澳作者的圖書，必須要出版單位出示版權管理機關發給的版權貿易合同審核登記號，否則不予徵訂；准予徵訂的圖書應在徵訂目錄上刊登合同審核登記號。」

■一九九〇年十一月十四日，中共「新聞出版署」頒發《關於對出版臺港澳作品和翻印臺港澳圖書加强管理的通知》，首先指出：出版、翻印臺港澳作品和圖書的工作，仍存在一些有待解決的問題，主要是：選擇不當，質量不高，有些書格調低下；缺乏必要的計劃，重複出版；違反規定，按規定應當報批的選題未報批；沒有這項出版任務的出版社自行安排了不少這類圖書。

這份通知强調：目前臺灣、香港、澳門和大陸在政治制度、意識形態上的根本不同，出版和翻印這些地區的圖書，都必須「按照黨的出版方針和國家的有關規定」進行認真的選擇。它還規定了出版或翻印臺、港、澳作品及圖書，按門類分別由以下出版社承擔：

哲學社會科學圖書——由中華書局、三聯書店、中國社會科學出版社、中國友誼出版公司、國際文化出版公司、華文出版社、團結出版社、上海人民出版社、江蘇人民出版社、廣東人民出版社和福建人民出版社按照專業分工安排出版。

文學藝術圖書——由人民文學出版社、人民美術出版社、人民音樂出版社、文化藝術出版社、作家出版社、中國文聯出版公司、花城出版社和海峽文藝出版社按照專業分工安排出版。

科學技術圖書（性知識及美容、服裝、編織、文化娛樂生活用書除外）——由中央的有關科技專業出版社及高等教育出版社、上海科技出版社、廣東科技出版社、福建科技出版社、四川科技出版社和江蘇科技出版社安排出版。

臺灣、香港、澳門地區整理出版的古籍，由中華書局、上海古籍出版社和齊魯書社安排出版。

爲了保證翻譯圖書的質量，對臺灣、香港、澳門出版的翻譯圖書，除個別譯文質量確實好的，按上述分工經向「新聞出版署」審批同意的以外，一般不得重印。

未列入上述範圍的出版社一律不得安排出版或翻印臺、港、澳圖書。如果違反上述規定，將予以沒收利潤的處罰；如果圖書內容有問題，將視情節輕重，加處罰款，停業整頓及其他處罰。本通知自發布之日起執行。

■一九九〇年六月十五日，中共「國家版權局」頒發《書籍稿酬暫行規定》（自一九九〇年七月一日起實行），第十四條規定：「臺灣、香港、澳門同胞的著譯，按本規定以人民幣支付稿酬。」基本稿酬的標準：著作稿每千字十至三十元，確有重要價值的著作，可以適當提高標準，但每千字不超過四十元。翻譯每千字八至二十四元。特別難譯而質量優秀的譯稿，可以適當提高標準，但每千字不超過三十五元。印數稿酬的標準：印數在一萬冊以內的，以一萬冊計算付基本稿酬的八%；印數超過一萬冊的，其超過部分以千冊爲計算單位（不足一千冊的，按千冊計算），每千冊付基本稿酬的〇・八%。書籍出版後，一般情況下作者贈書可送十至二十本；作者購書在一百本以內者，可以按批發折扣售給，以示優待。

一九九一年六月，中共《著作權法》實施以後，「國家版權局」正會同有關部門研究稿酬改革方案，正著手制訂、修改各類作品的付酬標準和辦法，如《關於出版文字作品付酬標準的規定》、《關於出版美術、攝影作品付酬標準的規定》、《關於出版音樂曲譜作品付酬標準的規定》、《關於表演作品付酬標準的規定》、《關於錄製作品付酬標準的規定》、《關於播放作品付酬標準的規定》等。

從以上中共對臺灣及港、澳制定的出版行政法規中，可以很明顯地發現：中共對兩岸出版交流有其一貫的、系統的指導政策，並結合了著作權管理部門的專家學者，以務實的態度擬定涉及著作權保護部分的條文。以一九八七年十一月十三日，中共「國家版權局」頒布的《關於向臺灣出版商轉讓版權注意事項的通知》爲例，就值得我們參考，這個通知是相當明確、具體的版權貿易指導原則，版稅率從五%起訂相當合理，也符合國際慣例，其他各要點也對作者權益做了相當的維護與保障。反觀我們的兩岸出版交流政策，並未系統、具體地提供業者彼岸的相關法令規章，也未成立涉及兩岸的出版諮詢機構，更談不上協助業者解決兩岸出版交流衍生的問題。在此建議各有關單位（如行政院大陸委員會、新聞局、內政部著作權委員會、中華民國出版事業協會、臺北市出版商業同業公會等），儘速研商出兩岸出版交流的指導原則，出版可供參考的小冊子，以免業者單打獨鬥，吃了暗虧。

四、兩岸著作權問題的探討

最近幾年兩岸蓬勃開展的版權貿易，已蔚然形成出版交流的主要形式，雙方互有斬獲，不論出超、入超的一方，都能充分理解到：藉由出版交流可以增進彼此人民的了解，達成文化中國的共同理念。但由於兩岸曾經長期處於隔絕、對峙的局面，彼此的體制、法令規章、意識型態、價值觀念都不盡相同，再加上開放交流的時間不長，兩岸的文書驗證制度、誠信交往的共識仍有待建立，雙方對彼此的著作權法、出版行政法規也不盡了解，由此衍生不少問題，有待雙方進一步的溝通與改善。

一九九二年五月、九月，筆者在上海、北京與當地和來自外地的出版業者接觸的過程中，頗能感受到大陸出版業的另一波「臺灣熱」正在迅速蔓延。除了一般的版權談判外，他們主動表達與臺灣業者合作出版的高度意願，有的提出在大陸組稿，透過高科技的研究成果，如正簡字可以互換的電腦排版系統，爲臺灣業者減輕重新排版、費時校對的負擔，在兩岸同步推出正、簡字版的叢書。甚至有「個體戶」書店（按規定是不准經營圖書的批發業務和港澳臺書刊），已經摩拳擦掌，暗中爭取與臺灣出版業界直接往來，爲銷售臺灣圖書預作準備。

由於大陸對著作權的保護工作，遠落後於臺灣，他們遲至一九九一年六月一日才正式施行《著作權法》，並開始利用各種傳媒向廣大公衆宣傳著作權法。可想而知，長久以來一般公衆（甚至出版社）對著作權的觀念淡薄，不僅對自己的權益不甚了解，也不知道應當如何尊重他人的著作權，所以在兩岸交流初期頻傳大陸作者、出版社重複授權糾紛。

一、重複授權的問題

大陸作者普遍對著作權的觀念淡薄，常常不按牌理出牌，重複授權，令臺灣的出版業者傷透腦筋，其中如張賢亮、阿城、白樺、嚴家其等人的作品，都有重複授權的先例。筆者在北京拜訪了「中華版權代理總公司」副總經理陶慶軍先生，特別提出大陸授權臺灣出版過程中存在的幾個問題，徵求陶先生的意見，雙方對重複授權問題有下列的討論：

①大陸的出版社混淆了「著作權」和「專有出版權」（指著作權人將其作品的出版、改編、表演等項專有權利的使用權全部或部分地許可給使用者後，在合同有效期內，不得將上述權利再許可給第三者使用。）常常未經作者的書面授權，就將此著作授權給了臺灣的出版社；同時，作者亦將

此書授權給臺灣的另一家出版社在臺出版，這就造成了重複授權現象。

（注意：與大陸出版社簽約時，應該要求對方出示作者的書面授權。爲了防範對方僞造作者的授權簽名侵犯合法權益，我方應保留向大陸人民法院提起訴訟的權利。）

②大陸作者已書面或口頭委託出版社向臺灣的出版社代爲辦理授權，但自己又把此書授權給臺灣另一家出版社，這樣也構成重複授權並導致版權糾紛。

③大陸作者同時書面授權委託多位臺灣朋友洽談在臺灣出版事宜，也容易造成重複授權。

④另有一個値得正視的問題：在兩岸交流前，臺灣作者如與出版社簽定版權賣斷約（並未註明賣斷大陸地區的版權），作者是否還擁有授權大陸出版該作品的權利？在臺灣出版的同一作品，也有分別經作者和出版社授權給兩家或更多家大陸出版社，造成重複授權出版的浪費與糾紛。

大陸方面針對第④點，已提出建議：要求大陸的使用者應事先向臺灣的轉讓者索取擁有著作權的證明，特別是要求提供出版社與原作者所簽的轉讓合同，請有關人員予以認定（筆者按：臺灣方面可請海基會協助文書驗證）。如果現有材料不能認定，應請臺灣的作者和出版社自行協商達成協議，或者通過司法程序判定後再使用。

臺灣出版業者與大陸作者或出版社簽訂版權合同時，通常很少要求對方出具相關的合法證明文件，這種情況之下，容易產生以下的情況：

①大陸作者在作品首度出版時，已通過書面形式，將在臺灣出版中文繁體字版本的許可使用權利委託大陸出版社；而該作者又擅自將作品轉讓在臺灣出版。

②兩人或兩人以上合作創作的作品，依中共《著作權法》第十三條規定：「著作權由合作作者共

同享有。」合作作者之一未取得其他合作伙伴同意時，無權處理其他作者創作的部分。臺灣的出版業者應防範少數大陸作者將合作作品視為自己的作品，與不察的業者簽定合同，侵犯了合作作者的權益，並引起著作權糾紛。

③很多大陸出版社認為出版了作者的書，「理所當然」就享有該作品在臺灣出版繁體字版本的使用權，因此未經作者允許或書面授權，就擅自與臺灣出版社簽訂許可使用合同，造成無權授權的問題。

二、有關著作權之轉讓與授權問題

中共《著作權法》第十條規定：著作權包括人身權（發表權、署名權、修改權、保護作品完整權）和財產權（使用權和獲得報酬權）。實現著作權中的財產權有兩種途徑，一種是透過轉讓制，由作者將著作權全部或部分轉讓給他人，作者僅僅保留署名權；另一種是許可制，經作者許可，在一定期限、一定地域範圍，使用者取得專有出版權（按：合同中必須明確約定授予的是專有出版權，否則使用者僅取得非專有出版權），但權利主體仍屬於作者，在授予的專有出版權期滿後，出版權利又回到作者手中。臺灣的出版慣例，一向是轉讓制與許可制並行，根據我國《著作權法》第三十六條第一項規定：「著作財產權得全部或部分讓與他人或其他人共有。」中共的《著作權法》並沒有明文規定著作財產權可以轉讓，但是從有關的條文內容來看，是有條件允許轉讓的，以下兩種都是法律允許範圍內的轉讓：

㈠法定轉讓——中共《著作權法》第十五條規定電影、電視、錄像作品的著作財產權和除署名權外的人身權利都屬於製片者。第十六條規定：職務作品中利用法人或者非法人單位的物質技術條件創作，並由法人或者非法人單位承擔責任的設計圖、計算機軟件、地圖等職務作品，自然人在創作後，法律規定其著作權（署名權除外）即轉讓爲單位所有。

㈡合同轉讓——中共《著作權法》第十七條規定：受委託創作的作品，著作權的歸屬由委託人和受託人通過合同約定。合同未作明確約定或者沒有訂立合同的，著作權屬於受託人。

由後一種轉讓的彈性規定中，臺灣的出版社仍然可能以委託大陸作者創作的名義，通過約定享有大陸作者的著作權；如果未作明確約定或未訂立合同，著作權則歸屬於受託人。至於那些作品才符合「受委託創作」的要件，蕭雄淋律師列出下列的特點：㈠作者是受委託人所指定的目的和要求而進行創作，作者不完全依據自己的意志創作，在委託著作中，作者僅表現創作才能和技巧。㈡委託者與作者間是一種臨時的勞務關係，而不是僱用關係。（註8）

除了上述的規定外，大陸作者的著作權，原則上沒有包括轉讓權，也不得就轉讓事宜簽訂合同，否則即屬無效合同。

中共《著作權法》第二十三至二十八條，對「著作權許可使用合同」有所規範。根據對作品的不同使用方式，可以將著作權許可使用合同劃分爲：出版合同、演出合同、影視製片合同、廣播合同、錄音錄像合同、改編合同、翻譯合同等。合同分爲書面合同和口頭合同兩種形式，口頭形式簡便、迅速、易行，主要適用於即時清結的合同，如零售買賣等，但發生糾紛時，取證不易，較難分清責任歸屬。中共《著作權法》明文要求：使用他人作品應當同著作權人訂立合同（二十三條），簽訂書面合同，內容較爲完備，不僅可以使當事人雙方愼重地履行各自的義務，發生糾紛時也較容易釐淸責任，使當事人的合法權益受到有效的保護。

著作權許可使用合同，必須包括下列主要條款：

㈠許可使用作品的方式。

中共《著作權法》第十條列舉了使用作品的主要方式有複製（按：包括印刷、複印、臨摹、拓印、錄音、錄像、翻錄、翻拍等方式）、表演、播放、展覽、發行、攝製電影、電視、錄像或者改編、翻譯、注釋、編輯等，被許可人只能以合同規定的方式使用作品。另根據第二十五條規定：「合同中著作權人未明確許可的權利，未經著作權人許可，另一方當事人不得行使。」此即意謂：著作權人授予何種使用方式，使用人才取得何種使用權。合同中未明確授予的權利仍歸著作權人享有，使用人不得行使，否則即屬侵權行爲，要承擔法律責任。這個規定有利於保護著作權人的合法權利。

㈡許可使用的權利是專有使用權或者非專有使用權。

著作權人授予使用人何種權利，應當在合同中規定，如果是專有出版權，著作權人就不得再將此項使用權在同一期間、同一使用範圍授予第三者，著作權人亦不得行使此項權利。如果是非專有出版權，著作權人可以授予使用者以某種形式使用作品後，還保留向其他使用者授予同樣的許可權利，著作權人亦可自己使用。必須指出的是：依據中共《著作權法》第三十條規定：「圖書出版者對著作權人交付出版的作品，在合同約定期間享有專有出版權。」依此規定，大陸著作權人應當授予圖書出版業者專有出版權，不能授予非專有出版權。

㈢許可使用的範圍、期間。

本款主要是指許可使用作品的地域範圍，使用作品者享有使用權的年限。根據中共《著作權法》第三十條規定：「合同約定圖書出版者享有專有出版權的期限不得超過十年，合同約滿可以續訂。」（第二十六條亦有同樣規定：「合同的有效期限不超過十年。合同約滿可以續訂。」）具體許可使用合同的期限，可由雙方當事者在十年的限期內協商約定，可以定爲兩年、五年或十年不等，但不得超過十年。合同期滿後，當事者雙方願意繼續合作，可以續訂合同，有效期限仍然不得超過十年，以保障著作權人和使用人雙方合理的權益。

㈣付酬標準和付酬辦法

中共《著作權法》第二十七條規定：「使用作品的付酬標準由國務院著作權行政管理部門會同有關部門制定。」「合同另有約定的，也可以按照合同支付報酬。」目前大陸的付酬標準是依中共「國家版權局」一九九〇年六月十五日頒布、七月一日起實行的《書籍稿酬暫行規定》。雙方當事者也可自行約定付酬標準，可以高於或低於「國家版權局」規定的付酬標準。

㈤違約責任

著作權許可使用合同一經簽訂，即具有法律約束力，如有一方未能履行或者未能完全履行，都應承擔違約責任。違約責任的具體內容可以由雙方當事人協商，但應遵循中共《民法通則》和《著作權法》第五章「法律責任」的規定。

㈥雙方認爲需要約定的其他內容：

當事人雙方可以根據需要，在合同中約定其他內容，如關於再版、作者贈書、作者贈書優待辦法、發生糾紛的處理方式……等。

根據中共「國家版權局」的行政規定：不論是臺灣出版大陸作者的作品，還是大陸出版臺灣作者的作品，均須將所草簽的合同，報該局登記審核。未經登記審核的合同一律無效。但根據大陸專家、學者及官員的看法，則趨向認定合同有效但不受法律保護。

三、兩岸簽訂版權貿易合同問題

在兩岸蓬勃開展的版權貿易活動中，最令出版業者傷神的，莫過於下列幾個問題：一、授權的合法性，二、簽訂合同的效力認定，三、如何跨越兩種著作權制度，以及兩岸不同的原則和作法。大陸的著作權專家學者，針對涉外著作權貿易合同擬定了一些條款，筆者先引述他們的意見（與上述「著作權許可使用合同」重複的不列），另以按語提出個人的一些淺見。（註9）

㈠著作權許可使用的內容

目前大陸的出版社一般都是作爲作者的代理人與海外出版單位簽訂貿易合同，因此只有在取得作者授權的情況下，方才有權簽訂。出版社許可海外出版單位使用多少權利，應首先由出版社與作者簽訂書面合同予以明確。出版社應將經過談判允許對方使用的某一書稿的某些權利在合同中寫明，不能含糊。而且要「一書一議」，著作權不得一次賣絕。

按：兩岸出版業者簽訂版權合同時，礙於情面，通常很少要求對方出具相關的合法證明文件，如著作權人的書面授權等，這種情況之下容易造成僅擁有大陸地區「專有出版權」的大陸出版社與作者重複授權的問題。所以，臺灣出版業者如透過大陸出版社簽約，應該要求對方出示作者的書面授權。爲了防範對方僞造作者的授權簽名侵犯合法權益，我方應保留發生糾紛時向大陸人民法院提起訴訟的權利。未來如能由我方的海基會協助文書驗證工作，應可減少著作權糾紛。

㈡付費方式

目前在版權貿易中，大陸支付著作權使用費的方式有四種：一是稿酬方式；二是版稅方式；三是一次付費方式；四是以成書或其他實物抵付著作權使用費方式。合同中應寫明付費方式，用什麼貨幣支付以及支付時間等。

按：目前臺灣均以美金支付大陸的著作權使用費，多數出版社採版稅制，一般是支付定價的百分之五到十之間。但大部分大陸出版社都以沒有外匯積累爲藉口，祇以一再貶值的人民幣支付臺灣著作權人稿酬或版稅，造成臺灣授權者相當的不便。雖然，一九九〇年制定的《書籍稿酬暫行規定》規定以人民幣支付臺、港、澳同胞著譯的稿酬，但根據中共「國家外匯管理局」的規定，使用外來的和臺、港、澳作品一律付外匯。基於平等互惠往來的原則，中共當局應提供出版社必要的外匯額度，以符合國際慣例，兩岸也有必要就彼此現行的稿酬制和版稅制做進一步的討論，以取得支付著作權使用費的共識。

㈢發行範圍

發行範圍即圖書發行的地區。發行地區的大小和著作權使用費的多少應成正比。

按：一般涉及兩岸的著作權許可使用合同，大陸通常祇授權在臺灣地區發行，如欲爭取更大的發行空間，最好直接向大陸作者邀未曾出版的書稿，爭取其授與國際中文版（包括繁、簡字體）的專有出版權，或者，要求其授予除大陸地區外的中文繁體字版專有出版權。

㈣終審權

作者擁有保護作品完整性的權利，在著作權貿易中也應體現這一原則，所以在合同中要寫明終審權歸供方。

按：兩岸的《著作權法》都對作者的人身權利有相當明確的保障。中共《著作權法》第十條即規定：「㈣保護作品完整權，即保護作品不受歪曲、篡改的權利。」四十五條載明：如有歪曲、篡改他人作品造成侵權行爲的，應承擔「停止侵害、消除影響、公開賠禮道歉、賠償損失」等民事責任。臺灣出版業者如遇到對方授權出版的作品內容或前言、後記有不妥之處，應洽請對方修改，或請對方在合約中授權我方修改，修改內容應送請對方同意，以免引起不必要的糾紛；有些牽涉兩岸用語不同的名詞，可請對方授權我方逕行修改。大陸方面十分在意我方擅自改寫著作的前言、後記違背原意，更有甚者加上自己的觀點看法，他們提出若遭遇到這種侵權行爲，違約方應對造成的後果負全部責任。

㈤署名方式

在受方出版的圖書版權頁上應署作者的姓名及權利讓與方（出版社）的名稱。

㈥定金或預付款

按照國際慣例，簽訂著作權貿易合同時應當向供方支付定金或預付款，其數額可爲版稅總額的三分之一。如果不是供方的原因致使圖書不能出版，則定金或預付款就無須歸還。

按：臺灣著作權人簽訂授權合同時，也應向大陸方面作此要求。

㈦出書時間

供方在交稿後，受方要在什麼時間內出版應作規定，除不可抗力外，逾期不能出版，則應承擔責任，賠償損失或中止合同。

㈧樣書：

受方在圖書出版後免費向供方贈送多少本樣書，再版時再贈送多少本，其具體數字應在雙方商定後寫進合同。

按：依大陸一九九〇年《書籍稿酬暫行規定》，書籍出版後，出版社應送給著譯者樣書，一般性書籍可送十至二十本，對著譯者購書在一百本以內者，可以按批發折扣售給，情況特殊的可以酌增酌減。這條規定與臺灣出版社贈送樣書的慣例差距不大。目前臺灣出版業者寄樣書至大陸，囿於法令，祇能以昂貴的航郵，每件限重二公斤寄出（或由海外地區轉寄大陸），兩岸尚未開辦掛號業務，寄丟的情況時有所聞。

㈨違約條款

如果一方違約應承擔什麼責任，也應在合同裡寫清楚。

依照中共「國家版權局」一九八八年的規定，大陸作者或者其他著作權所有者可以直接同臺灣出版商洽談並草簽合約。大陸出版社作爲法人，通常只有其法定代表人，即出版社的社長，才有權在合同上簽字，也才有效。若法定代表人不能親自簽定合同，可以委託本社的其他人，如總編輯、副社長、副總編輯或編輯室主任代理簽訂合同，但代理人一定要取得法定代表人的書面委託書，否則便屬無效代理，也就無權簽訂合同。

四、著作權侵權行爲發生後的解決方式

所謂侵犯著作權，就是未經作者或著作權人同意、許可或法律允許，擅自行使了著作權人的「專有權利」（包括人身權和財產權）。

根據中共《著作權法》第四十五條、第四十六條的規定，侵犯著作權的形式或行爲共計有下列十五種：

(一)～(八)為純粹民事責任部分者：

(一)未經著作權人許可，發表作品的；

(二)未經合作作者許可，將與他人合作創作的作品當作自己單獨創作的作品發表的；

(三)沒有參加創作，爲謀取個人名利，在他人作品上署名的；

(四)歪曲、篡改他人作品的；

(五)未經著作權人許可，以表演、播放、展覽、發行、攝製電影、電視、錄像或者改編、翻譯、注釋、編輯等方式使用作品的，本法另有規定的除外；

(六)使用他人作品，未按照規定支付報酬的；

(七)未經表演者許可，從現場直播其表演的；

(八)其他侵犯著作權以及著作權有關的權益的行爲；

(九)～(十五)為民事責任兼有行政責任者：

(九)剽竊、抄襲他人作品的；

㈩未經著作權人許可，以營利爲目的，複制發行其作品的；

(十一) 出版他人享有專有出版權的圖書的；

(十二) 未經表演者許可，對其表演製作錄音錄像出版的；

(十三) 未經錄音錄像製作者許可，複制發行其製作的錄音錄像的；

(十四) 未經廣播電臺、電視臺許可，複製發行其製作的廣播、電視節目的；

(十五) 製作、出售假冒他人署名的美術作品的；

自己的著作權如在大陸遭受侵犯，或與他人發生著作權糾紛，應該採取哪些方式解決？具體的建議如下：一、向侵權人或單位提出質疑，要求對方停止侵權行爲，並同時要求其賠禮道歉或賠償損失。二是提請大陸的著作權行政管理部門（包括：國家版權局，各省、自治區、直轄市人民政府設立的版權局、處，或新聞出版局內的版權處），以及該部門授權的機關或團體解決，如有關文學、藝術的著作權糾紛，可以授權全國「文聯」來處理。當事人對著作權行政管理部門做出的決定不服，可以在收到行政處罰決定書三個月內向人民法院起訴。三是提起民事訴訟。著作權是一項民事權利，有侵害他人著作權行爲的人，根據中共《民法通則》第一百零陸條規定，應承擔民事責任。

中共《著作權法》第四十五條、第四十六條對於侵害著作權的行爲規定了幾種民事責任：⑴停止侵害。即要求侵權人停止正在進行的侵權行爲，以避免被害人的利益進一步受到損失。⑵消除影響。其目的在使侵權人的侵權行爲曝光，挽回著作權人的名譽（或人身權）。⑶公開賠禮道歉。主要適用於侵害著作權中人身權的民事責任，具有法律上的強制性，具體方面有登報道歉、在公共場合聲明或借助其他媒介表明歉意等。⑷賠償損失。指侵權人提供合理的金錢或財物給受害人作爲各項權利受損的補償。(5)補付酬金。指侵權人向受害人補付應給受害人獲得而未得到的合法財產權益。(6)恢復原狀。對著作權人的作品採取塗改、挖補、更換包裝、增刪等辦法進行處理，使作品恢復原狀而繼續發表。

中共《著作權法》第四十六條規定，對於某些侵權行爲可由著作權行政管理機關給予沒收非法所得、罰款等行政處罰。另外，在有法人參加的侵權事件中，可由相關部門發出通報批評；侵權作品和侵權工具、設備都可以依法沒收，行政處罰還包括警告、停止營業等方式。

中共《著作權法》制訂時顧慮到一般民衆對著作權的觀念淡薄，所以侵害著作權者只有民事責任和行政責任，而無刑事責任規定；反觀我國的《著作權法》對侵害著作權者有極重的刑事責任規定，如第九十一條、九十二條規定：擅自重製或代爲重製他人之著作者，處六月以上三年以下有期徒刑；意圖銷售或出租而擅自重製他人著作者，處六月以上五年以下有期徒刑；擅自以公開口述、公開播送、公開上映、公開演出、公開展示、改作、出租或其他方法侵害他人之著作財產權者，處三年以下有期徒刑；以上都得併科罰金。

根據已正式實行的「臺灣地區與大陸地區人民關係條例」第七十八條：「大陸地區人民之著作權或其他權利在臺灣地區受侵害者，其告訴或自訴之權利，以臺灣地區人民得在大陸地區享有同等訴訟權利者爲限。」依中共著作權法及刑事訴訟法規定，臺灣地區人民著作權在大陸地區受侵害，不得在大陸提起刑事訴訟，相對的，大陸人民之著作在臺灣受侵害，亦不得提起刑事訴訟。

目前，世界各國制訂的著作權法對於侵害著作權多數都有刑事責任的規定，這是世界的潮流。大陸當局似乎應主動針對侵權的刑事責任問題作一明確的決定，以落實著作權保護精神，便利進一步推展兩岸出版交流工作。

中共《著作權法》第四十八、四十九條規定在下列幾種情況下，當事人可以直接向人民法院起訴：⑴著作權侵權糾紛發生後，在第三者調解不成或調解達成協議後，一方反悔的，當事人可以向人民法院起訴。⑵當事人如果不願調解，可以直接向人民法院起訴。⑶人民法院不執行對著作權合同糾紛的仲裁時，當事人可以就著作權合同糾紛向人民法院起訴。⑷當事人在著作權合同中未訂立仲裁條款，事後又未達成書面仲裁協議時，可以直接向人民法院起訴。

中共《民法通則》第一百三十五條規定：「向人民法院請求保護民事權利的訴訟時效期間爲二年。」著作權是民事權利，適用此一法條。另外，第一百五十七條規定：「訴訟時效期間從知道或者應當知道被侵害時起計算。」第一百三十七條還規定：「從權利被侵害之日起超過二十年的，人民法院不予保護。」第一百三十八條規定：「超過訴訟時效期間，當事人自願履行的，不受訴訟時效限制。」

五、大陸的著作權法爲何沒有刑事責任的規定

中共《著作權法》第五章規定了「法律責任」的內容，對侵權行爲和著作權合同糾紛的處理方式有：司法處理（即：民事訴訟）、行政處罰、仲裁和調解解決。

在這部《著作權法》立法過程中，就侵犯著作權是否承擔刑事責任，也有過不同意見。

一九八六年五月，中共「國家版權局」在上報「國務院」的草案第四十二條有如下建議：將他人創作的作品當作自己的作品發表，「情節嚴重者，除追究民事責任外，可併處一年以下有期徒刑

或者罰金。」

一九八七年一月修改稿第四十四條規定：「情節嚴重構成犯罪的，依法追究刑事責任。」

一九八七年四月修改稿第五十一條進一步規定：除上述行爲外，「製作、進口或發生侵犯他人版權複製品」的行爲「情節嚴重構成犯罪的，處二年以下有期徒刑，可以併處或單處罰金。」

一九八八年十一月修改稿規定：將他人作品當作自己的作品發表；除本法另有規定的以外，未經作者或著作權人同意使用其作品；製作、進口或者發行侵權複製品；明知他人行爲侵犯著作權，而爲其提供必要的條件，「情節嚴重的，由人民法院處以二年以下有期徒刑，可以併處罰金。」

一九八九年十二月，中共「國務院」提出全國人大常委會審議的草案中，仍有上述規定，只是將二年刑期提高到五年刑期。

一九九〇年六月，中共第七屆全國人大常委會第十四次會議上，法律委員會建議暫不在《著作權法》中規定刑事處罰，以後可以另作決定或在修改刑法時增加規定。不同意在著作權法中規定刑事處罰條款的理由主要是：著作權法律關係是民事法律關係，基本上適用民事法律規範。侵犯著作權同其他民事侵權一樣，應主要承擔補償性和恢復性的法律責任。

另外一層考慮是：中共政權自成立以來，還沒有發生過侵犯著作權而必須給予刑事處罰的案例，立法要有司法實踐來支持，實踐中不需要的，就不要規定。若未來形勢發展需要制定有關刑事處罰規定來保護著作權，可以在修訂著作權法或修改刑法時考慮增加有關內容。

六、版稅收入兩岸重複課稅的問題

兩岸著作權人版稅收入的課稅問題似乎尚未成為兩岸共同關心的話題。按照大陸現行稅務管理規定，個人所得要按比例交納個人收入調節稅。每次每人稿酬收入不滿四千元的，可減除免稅限額八百元；收入四千元以上的，減除百分之二十的免稅限額。然後按其餘額的百分之二十繳納個人收入調節稅，出版社所得也要按規定上稅。一九九〇年六月二十七日，中共「國家稅務局」發布了《關於對稿酬收入減徵個人收入調節稅的通知》：每部書的稿酬收入不超過二萬元的，按應納稅額，減徵三〇％；每部書稿酬收入超過二萬元的，仍按現行規定徵稅。

大陸作者、著作權所有者授權臺灣出版的版稅所得，按照規定亦得由出版社代扣，向我稅務單位交稅，否則社方無法將這筆版稅支出列為開銷。這筆版稅在大陸作者、著作權所有者收到時，理論上將被課兩次稅，減少了他們的合理收入。國際間曾於一九七九年底在馬德里締結了一個《避免對版稅收入重複扣稅多邊公約》，要求各成員國通過國內立法及通過與其他成員國締結雙邊條約的方式，來避免對版稅收入重複課稅。由於公約規定必須有十個國家參加方能生效，迄今尚未能生效。為了避免對版稅收入重複課稅，有賴兩岸的海基會與海協會溝通協調，訂出合情合理的雙邊協議。

五、大陸加入國際版權公約後，兩岸如何加强出版合作

在今年七月初，中共第七屆全國人民代表大會常務委員會第二十六次會議上，通過了關於大陸加入伯爾尼公約（臺灣譯爲「伯恩公約」）和世界版權公約的決定，並向世界知識產權組織和聯合國教科文組織遞交了加入兩個國際版權公約的官方文件，並於十月十五日、三十日生效，正式加入這兩個國際版權保護組織。

這是一個令兩岸中國人同感欣慰的消息，我們樂意見到大陸的版權保護工作，從無到有，在不算長的時間裡，從國內保護進展到國際間相互保護。加入這兩個公約後，將使大陸作品在一百多個國家中受到普遍保護，也可提高這些作品，特別是具有較高民族文化水平的作品在國際上的地位，不再被視爲「公有領域」，免費使用，可以帶來一定的經濟效益。

當然，國際間的相互保護，總有一方必須付出相當的代價。以大陸與美國簽訂的《中美知識產權談判諒解備忘錄》爲例，雙方的版權雙邊保護從今年三月十七日開始，這意謂著「自由使用」的時代宣告結束，「付費享受」的時代已經來臨，從此以後，大陸使用美國作品要先取得對方的翻譯授權，並支付版稅，徹底尊重對方的知識產權、著作權，以避免動輒招致美國祭出綜合貿易法特殊三〇一條款的報復措施。至於這份備忘錄和兩個公約（將來還要加上《關貿總協定GATT》烏拉圭

回合談判中對知識產權的保護決議ＴＲＩＰＳ）簽訂前已翻譯完成之出版物應如何處理，大陸的著作權法及實施條例中均未觸及，倒是臺灣今年六月十日修正施行的著作權法第一百十二條中有所規定，茲抄錄如下，以供參考：

> 本法修正施行前，翻譯受修正施行前本法保護之外國人著作，如未經其著作權人同意者，於本法修正施行後，除合於第四十四條至第六十五條規定（筆者按：均爲著作財產權之限制條款）者外，不得再重製。
>
> 前項翻譯之重製物，本法修正施行滿二年後，不得再行銷售。

兩年的過渡期間，未獲翻譯授權（已進入公有領域的作品不在此限）的重製物准予繼續銷售。兩年後（即一九九四年六月十日起）如繼續銷售，則被視爲侵害著作權，但根據內政部解釋，我國著作權法「並未有處罰之條文規定」。

今後兩岸翻譯、出版外國人著作，勢必要先取得權利人同意或授權，這裡涉及幾個兩岸合作的問題：

一是有些外國著作，早已由臺灣的出版社或著作權代理公司簽下涵蓋大陸地區的國際中文版權。建議由臺灣的相關單位搜集詳細書目、取得授權的出版社或著作權代理公司，分類編印成冊，提供給大陸出版同業參考，以利洽談授權事宜。其實，這類的轉授權工作，目前已開始積極進行，也有幾個達成協議的例子，但據博達著作權代理公司王建梅小姐表示：大陸所付版稅一般來說都不高，有待雙方進一步協商。

二是大陸加入國際版權公約後，對爭取外國人著作的翻譯授權將較臺灣處於較有利的優勢，爲了預防兩岸惡性競爭，有必要取得一些共識，例如：無論由那一方取得國際中文版權，應透過管道通知對方，研擬共同付費的標準，不刻意哄擡版稅，以免讓外國出版社予取予求，坐收漁翁之利。

三是兩岸共同取得翻譯授權之後，可以洽談進一步的合作，如共同選定翻譯者，在一方進行電腦排版作業，製作繁、簡兩套磁碟片，以供雙方雷射校稿及輸清樣。至於，如何提升兩岸中青代翻譯者的水平，如何統一兩岸日常或專業用語，都有待雙方努力與溝通。

另外，「追溯保護」這個問題應予重視。根據伯爾尼公約第十八條規定：「1.本公約適用於所有在本公約開始生效時尚未因保護期滿而在其起源國失去版權的作品。」也就是大陸參加伯爾尼公約後，對其他成員國保護沒滿期、版權沒失效的作品都要按照公約規定加以保護。過去大陸「自由使用」（包括複製或未經授權翻譯）爲數不少的外國著作，有人擔心加入公約後，有可能涉及追溯保護的問題，本年七月十八日《文藝報》一篇報導認爲這種擔心是多餘的，「因爲追溯保護是承認公約生效時已經存在的作品的著作權，而不涉及對過去使用的索賠。」「即使承認追溯保護，成員國也可以通過雙邊協議確認雙方均不要求追溯保護或者爲追溯保護規定條件。」前者的說法未免太樂觀，以少數臺灣出版業者的遭遇爲例，他們在早些年未獲翻譯授權即擅自翻譯、出版一些暢銷書，在臺灣與美國的智慧財產權諮商談判達成協議前，即向美國權利人請求授權，卻被要求版稅支付必須溯及以往，否則新舊作品均不予授權。有些業者實在付不起這筆龐大、額外的版稅，祇好消極地放棄在二年過渡期間之後繼續行銷這本書。這是一個特例，但我們不能不重視。

六、結論

近年來，兩岸基於對外經貿、文化交流等因素，分別制定與修訂著作權法，爲推動和健全著作權保護制度踏出關鍵、重要的一步。兩岸頒布的出版行政法規不約而同宣稱保護對方的著作權，卻還未能就複雜的著作權問題訂立一套共同遵循的規則，落實著作權相互保護，有待雙方進一步的溝通與改善。

在兩岸積極宣導、普及著作權知識之際，實有必要讓兩岸人民相互了解對方的著作權法及實施細則，並適度公布目前仍適用的出版行政法規，讓兩岸人民了解並遵循。兩岸著作權法中存在的立法差異及衍生的問題，雙方均應予以重視，並在修訂現行著作權法時，認眞研究，將窒礙難行或模糊有爭議的條文，從速修改。相信以中國人的智慧與處理手腕，必能克服現階段存在兩岸出版交流中的一些阻礙，爲達成文化中國的共同理念而努力。

〔附註〕

註1：最高人民法院著作權法培訓班編，著作權法講座（北京，法律出版社，一九九一年）第二講「著作權法的制定和立法精神」（沈仁幹主講），頁二十二。

註2：同註1，頁十七。

註3：同註1，頁二十一。

註4：中共「文化部」，「關於頒發《圖書、期刊版權保護試行條例》的通知」（一九八四年六月十五日），收入中共「新聞出版署圖書管理司」編，圖書出版管理手冊（瀋陽，遼寧大學出版社，一九九一年），頁四三六。

註5：沈仁幹、高凌瀚、許超等編著，中華人民共和國著作權法講話（北京，法律出版社，一九九一年），頁三十九。

註6：馬國倉、王瑞明，「劉杲就著作權法若干問題答記者問」，收入謝宏主編，新聞出版大趨勢（北京，人民出版社，一九九一年），頁六四六。

註7：相關法規引自「圖書出版管理手冊」（見註4）；以及中共「新聞出版署」政策法規司編，中華人民共和國現行新聞出版法規彙編一九四九—一九九〇（北京，人民出版社，一九九一年）。

註8：蕭雄淋，「赴大陸取授權應注意什麼？」，自立晚報（臺北），民國八十年八月二十日。

註9：任彥、梅慎實、余國光編著，著作權與著作權法（上海，學林出版社，一九九一年），頁一六四—一六六。

註10：文藝報（北京），一九九二年七月十八日，總第八〇二期。

肆、當前大陸出版事業兩大現象

上篇：大陸「協作出版」與「買賣書號」問題探討

一九九三年十月二十六日，中共「中央宣傳部」、「新聞出版署」發布《關於禁止「買賣書號」的通知》，並於二十八日在北京召開「繁榮出版事業，禁止『買賣書號』座談會」，加强宣導工作。「中央宣傳部」常務副部長徐惟誠在會中批評「買賣書號」是拜金主義和腐敗現象在出版工作中的重要表現，是出版行業中突出的不正之風。

中共對於出版單位的管理採取審批制度，只有經國家正式批准，具有一定條件的單位才有出版的權利。這種權利在出版物上的標誌，即是出書序號（中國標準書號）。賣書號，即出賣出書序號，也即是出賣出版權，導致非出版單位有錢就能出書，間接否定了現行的「審批制」，加速現行管理體制的崩潰。

大陸自一九八八年一月一日起，正式採用「中國標準書號」，它是由「國際標準書號」（ISBN）和「圖書分類・種次號」兩部分組成。每一個 ISBN 都由十位數字組成，分爲四段，即組號、出版者號、書名號、檢驗號。中共分配到的組號爲「七」，允許使用的書號總數爲一億種；

出版者號由中國ISBN中心（設在「新聞出版署」內）分配，採用錯位分檔的方法，共分五檔，定爲二位數至六位數，共可分配給一萬一千多家出版單位，位數越少，表明其規模越大，出版能力越强，如人民出版社爲01，人民文學出版社爲02。組號、出版者號兩項合稱「出版者前輟號」，它是出版社在國際上唯一的識別。圖書分類號是按照《中國圖書館圖書分類法》編製，每類以拼音字母（A、B、C……代表）。種次號，是出版社所出版同一類書的流水編號。「中國標準書號」舉例如下（北京出版社《廢都》）：

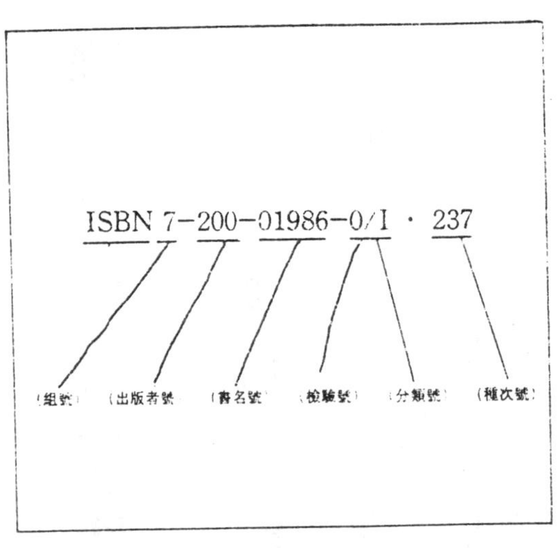

近年來，赴大陸投資、發展的臺灣出版業者、發行商，都曾積極尋求透過「協作出版」和「買書號」的方式，在大陸出版、發行臺灣版圖書，追求更高的利潤。但業者對「協作出版」、「買賣書號」形成的背景、利弊得失與存在的問題，以及中共當局對這種合作出版抱持的態度等等問題，似乎欠缺深入的研究與正確的理解。筆者試圖整理相關的資料，提供給有意赴大陸發展的業者參考。

一、「協作出版」產生的原因

一九八三年底到一九八四年初，湖北省和遼寧省的一些科研單位分別面臨著一批科研成果和學術專著難以出版的問題。他們和出版社商量，決定由這些科研單位支付出版經費，由出版社終審終校，掛出版社的書號正式出版，這種合作關係當時叫「委託出書」、「委託出版」或「合作出版」，也就是後來的「協作出版」。一九八四年六月二十一～二十七日，中共「文化部」出版局在哈爾濱召開全國地方出版工作會議，針對出版改革等問題提出討論，會中大部分出席人士對湖北、遼寧的協作多持贊同的態度。

一九八五年一月一日，中共「文化部」發布了《關於在協作出版中需要注意的問題的通知》，這是關於協作出版正式發布的第一個通知文件。這個文件描述「協作出版」的形式是：「供稿單位取得出版社的同意，使用該社社號出書，同時還承擔編輯、印刷、發行等任務。」並肯定這種形式：「能補出版社編輯、印刷、發行力量之不足，從而能增加出書、縮短周期，已經受到相當廣泛的注意。看來，它不失爲對出版社的一種有益的補充。」

但文件中也指出「協作出版」容易出現的弊端，即「個別出版社在進行協作出版時，只注意經濟利益放棄了出版社應負的責任，出現了『賣書號』、『賣牌子』的現象，致使有些協作出版的書質量低劣，引起社會的批評。」爲了導正協作出版的發展方向，特作下列的通知，一是要求協作出版應堅持四項基本原則，堅持出版方針。二、協作出版的選題應列入出版社年度出書計畫（須註明爲協作出版項目），報上級主管部門審批後，送「文化部」出版局備查，若有新增的計畫外選題應當補報。三、出版社對書稿和裝幀設計要堅持終審權和終校權。四、對圖書的定價、稿酬，發行範圍和印數，書籍紙型管理和出版權歸屬，都有具體的規定。五、出版社與協作出版應簽訂合同，明確規定各自的責任，以及有關費用和收益等經濟問題。六、嚴禁出版社「賣書號」、「賣牌子」，違者應由各省、自治區、直轄市出版（文化）局（廳）、社嚴肅批評糾正，並報「文化部」。

二、「協作出版」存在的問題與整頓方案

一九八五年五月二日，「文化部」又發出一個《關於開展協作出版業務的補充通知》，對幾個未作明確規定的問題作了限制：關於協作出版的內容範圍，應著力安排出版社力量不足的各類學術性著作，以及社會急需的推廣科研成果的讀物，有利於發展生產的新科學技術的普及讀物。此外，還可適當安排一些專業面窄、印量較少，但在教學、科研上確有需要的品種。關於協作出版的供稿單位，必須是有條件完成協作出版要求的國家企、事業單位、黨政機關、人民團體以及教育、科研單位。

這個文件指出：協作出版的目的是爲了調動社會力量，使出書慢的問題有所緩和，不希望相關單位把協作出版作爲開闢財源的捷徑。所以特別增加了一些規定：出版社憑單位公函接受稿件，簽訂合同，並不得接受個人和集體的協作出版業務。出版社如有「賣書號」的違法行爲，除了第一個通知提到的通報批評，另增加了較爲嚴厲的「停止出書進行整頓、直至撤銷社號的處理。」

協作出版存在的問題，並未因上述的通知文件而解決，反而有變本加厲的趨勢，主要的癥結在於下列數端：一、一些熱心於搞協作出版的出版社對協作出版的圖書在選題和內容上沒有按照規定嚴格把關，致使圖書質量降低，粗製濫造現象時有發生，引起社會批評。二、有一些出版社在協作出書中，突破本社專業分工，並且大量出版了超出協作出書規定範圍的圖書，造成管理上的混亂。

三、個別出版社以協作出版爲名賣書號的不法行爲繼續存在。四、有些人充當掮客，歪曲利用協作出版，在作者和出版社之間討價還價，甚至倒賣書號，從中漁利。鑑於上述情況，中共「國家出版局」決定對協作出版展開首次整頓，規定自一九八六年六月五日發布的《關於整頓協作出版工作的通知》文到之日，各出版社一律暫停對協作出版業務的安排，進行檢查和總結。

一九八八年五月，中共「中央宣傳部」、「新聞出版署」聯合發出《關於當前出版社改革的若干意見》，再度肯定「協作出版」是出版改革中出現的「利用社會力量，擴大資金來源，爭取多出好書」。可是，一批不肖商人與出版社再度違反了相關出版管理規定，有的以協作出版或代印、代發的名義賣書號，一批格調不高、質量低劣甚至內容淫穢色情的圖書經過協作出版或代印、代發進入了圖書市場；超越規定的範圍搞協作出版，造成混亂。

一九八九年一月十七日，中共「新聞出版署」不得不再發出《關於協作出版代印、代發的補充規定》，重申協作出版的範圍、對象，協作雙方要事先簽訂合同，出版社要對書稿進行終審、終校，不得以協作出版名義賣書號。這個文件也對「代印、代發」作了界定：「代印、代發是指出版社已列入出書計畫，做好了發排前一切工作的書稿，由於出版社所在地印刷力量不足等因素，需去外地代爲印製、代爲發行圖書的一種辦法。」代印、代發都必須遵守以下規定：一、報請主管部門批准。二、必須符合出版社的出書範圍，按照規定需要專題報批的圖書，一般不得安排代印、代發。確需在外地代印、代發的，必須有「新聞出版署」的批件才能辦理相關手續。三、出版社與代印、代發的單位要簽訂合同，注明雙方各自的責任、權利和付給費用。出版社的書稿需經終審簽字後，才能向代印單位開具一次性有效的發排單、付印單，並發給書號。出版社付給代印單位的費用，必須由出版社直接派人結算，不得委託他人代辦。四、代印、代發單位的條件規定，發行部門不能搞代印，集體、個體書店、印刷廠（批准者除外）不能搞代發。出版社之間不得搞代印、代發。五、出版社到外地代印、代發的圖書，須由出版社所在地新聞出版局開具證明信。六、承接代印業務的書刊印刷廠，不得接印未辦理准印手續或違背本規定的圖書，不得擅自增加印數。凡違反上述規定者，視情節輕重給予警告、沒收利潤、罰款、吊銷營業執照等處罰，對出版社還可以處以停業整頓、撤銷社號處罰。

儘管出版行政法規三令五申，許多出版社仍然我行我素，一再違反相關的規定，造成圖書出版的嚴重混亂情況。爲什麼有那麼多出版社熱衷於搞協作出版呢？究其原因，在一九八七年之前，是因爲編輯力量不足，印刷力量不足，出版資金不足，面對讀者對圖書旺盛的需求等因素，只好求助於協作出版。一九八七年以後的情況與之前有很大的不同：

一、出版社從協作出版並無法得到銷售利潤，但可以把出版投資風險轉移到協作方。

二、不論協作的書盈虧，出版社可以獲得一筆爲數不小的管理費。出版社相關人員也可得到一些巧立名目，如審讀費的額外收入。

三、有些協作出版，與這個時期紙張、印刷費大幅度漲價、整個圖書成本增加有關。協作出版也與發行渠道不暢有關。

四、許多出版社在協作出版的對象上違反了規定，即協作方不是國家科研、教學單位、機關和國營企事業單位，而是干冒著風險與集體和個體打交道。因爲集個體可以付出比國營單位更多的錢。付錢又不必落帳，收錢也可不給收條，滿足了少數人的私欲。

一九八九年七月十一日，中共「新聞出版署」發出了《關於在全國出版社整頓協作出版、代印代發的通知》，開始對協作出版進行了第二次整頓。這也是「六四」天安門事件之後的聯鎖效應。

這份文件指出：當前大多數內容有問題的圖書都是以協作出版的方式進入圖書市場的，包括衆所週知的淫穢圖書《玫瑰夢》，有嚴重色情淫穢內容的《銷魂時分》、《麗人春夢》、《荒野奇緣》，以及宣揚愚昧迷信，違背科學的《人生預測》、《相學解析》均爲協作出版。有不少協作出版圖書的內容、封面、插圖，甚至書名、印數都由與出版社協作的一方擅自決定，嚴重違反規定。

文件中也首度揭發了在協作出版中，有的出版社借機亂收管理費，從責任編輯、編輯室主任到社長、總編輯，人人有份；有的個體商直接將錢送到編輯手中，實質上是行賄受賄。此外，借協作出版之名買賣書號之風盛行。出版社在經濟上雖有所得，但大部分錢流入集體、個體書商的腰包，文件逕稱這種以書號進行的交易，「實際上是出賣國家賦予出版單位的出版權，是出賣出版社的名聲，敗壞出版社的聲譽」。

這次整頓，協作出版、代印代發，除繼續加强行政措施之外，並根據一九八五年十一月中共「國務院」批准的文化部、財政部、工商行政管理局《關於利用經濟制裁手段加强出版管理的請示》精神，還要進行經濟制裁。凡違反協作出版、代印代發規定的圖書，協作雙方利潤一律沒收，上交當地財政部門；對違反上述規定，內容又有問題的違紀圖書，在沒收利潤外，還要處罰款（一九八九年二月以後出版的，罰款數額要在所得利潤的五倍以上）。

經過整頓，協作出版違反規定的情況稍有好轉，但仍存在問題，「新聞出版署」於一九九一年四月八日發布《關於縮小協作出版範圍的規定》，將協作出版的圖書，只限於自然科學和工程技術類圖書（不含科普讀物和生活用書），其他圖書一律不得進行協作出版。規定也重申出版社不得與集體或個人進行協作出版，協作單位不得經營圖書發行，所有協作出版圖書均應交新華書店發行，或由出版社自辦發行。出版社協作出版的收入只能作爲出版社收入，不得分給任何個人。出版社和協作單位如有違反本規定，按非法出版活動從嚴查處。

儘管出版管理官署三令五申，一些從事買賣書號的書商和出版社，卻變本加厲，手法更加高明，甚至有合夥經營之事實。通常是一個出一切手續、證明材料，一個出錢、出力、跑印刷廠、跑發行，合作無間。一九九三年七月，「新聞出版署」圖書司負責人爲「買賣書號」重下定義：「出版社給社外的單位和個人提供書號，收取費用，權錢交易，即爲買賣書號。」

據統計，目前，買賣書號大致有下列幾種形式：

1.集個體書商，掌握「暢銷」書稿，向出版社購買書號，自印自發，牟取暴利。此類書稿常有問題。

2.黨政機關「買賣書號」。一些黨政機關自己編書，向出版社購買或者索要書號，自己聯繫印刷，在本系統內發行。

3.出版系統內部「互通有無」。即有的出版社因爲專業分工的限制，向另一些出版社購買書號，互通有無。

4.某些新華書店和印刷廠，利用自己在發行印刷上的行業優勢，向出版社索要或購買書號，自行出版圖書，牟取利潤。

5.出版社實行承包後，有的包到個人，有的名義上包到編輯室實際上包到個人，每個編輯分若干書號，出幾本書後，其餘的書號就拿出去賣，包括賣給集個體書商。

6.一些編者、作者自己通過代理人、集個體書商等從出版社購買書號出書，並自己聯繫印刷、發行。

各種「買賣書號」的做法，因有利可圖使出版社放棄了自己的責任，不利於提高圖書質量，甚至給一些不法分子可乘之機，出了一些質量低劣、內容有問題的圖書。另外，它妨礙了正常的出版管理工作，擾亂了正常的經濟秩序，買賣書號者偷稅、漏稅，造成稅收的損失。更爲嚴重的是腐蝕幹部隊伍，一些單位、個人爲撈取經濟上的好處，不惜內外勾結，以權謀私，最後走上犯罪的道路。

治理「買賣書號」問題，首先要從出版社抓起，源頭斷了，書商還從何處買書號?爲此，有關當局重申集個體書商向出版社買書號出版發行圖書，屬於非法出版活動，應予取締，其中情節嚴重，構成犯罪的，要依法追究刑事責任。

黨政機關從出版社購買書號或索取書號，自己編書、自己聯繫出版，自己在本系統內推銷發行，直接進行出版經營活動，實質上是以權謀私，嚴重違反中共中央辦公廳、國務院辦公廳《關於黨政機關興辦經濟實體和黨政機關幹部從事經營活動問題的通知》，以及中央宣傳部、新聞出版署、國家工商局、監察部、財政部、國家稅務局《關於嚴禁非圖書經營單位發行圖書的通知》的有關規定，應當制止。至於前述「買賣書號」的其他不法形式均應禁止，如有違反應按規定對出版社給予行政處罰，同時對有關領導人員和編輯個人追究責任。

爲了堅決禁止買賣書號，主管官署還將採取下列措施:

1.對於明顯買賣書號的出版社將嚴肅查處，嚴厲制裁，將視情節輕重，給予罰款或停業整頓的處分，屢犯不改者將吊銷出版社社號。

2.今後將作出規定，協作出版、自費出版的出版、印刷、發行者一切經營活動的收支費用核算均須納入出版社統一的財務核算中，並由有關部門定期檢查協作出版、自費出版圖書帳目。

3.今後還將對於不具備編輯力量而大量出書的出版社，或者編輯力量與出書品種比例明顯不協調的出版社，實行分配書號的辦法，宏觀上控制其出書品種。

一九九三年九月中旬，中國出版工作者協會（簡稱「版協」）經營管理研究會組織五十四家近百名部委及北京地區出版社的負責人、發行部主任或總編室主任，分兩期進行出版改革研討。會議指出，目前出版界在競爭和活躍的氣氛之中，呈現混亂的傾向，主要是「買賣書號」帶來腐敗現象和不正之風。與會代表一致同意，要强化出版社的自律意識、行業保護意識和自我保護意識，從自身做起，眞正做到堅決不賣書號，並向全國出版社發出倡議，以達到共識和加强自我約束、自我管理的自覺性。

九月二十四日，「版協」與《新聞出版報》聯合邀集北京十九家出版社負責人，就禁止買賣書號問題進行了座談討論，由「版協」主席宋木文主持。

會議以大量事實歷數了買賣書號的危害性：

一、是使壞書得以出籠。近年來查處的有政治問題以及色情淫穢和違紀洩密等壞書，有百分之八、九十是買賣書號所造成；

二、是嚴重腐蝕出版隊伍。買賣書號是權錢交易，已成爲出版界引人注意的腐敗現象；

三、是造成圖書粗製濫造，質量嚴重下滑，損害讀者的權益；

四、是擾亂了出版管理的正常秩序，造成管理失控；

五、是不法書商在非法經營過程中大量偷稅漏稅，出版利潤被非法侵吞，損害了國家的經濟利益；

六、是使出版社的圖書訂數大幅度下降，阻礙好書和學術著作的出版。

宋木文指出，買賣書號突出了以書商利益爲主體的市場導向和一切以賺錢爲目的的錯誤出版方向；買賣書號的出版活動，實際上由「第二發行渠道」發展爲「第二出版渠道」，形成了不受掌控的非法出版網絡。

多年來，買賣書號與協作出版如何界定，始終困擾著出版界，這也是造成買賣書號難以制止和無法對其採取果斷措施的原因之一。與會者提出下列看法：

林爾蔚（商務印書館總經理）：終審終校已不能作爲是否買賣書號的標準；出版權是一個完整的概念，應包括選題、三審、印刷製作和總發行權等過程；協作出版，表面上已終審終校，並不能說明是保持了出版權。國家應確立國營大出版社的壟斷地位，使之在品格、質量、價格諸方面具有優勢，這也是與賣書號相抗衡的一項措施。

彭松建（北京大學出版社社長）：多年來沿用的協作出版的概念與提法不準確，出版單位之間的聯營才能稱爲協作出版，而作者與出版者之間是出版發行的轉讓與購買關係，不能稱爲協作出版；協作出版的提法，給買賣書號提供了可乘之機。

陳早春（人民文學出版社社長）：協作出版是買賣書號、非法出版的保護傘，建議目前不要再對協作出版做學術之爭，而應停止協作出版，或者要科學地規範其概念與內涵，不妨稱爲資助出版或虧損補貼，同時也要保留自費出版等方式，以緩解學術著作出版難的問題。

王益：與其他行業的不正之風相比，買賣書號因其難以完全成爲個人之間的私下交易，還是能夠發現與查處的，重要的是鏟除這一腐敗行爲的態度是否堅決，能否喚起出版社的自律意識。出版社要加强對書號的內部管理，要「一支筆」批書號，有專項制度，絕不能將批書號的權力下放。對賣書號的違紀和失職瀆職行爲要嚴厲查起，予以曝光。

謝德元（金盾出版社社長）：出版社僅僅做到不賣書號還不夠，應當主動出擊，以出版社的高質量圖書、良好的服務去占領市場。

三、對臺灣出版業者的建議

由以上的分析，可以得知協作出版是伴隨著大陸出版改革新形勢而出現的一種經營方式，主要是爲解決出版社資金、印刷、編輯各方面力量不足的有效辦法，也在很大程度上緩解了學術專著出版困難的問題，並提高出版社的經濟效益。基本上，大陸的出版管理官署並未完全禁止這種合作出版的模式。下列各項建議，提供給業界參考：

1. 慎選有條件從事協作出版的合作單位。依相關出版管理規定，協作出版的對象（供稿單位）是有所規範的，限於國營企、事業單位、國家機關、人民所有制的教育、科研單位，但不能是集體或個人，我方需與上述單位就委託協作出版事宜簽訂合同。

2.協作出版的出書有一定的範圍，目前限於自然科學和工程技術方面的著作，我方宜遵守相應的規定，考慮出版社的專業分工，與合作單位共同尋找形象良好的協作出版社，做最完美的配合。

3.協作出版的圖書，其定價和稿酬都必須遵照大陸現行的有關規定，出版社對協作的圖書也擁有終審、終校權及封面設計的決定權。雙方可就出版計畫、紙張、印刷、質量、印數、發行、代印代發費用、稅賦，雙方的責任和權利等，簽訂合同，以確保權益。

4.避免與不法的個體書商掛鉤，不介入不合法的買賣書號行爲，不出版違紀的圖書。近年來，在經濟誘因下，有少數大陸出版社的編輯部門主管有意自立門戶，尋求臺灣資金，透過與出版社深厚的關係進行「買書號」出書，並宣稱可以安排印刷、發行事宜。這類的合作不僅不合法，投資的風險也大，萬一出事，倒楣的一定是我方業者。

5.協作出版模式，祇是我方業者獲准在大陸設立出版社之前可能的權宜合作措施之一，因有重重限制，建議業者改採雙掛名合作出版方式。

參考書目

中共「新聞出版署」圖書管理司編，《圖書出版管理手冊》（瀋陽，遼寧大學出版社，一九九一年二月）。

中共「新聞出版署」政策法規司編，《中華人民共和國現行新聞出版法規彙編一九四九—一九九〇》（北京，人民出版社，一九九一年十月）。

周彥文，《對瘋狂的導引—中國出版業的經濟觀照》（北京，中國經濟出版社，一九九一年八月）。

劉桂欣，〈協作出版利弊談〉，《出版工作》一九八八年十二期。

本報訊，〈新聞出版署圖書司負責同志關於堅決禁止買賣書號答記者問〉，《出版參考》一九九三年八月一日。

曉青，〈鏟除買賣書號的腐敗行爲—中國版協和本報聯合召開出版社負責人座談會〉，《新聞出版報》一九九三年九月二十七日。

吳海民，〈繁榮出版事業，禁止買賣書號〉，《新聞出版報》一九九三年十月二十九日。

下篇：大陸出版企業集團的崛起

根據日本昭和六十一年版《經濟辭典》記載：企業集團，是指多個企業互相保持獨立性，並互相持股，在融資關係、人員派遣、原材料供應、產品銷售、製造技術等方面建立緊密關係而協調行動的企業羣體。

「企業集團」這一名稱，首先出現於第二次世界大戰後的日本，原指四十年代末美國占領軍解散日本財閥後，由原屬財閥系統的部分企業，適應日本實行企業系列化和產業調整政策的新形勢重新組織起來的企業聯合組織。五十年代是企業集團組成的階段，初步形成了以大企業爲核心圈，由系列企業集結在核心企業周圍；六十年代中期到七十年代初，企業集團體制基本成熟，它不但已成爲日本經濟的主角，而且無論是內部的聯合，還是經營的範圍，都達到了很高的水準。

大陸的企業集團概念

大陸於八十年代中期從日本引進「企業集團」這一新型的經濟聯合體，首先出現在汽車、電子、電器行業，如「二汽集團」即有成員企事業單位二〇一家，分布在二十四個省市、跨十四個部門；又如「科理高技術集團」是由「中國科學院」的研究所牽頭，聯合了科研、生產、銷售等二十五個單位組成以事業單位爲主幹的企業集團；有的則是以生產企業爲主體，聯合了科研單位、大學、企業共四十七家。

在大陸，「企業集團」這一概念所涵蓋的並非是單純的「企業之間的聯合組織」，它是在社會主義公有制已占統治地位這一前提下建立起來，但改革中已經出現的以公有制爲基礎的多種經濟成分共存的狀況也開始在企業集團中反映出來，包括全民所有制企業、城市集團企業、鄉鎮企業、中外合資企業，甚至私人企業共同組成企業集團的情況不在少數。其中又以全民所有制居於主導地位。大陸的企業集團是在國家的推動、指導和幫助下，按照自願互利的精神，通過多種途徑形成的。其中多數是在橫向聯合所產生的鬆散聯合體的基礎上發展而來的，也有的是在國家的直接干預下，通過有條件的行政性公司職能的轉變而建立起來的。

大陸大型企業集團的核心企業幾乎都是國營企業，不存在由企業集團去操縱國家政策的情況。這些企業集團必須服從國家的宏觀調控，按照國家的經濟發展戰略來決定自身的發展目標和戰略。企業集團的投資方向和規模都不能完全由自己決定，甚至它們仍然以國家的某個政府部門作爲其主要的管理部門。

一九七九年，大陸開始進行出版改革，確定了地方出版社由原來的「地方化、羣衆化、通俗化」改爲「立足本省，面向全國」的出版方針。八十年代初期更突破了一省一市一區只設一家綜合性出版社的局限，地方各類專業出版社紛紛成立，出版隊伍、出版品種迅速擴大，印刷企業、書店也迅速發展。截至九十年代初期，出版社已超過五百家，一九九三年底更擴展爲五百四十二家。

但在出版企業分散化、小型化的發展趨勢中，每一省區都爭先恐後地成立了按出版專業分工的、種類齊全的出版社，印刷企業也急劇膨脹，導致現有印刷能力的嚴重過剩，重複生產的弊病也十分普遍存在。這樣的現象說明了在「條塊」分割、地方保護主義和行政性壁壘的封鎖下，圖書生產組織結構的非合理性導致了圖書產品結構的非合理性。

從八十年代大陸出版業發展的情況來看，出版企業規模的增大和圖書生產的日益集中，已成爲出版現代化的需要。專家認爲九十年代大陸出版業發展的基本任務有兩項，一是完成基礎產業的發展，實現出版生產手段的徹底改造從而走向現代化；二是大規模提高勞動生產率與其他要素的生產率，降低單位產品的成本，即出版走向集約化經營。上述出版生產組織結構的調整以及規模經濟基礎上的集中化如何達成？主要是依靠下列措施：一、大力發展能夠突破行政性壁壘限制的出版企業集團；二、實行嚴格的產業政策引導；三、完善市場競爭秩序。其中，出版企業集團是圖書生產走上規模經濟之路的關鍵。

大陸的出版企業集團發端於九十年代，正說明了出版業在八十年代完成了專門化、小型化的任務，在九十年代邁向出版現代化的過程中，產生了圖書生產經營從分散到集中，從粗放到集約化經濟發展的客觀要求。中共「新聞出版署」計畫財務司司長吳江江指出：由於大陸出版業的特性，目前出版集團主要是出版系統內部編、印、發、供四個環節企業的組合。

通常意義上，企業集團的模式，應該是跨行業跨地區的，大的企業集團，還是跨國的；經營範圍應該是多元化的，絕不限於一個單一的產品。規範化的企業集團，還應該是股份制的。核心企業是控股企業，緊密層、半緊密層是參股企業。集團成員的資產是通過股份帶起來的。在人事安排上，按股份多少，實行董事會制度，通過參股、持股來實施管理。

大陸現在的出版集團成員，都是國有企業，都歸口於省新聞出版局或出版總社，便於調配和管理。但由於不是股份制企業，缺乏股份制那種利益共同體的機制，某種意義上，也有行政撮合色彩。吳江江認爲大陸的出版集團尚不宜搞股份制，它應以堅持社會效益爲第一原則。至於，出版集團的功能或優勢大致有下列數點：

一、有利於一個地區產業、產品結構的調整，避免重複建設和人、財、物的浪費；

二、能比較有效地統一協調，發揮人才、資金的優勢；

三、集團核心層、緊密層、半緊密層和鬆散層的成員單位，在產品生產、物資供應、市場銷售等方面能形成一體化的管理。

四、集團內部具有融資、投資功能，有利於調節內部資金流向，提高市場競爭能力；

五、集團的構成中，鬆散層吸收了一些集體企業，有利於一個省、地區的行業管理，提高鬆散層成員的經營水平，規範其經營行爲。

江蘇省新聞出版局局長蔣迪安指出：出版集團，最實質的目的是規模經營，形成規模力量，參與市場競爭，促進出版業的發展。他認爲成立出版集團有多方面的優勢：

一、在圖書出版上，集團方式可以承擔大型的骨幹工程，可以支撐一些出版單位重大的無法承擔的項目，當面臨市場經濟衝擊時，可以穩定出版系統的專業分工。

二、可以調整、平衡內部的貧富不均。

三、集中集團的資金，投向一些重大項目，集中使用資金，最大限度地發揮資金使用效率。

四、集團可以比較有效地監督、引導本省的出版導向，加强管理。

五、培訓、提高幹部素質。

六、集中對外，形成規模，容易擴大對外交流和貿易。

以下介紹九十年代大陸幾個發展中的出版企業集團：

九十年代出版企業集團

山東企業集團

出版行業始建出版企業集團，山東省出版總社爲第一家。一九九二年四月二十日，「山東省出版總社（集團）」經由山東省體制改造委員會正式批准，在山東省濟南市成立，標誌著出版企業集團這種新型的出版經濟組織在大陸出版業的誕生。

近年來，山東出版總社已形成一個集編輯、印刷、發行、物資供應、出版外貿，以及教育科研爲一體的出版事業實體。同時，實行了以總社爲核心，以圖書出版爲龍頭，對上實行總承包，對內實行分級承包，統一結算利稅，統一生產調度、統一人財物管理、統一物質供應、統一在省計畫中單列各種計畫的集團化管理體制。

山東出版總社爲了完善管理體制，已採取一系列强有力措施，來强化聯結的紐帶，壯大核心層，發展緊密層（包括合資企業），根據情況發展鬆散層（大印刷，包括造紙、物資供應者），以期逐步建立起用科學手段進行管理和調控的集團管理體制。目前，山東出版總社奮鬥的目標如下：

一個中心：以出好書爲中心。

二個堅持：堅持出版工作的社會主義方向，堅持深化出版改革。

三個開拓：開拓大陸圖書市場，包括擴大占領本省的農村圖書市場；開拓國際圖書市場；開拓新的業務領域。

二個提高：提高社會效益，提高經濟效益。

一個目標：建設一個有中國特色的社會主義出版集團。

四川出版集團公司

一九八七年四川出版總社改爲四川省新聞出版局；一九九二年九月二十八日，四川出版集團公司經中共四川省委同意，四川省人民政府批准，將四川省新聞出版局直屬的十九個企事業單位劃歸集團公司領導和管理，並以四川教育出版社、四川省出版印刷公司、四川省印刷物資公司爲核心企業組建成立的大型文化企業。

新成立的四川出版集團與四川省新聞出版局職能分開。省局負責對全省的新聞出版事業行使政府職能；出版集團公司負責原局直屬的十九個企事業單位的生產經營。集團將統一編制集團出版規畫和年度出書計畫，統一組織、安排、落實重點圖書的編、印、發；統一制定集團的生產經營、資金安排以及技改、基建等方面的計畫，並落實重點基本項目的規畫實施；做好成員單位的統一調度和協調。

集團公司集編輯、印刷、發行、物資供應、外貿等業務爲一體，是目前大陸富有實力和競爭能力的集團性出版企業。現所屬三個核心企業和十六個成員單位有職工三千五百餘人，固定資產一億二千四百六十七萬人民幣；集團公司註册資金二千八百八十八萬人民幣。

集團公司實行總經理負責制，目前由梁守勛擔任，另有三位副總經理。總部設置總經理辦公室、黨委辦公室、編輯出版部、生產經營部、教材業務部、計畫財務部、人事部等職能機構；並設立總經理領導下的管理委員會，協助總經理進行管理和決策。

集團公司的主要業務和經營範圍包括：圖書、音像製品、報刊及其他新型出版物的開發和出版發行；大中小學教材、教輔讀物的出版和租型印供；對外合作出版和版權貿易；圖書、報刊、音像製品的進出口業務；印刷物資、設備、器材的進銷和進出口業務；圖書、報刊及其他高精出版物的加工、印刷；房地產開發、裝飾、維修、運輸、餐飲、信息、廣告、租賃、服務、技術轉讓、培訓、高新技術開發及其他生產和商貿經營業務。綜言之，即是以出版業爲主，開展跨地區、跨行業經營，集編輯出版、生產經營、對外貿易和科研、金融、教育爲一體。

集團地址在：成都市火車北路西一路，電話：（○二八）三三五九九七・三三六五四二。

新疆出版印刷集團

新疆出版印刷集團成立於一九九二年十二月，是以資產聯結爲紐帶的多個國有企業人聯合體，是新疆出版印刷行業中最大的企業集團。

集團以出版、印刷和印刷廠物資爲主體，實行全方位、多元化、跨行業、跨地區開放經營。集團成員如下：

核心層企業：新疆出版印刷集團公司。下設：紙張公司、印刷物資公司、儲運公司、出版發行公司、商貿公司、綜合經營公司、生活服務公司。

緊密層企業：新疆新華印刷廠、新疆新華印刷二廠、新疆新華印刷三廠。

半緊密層企業：新疆巴州第一造紙廠、裝飾設計工程公司、新華印刷廠勞動服務公司、新華印刷三廠青年印刷廠、天中經營公司。

另有五家鬆散層企業。

集團地址在：烏魯木齊市北京南路副二十一號，電話：（○九九一）一二三八○四一。總經理爲李培。

天津出版貿易集團公司

天津出版貿易集團成立於一九九三年二月十八日。主要經營範圍是：書刊、音像製品的出版、印刷、發行；合作出版、合資經營、版權貿易。兼營：印刷設備、百貨、五金、交電、化工商品、機電產品、建築材料、房地產經營、工藝品、廣告。集團成員單位包括：天津教育出版社、天津出版對外貿易公司、北洋音像出版公司、天津印刷物資公司、北方出版印刷公司。

集團地址：天津市和平區赤峯道一三○號，電話：七○○六○一，傳眞：八○八四六三。董事長：陳旭，總經理：耿志達。

集團公司自成立伊始，即走多元化綜合經營路線，充分發揮出版行業的羣體優勢，其宗旨爲：積極參與國際、國內大市場、大流通的循環，開拓跨行業、跨地區、多渠道、多品種的經營項目，發展國際間的版權貿易、合作出版、來料加工、境外設點，架設中外文化交流的橋樑。

江西出版集團

根據一九九二年底的統計，江西出版系統，擁有出版社、印刷廠、新華書店、外文書店、印刷物資公司、出版學校中專等十三個縣級單位、中型企業和九十六家基層新華書店、二百多個圖書銷售網點，從業人員五千餘人，年經營額達五億人民幣。每年發行本版和外版圖書二億冊，發行外文圖書和音像磁帶四十多萬冊（盒）。

一九九三年四月十二日，江西省出版系統成立出版集團，以江西省出版總社爲核心層；以總社所屬的各企業事業單位爲緊密層（包括各基層新華書店），系統外的有關社、廠、店組成的半緊密層和鬆散層，共有一百零四家成員單位。

江西省新聞出版局局長熊向東談到成立集團的申請過程如下：一、成立之前，先進行了廣泛的調查研究，根據中共「國務院」有關成立集團的要求，提出了可行性報告、章程、組建方案、申請報告。二、通過體改委屬批，再經過國有資產管理局授權。三、所有成員單位，需自願申請加入，完全按法律程序操作。

江西省出版集團與其他出版（或印刷）集團相比，具有三個不同的特點：

一、是跨地域。在出版集團的一〇四家緊密層企業中，除了十二家局直屬企事業單位外，還有九十二家地、市、縣新華書店。

二、是順理出版行業的產權關係。由該省出版總社作爲集團的核心企業，核心企業及緊密層企業所占有的國有資產，經省國有資產管理局授權，由出版總社經營和管理。

三、是在出版集團內部實行「六統一」。即統一規畫、統一承包、重大基建技改資會統貸統還、統一進出貿易、統一國有資產保值和增值、統一任免緊密層企業的主要領導幹部。

自一九八八年以來，江西省新聞出版局（出版總社）代表省出版系統與省財政簽訂了為期六年「雙效」承包經營協議，享受了省委、省政府給予的優惠經濟政策。六年承包期間，省政府共返回三千多萬元資金，大大增强了出版系統的經濟實力，也為組建出版集團打下了良好的基礎。

在組建出版集團中，江西新聞出版局制定了三條基本原則：

一、是出版集團以資產為聯結紐帶，變行政管理為經濟管理。以經濟關係為前提，把各個緊密層企業聯結起來，形成利益共同體。

二、是充分發揮核心企業和緊密企業兩個積極性。在出版集團中，核心企業和各緊密層企業都是獨立的法人，都享有國營企業應該享有的一切權利，如經營自主權、用人自主權等。

三、是堅持自願加入，不搞强迫命令。為慎重起見，要求加入出版集團的企業要事先提出申請，並由法人單位蓋章，法人代表簽字。

確定出版集團的核心企業，是組建出版集團的關鍵，江西省新聞出版局認為出版集團的核心企業必須具備兩個條件：一是核心企業在整個出版集團的國有資產中應占居第一位，具有雄厚的經濟實力，能在集團中控股；二是要有人事任免權。符合這兩個條件的只有出版總社，因此成了核心企業。

江西省出版集團擁有六千多職工，是集編、印、發、供於一體的企業集團。出版集團內設三個部：

一、財務部：是集團財務管理的主要工作部門，主要職責是貫徹執行財經法規制度和財務管理制度，組織並監督實施集團國有資產管理辦法，根據有關規定，組織制定並實施集團融資辦法；領導成員企業財務工作，檢查監督成員企業的財務情況；管理集團國有資產等。

二、人事部：負責地、市、縣新華書店幹部人事管理及職工培訓的主要工作部門。

三、經營開發部：協調集團發展多種經營的主要工作部門。當前工作重點是介紹、推廣集團成員單位多種經營的情況和經驗，加快集團多種經營發展的速度，協調解決地、市、縣新華書店在近年投資開發中存在的問題。

今後，江西出版集團將朝向多元化、外向型發展。首先是在出版集團實行股份制。集團內部可互相參股（出版社不能搞股份制，除外），也允許社會上的法人單位到集團參股，最後爭取上市。其次是實行跨行業、跨地區、跨國境經營。再次是堅持一業爲主，多種經營。要將資金投向有較高利潤的產業，在更廣的經營領域中參與競爭。

浙江印刷集團

一九九三年十月十八日，浙江印刷集團在西子湖畔宣告正式成立。該集團有成員單位十五家，實行董事會領導下的總經理負責制。據浙江省新聞出版局副局長劉同元表示，不久，還要成立發行集團。他也指出：成立集團的優勢包括：可以減少內耗，優化資產配置，形成規模力量，有利於宏觀調控，達到規模效益。

據統計，目前大陸的國家定點印刷企業有一千二百四十餘家，鄉鎮及個體印刷廠多達六萬多家，各省印刷行業傳統的、分散的、封閉的、各自爲政的生產經營方式，雖曾做出貢獻，卻也存在不少的問題如：㈠各廠家爲了競爭和生存，搞封閉型的自我發展，技術設備各買各的，互相重複引進，造成閒置。既沒有形成社會化、專業化的生產結構，也沒有形成羣體競爭優勢。㈡企業資金嚴重不足，技術設備更新全靠舉債經營，負擔沈重，無法集中資金重點投向購進高、精、尖技術設備。㈢營業狀況不穩定，許多中小型企業是「眼前無飯碗，長遠無方向」。印刷企業的設備技術發展相對緩慢，經濟效益得不到大的提高，而且影響了書刊的出版周期和質量。

組建印刷企業集團有哪些優勢呢？劉永昌在《組建印刷企業集團勢在必行》一文中提出下列四點：

(1)可以打破企業條塊分割的老格局，發展社會化、專業化生產協作，促進企業生產組織結構合理化，並集各成員企業優勢於一身，提高規模經濟效益。

(2)有利於進一步發揮中心城市的輻射作用和骨幹印刷企業的主導作用，促進技術進步和加强管理，提高新科技的開發和擴散能力，帶動中、小印刷企業共同發展、提高。

(3)有利於發揮「集團軍」的整體力量和羣體競爭優勢，開展一主多營，開拓多種市場，推動多種經營發展，提高企業在國內外市場中的競爭能力。

(4)有利於資金融通，解決重點項目資金短缺問題，可集中主要資金投向引進高、精、尖技術設備開發新產品。

一個成功的印刷企業集團，應具備四個基本條件：

(1)要有一個實力强大的集團核心，這個核心可以是一個大型企業，也可以是一個資金雄厚的控股公司。各省新華印刷廠可成爲龍頭企業。

(2)要有多層次結構，除核心企業外，要有一定數量的緊密型企業。各省可以發展市、地印刷廠參加。

(3)核心企業與成員企業之間，要有一定的經濟或資產作紐帶聯結爲一個有機整體，也可以生產經營作紐帶。這個條件在建成印刷企業集團後可以逐步實行。

(4)每個成員企業都是獨立的企業法人，企業集團則是這些法人的聯合體。

北京科技期刊出版集團

北京科技出版集團於一九九三年十二月九日成立。是一個自發、自願、互利、服務性的實體，由北京市新聞出版局主管，北京科學技術期刊編輯學會主辦，目前已有一百多家科技期刊加入這個集團。其主旨是：加强期刊橫向聯繫，發揮集團整體優勢，探索出版改革模式，促進期刊進入市場，提高科技期刊的社會效益和經濟效益。具體地在微機編排、徵訂發行、廣告代理、科技信息及出版經紀事務等方面爲科技期刊編輯部（雜誌社）提供服務，收取費用比市場價格低百分之十至二十。

集團辦公室地點設在北京市崇文區龍潭路十二號，電話：七〇一七七四四—四三四。該集團由朱新民擔任常務副董事長兼總經理，廖有謀擔任副董事兼總編輯。

中國對外出版集團

中國對外出版集團（中國外文出版發行事業局），是集出版、印刷和發行於一體的大陸最大的對外出版機構。該集團擁有四千名職工，其中包括近百名外國專家，和一批高級編輯、記者、翻譯及經濟師，並擁有現代化的編輯、排版、印刷、發行等設備。

集團屬下的十一家出版社每年以近二十種外文，多種形式，出版不同題材的圖書，還以三十六種文版出版七種雜誌。集團所屬機構包括：

- 外交出版社（副牌海豚出版社、華語教學出版社）
- 新世界出版社
- 中國文學出版社
- 北京周報雜誌社
- 今日中國雜誌社

今日中國出版社

《中國與非洲》

- 中國報導雜誌社

中國世界語出版社

- 人民畫報社

中國畫報出版公司

•人民中國雜誌

人民中國出版社

•中國國際圖書貿易總公司

中國圖書進口中心

中國縮微出版物進出口公司

朝華出版社

•北京外文印刷廠

•北京外文出版紙張公司

•外文局電子照排中心

「中國國際圖書貿易總公司」向一百八十二個國家和地區發行，是大陸最大的書刊進出口公司。北京外文印刷廠，擁有國際一流的製版印刷設備，能排印中外近五十種文字，是大陸唯一以外文書刊爲主的專業印刷廠。

中國對外出版集團在美國、英國、日本、德國、埃及、坦桑、香港等地設有公司或辦事處。每年，集團及其成員參加多起國際書展或去國外學辦「中國書展」。

【附錄】

香港聯合出版集團

香港聯合出版集團是在原三聯書店、中華書局、商務印書館香港總管理處的基礎上發展起來的，從一九八八年初創時的十五家，發展到今天的二十四家，分支及聯營機構遍布香港、澳門、中國大陸各大城市、新加坡、馬來西亞、美國、加拿大、英國等地。集團的業務以圖書、報刊的出版、發行、零售業和印刷業爲主；同時經營唱片、錄音帶、文物、書畫、文儀用品、郵票等等。

聯合出版集團董事長兼總裁李祖澤介紹說：集團所屬五家出版機構（即：三聯、中華、商務、萬里、新雅），每年出版的書籍占香港中文圖書出版量的三分之一。五年來累計出版新書二千五百種左右，獲印製及設計獎一百多個。聯合出版集團已經建立了一個覆蓋世界一百多個國家和地區的發行網絡，銷售店增至二十七家（一九九三年初已增至三十多家），其中十八家（一九九三年初增至二十餘家）設在香港。

集團的印刷公司，如中華商務聯合印刷公司，在設備、質量及生產管理各方面，均達到香港一流水平。集團開拓的報刊業務，也有令人驚喜的成績；集團新近成立的電子出版公司，率先出版香港第一代CD—I，並將不斷增設海內外營銷網點。

「中國版協」主席宋木文表示：聯合出版集團積極地將中文出版物推向世界，已成爲中文圖書走向世界的重要窗口之一。聯合出版大廈落成像一座里程碑，標誌著聯合出版集團的事業進入了一個新的發展時期。

集團成員機構包括：

三聯書店（香港）有限公司、中華書局（香港）有限公司、商務印書館（香港）有限公司、中華商務聯合印刷（香港）有限公司、香港商務有限公司、晶報有限公司、萬里機構出版有限公司、新雅文化事業有限公司、聯合電子出版有限公司、利源書報社有限公司、新民主出版社有限公司、百利唱片有限公司、集古齋有限公司、博雅藝術有限公司、僑商置業有限公司、澳門文化廣場有限公司、中華商務貿易公司、中華書局(新)有限公司、商務印書館(馬)有限公司、聯合出版(加拿大、美國、英國)有限公司、東方文化事業公司、東風書店。

參考書目

沈炳熙,《中國企業集團及其戰略》,北京:中國人民大學出版社,一九九一年九月

程玄楨,《談談出版實業集團》,《出版發行研究》一九九〇年第一期(總第二十七期)

本刊訊,《山東出版總社改革邁向新的目標》,《出版參考》一九九二年七月一日

延卿,《出版企業集團再探索》,《中國出版》一九九二年第八期,一九九二年八月五日

蜀聞,《四川組建出版集團》,《新聞出版報》一九九二年十月二十八日

樓山,《應組建以資產爲紐帶的出版企業集團》,《中國出版》一九九三年第一期,一九九三年一月五日

《四川出版集團公司簡介》,《出版參考》一九九三年三月十六日

劉永昌,《組建印刷企業集團勢在必行》,《中國出版》一九九三年第六期,一九九三年六月五日

肖武,《出版局長談出版集團》,《新聞出版報》一九九三年十二月十三日

周立偉,《省級新華書店改革的方向——組建現代企業集團》,《出版發行研究》一九九四年第三期,一九九四年五月一日

熊向東，《江西省出版集團的崛起》，《中國出版》一九九四年第五期

周立偉，《組建圖書發行集團的思考》，《中國出版》一九九四年第八期，一九九四年八月五日

劉進社，《出版體制改革與現代企業制度淺議——兼談股份制出版集團》，《編輯之友》（太原），一九九四年第五期

伍、香港、澳門的出版事業

上篇：香港的出版事業

一、出版事業發展及現況

香港位於中國東南海岸、珠江出海口之東，北連中國大陸，南鄰東南亞，東瀕太平洋，西通印度洋，爲東西半球及南北往來的交匯點。一八四〇年，英國政府以清政府查禁鴉片事件爲藉口，發動第一次鴉片戰爭，並於翌年一月二十六日，派軍隊强行佔領香港島。一八四二年八月二十九日，英國强迫清政府簽訂《南京條約》，正式割佔香港島。一八五六年，英國聯合法國，發動第二次鴉片戰爭。一八六〇年十月二十四日，英國强迫清政府簽訂《北京條約》，割佔九龍。中日甲午戰爭之後，英國政府又趁機逼迫清政府於一八九八年六月九日簽訂了《展拓香港界址專條》，强行租借「新界」，爲期九十九年。這三塊爲英軍所强行割佔和租借的中國領土，形成了今日所稱的香港地區的地理範圍。

自一八四一年香港開埠至一九五九年，有長達一百多年的轉口港時期。六十年代開始，香港已從傳統的轉口貿易港轉變爲工業城市。隨後，香港的製造業和對外貿易等，得到長足的發展，並由此帶動金融業、房地產建築業、交通運輸業等行業。至八十年代初期，香港已逐漸發展爲亞太地區的一個重要的金融中心、貿易中心、輕工業製造中心、航運中心、旅遊中心、信息中心、印刷中心。

以和出版業相關的項目來看，香港是僅次於紐約、倫敦的國際金融中心之一，名列世界前一百名的銀行中有八十一家在香港營業。臺灣的彰化銀行、華南銀行、第一銀行等在此設有分行。香港與全世界近二百個國家和地區有貿易關係，近年來，香港的外貿總額居世界第十位，亞洲第二位（僅次於日本）；人均貿易值居世界第二位（僅次於新加坡）。香港的維多利亞港是全球最繁忙的港口之一，與世界一百多個國家和地區的四六〇多個港口有運輸和貿易往來。香港啓德機場也是世界上最繁忙、效率最高的國際機場之一，擁有全世界理貨量最大、最先進的空運貨站。香港的信息事業機構、信息傳播系統及信息技術水準均處於世界的領先地位。一九九三年全港共發行七十七種報紙、六一九種定期刊物。香港是世界的印刷和出版中心，擁有二百多家出版社。全世界有九十多家國際新聞出版機構在香港設立亞太地區總部、分社或辦事處。

從三十年代以來，香港的中文圖書業務（尤其是教科書），基本上仰賴上海、廣州供應。一九四九年以後，兩岸分裂分治，雙方長期處於嚴重的軍事對抗局面，出版交流完全中止；當時的香港，無論在經濟或文化層面都處於低落的階段，出版事業有待起步。香港與大陸、臺灣間的圖書產銷關係大致形成下列三個階段：

㈠第一個階段（一九四九—一九六六）

五十年代初，大陸的教科書採用新編，以前出版的課本停止再印供應。當年香港以及海外，則還採用中華、商務、開明、世界等出版的教科書。在沒有貨源的情況下，有些業者乾脆自行翻印，一種書可以幾家合印或單獨印，甚至有所謂的「九聯」，即由九家書店聯合組成，營銷翻版業務。翻版風氣如此盛行，根據業者分析，原因有三：一是沒有知識產權意識；第二是生活水平低，正版書買不起；三是供應困難，特別是英文書要由英國訂貨，來往要幾個月才有貨供應，所以翻版便有生存的空間。翻版教科書的書商大多集中在荷李活道附近。

後來香港開始有教科書出版，最早出版的是上海書局的《現代小學課本》，由宋雲彬主編，葉聖陶、吳研因、孫起孟、陳君葆組成編委，出版後在海外取代了中華、商務已沿用了幾十年的小學課本。一九五五年，羅宗淦主持的香港文化服務社成立，短短幾年間就佔有中文小學市場的百分之七十以上；接著又有現代教育研究社編印《現代教育課本》、齡記書店出版英文課本，並編印中學課本，宏豐圖書公司出版中學物理、化學、生物課本，友聯出版社出版中國歷史和地理……。代理臺灣正中版教科書多年的集成圖書公司，也為香港中小學編印各科的教科書。

五十年代創立於香港的出版社中，有不少屬於自由文化出版界。一九五〇年成立的人生出版雜誌社，出版錢穆、唐君毅、程兆熊等人的著作，並於一九五一年初創刊《人生雜誌》半月刊。同年六月正式宣告成立的自由出版社，前身是自由陣線周刊社，出版重點為：中共問題報導叢書、學術專著、文學創作等。一九四五年就在上海成立的環球出版社，自一九五〇年南遷香港後，先後復刊或創刊了多種通俗性雜誌，如《藍皮書》、《西點》、《黑白》、《環球電影》、《武俠世界》等，並出版流行小說系統，其中數十種被改編拍成電影。可惜，在一九五九年底逐漸結束營業。

一九五一年成立的人人出版社，以翻譯世界名著及出版現代作家的文藝創作爲主。同年創辦的友聯出版社，是一個綜合性的文化機構，集研究、出版、印刷、發行於一身。在研究方面，創辦了友聯研究所，從事中共問題研究和資料蒐集；在刊物出版方面，先後創辦《中國學生周報》、《祖國周刊》、《兒童樂園》半月刊、《學生周報》、《蕉風月刊》、《大學生活》半月刊、《銀河畫報》等；在圖書出版方面，先後推出各種文藝創作、世界名著譯述、青少年讀物、電影文藝、中共問題研究等數百種；在發行與印刷方面，創辦了發行機構、印刷廠及遍及各地的廣大發行網。這一年成立的高原出版社，首任總編輯爲余英時先生，以出版學術論著、文學創作和青少年課外讀物爲主，並先後創辦《海瀾》文學月刊、《少年旬刊》、《學友雜誌》等。該社於一九五三年出版徐速的《星星月亮太陽》，暢銷海內外，奠定「高原」在出版界之聲譽。

創立於一九五二年九月的亞洲出版社，對促進香港與臺灣、東南亞各地的文化交流，貢獻至大。該社出版的書籍種類，包括：報告文學、翻譯名著、學術著作、人物評傳、專題研究、文藝創作、童話故事、連環圖畫、兒童讀物、青少年讀物。另曾創辦《亞洲畫報》，舉辦了多次的亞洲短篇小說徵文比賽。

五十年代初期，大陸對外國文學的翻譯出版工作，迅速開展，許多俄國古典文學名著相繼翻譯出版。當時負責進口大陸圖書的三聯書店香港分店及新民主出版社，除了上述圖書外，也引進大量政治、經濟、哲學、思想修養、近現代文學、普及知識讀物等。在發行大陸圖書的業務上，新民主出版社專門發行廣東省的出版物，其他各地的出版物統由三聯書店發行。後來兩家出版社再行分工，分別代理各地出版的圖書，直到六十年代中期，新民主出版社改變經營性質，三聯書店遂成爲唯一的大陸版圖書的發行機構。這一時期臺版圖書質量不高，香港進口也不多，港版也僅有些翻版書、武俠通俗小說等。大陸從五十年代中期起便連續不斷搞運動，直到六十年代中期又發動「文化大革命」，香港門市書店的貨源中斷，造成港、臺出版業的發展。

(二)第二個階段（一九六六—一九七六）

十年「文革」動亂期間，大陸出版業陷入空前低潮，亦給香港書刊業帶來無可估量的衝擊。由於兩地的社會制度不同，大陸的出版物已逐漸不能適應香港社會的需要。文化大革命帶給香港的，是爲時超過十年的書荒，也促成文史書籍翻版、盜印之風盛行。部分書店設法從臺灣進貨，書種包括：文學作品（如瓊瑤小說、皇冠版小說、武俠小說、古典文學讀物）、藝術畫冊、學生參考用書、字典辭書等。

六十年代中期，臺灣經濟剛起步，工資很便宜，出版社及印刷廠管銷成本低，香港出版商挑選一些港臺都適合的題材，由臺灣出版社編輯、校對、印刷，分別印成香港版和臺灣版，以港幣和臺幣定價。兩地合作印行一本書，可以降低成本，調降售價，加强競爭能力，銷售和獲益情況都令雙方滿意。這種合作出版關係維持至七十年代中期。

一九六六年一月，專營代理發行香港書籍的利通圖書公司成立，當時有二十多家大小出版社交給該公司發行。起初只在九龍、新界一帶發行，一九七六年一月進軍港島。至今，該公司經銷的大小出版社超過一百餘家，發行對象除香港所有售書點（包括書店、文具店、百貨公司、超級市場、便利店、地鐵站等），海外地區已遍佈歐洲、北美、澳洲及東南亞各地。

(三)第三個階段（一九七六至今）

「文革」結束後，大陸出版業恢復正常，新書出版量大幅增加，臺、港出版業隨著經濟起飛、教育普及而走向興盛。三地出版物各具優勢，在香港圖書市場上，三方的相互競爭十分激烈。七十年代中，香港的世界出版社開始向臺灣進口圖書，在香港批銷，成為香港發行臺灣書最多的一家出版發行機構。一九七九年九月，原世界出版社負責臺灣書進銷業務的黃鏡標先生與負責期刊的郭顯明先生自立門戶，合作創辦藝文圖書公司，專營臺灣書在香港發行的業務，為臺灣出版圖書在香港打下市場，並成為大陸選購臺版書的通路之一。一九八二年三月，原世界出版社接任負責臺灣書進銷任務的施榮煥先生亦創設有成書業公司，也經營臺灣書在香港的發行。但由於臺灣書價偏高，銷路日受限制，「藝文」積極取得博益和明窗出版社的代理發行，轉以港版書為主。

一九八二年以來，由於出現香港前途問題，港幣貶值，臺灣圖書售價因而提高一倍，再加上臺灣的工資和成本不斷調升，一般圖書定價比香港高二至三成，在香港的銷路也受到一定的影響。八十年代中期以來，兩岸圖書貿易取得長足的發展，但因兩岸尚未直通，大陸圖書進出口公司在香港都有各自的代理商，負責辦理臺灣書刊的轉口貿易，如廣彙貿易公司、太平洋圖書貿易公司、啓文書局、西索公司等，對臺灣圖書轉往大陸貢獻不小。臺灣的學校、圖書館、單位、讀者也透過香港書店購買大陸出版品。

近幾年，臺灣版圖書在香港圖書市場的平均占有率在百分之十三左右，位居香港進口書的第三名，僅次於美國、英國。一九九三年進口到香港的臺灣圖書有八千種，在香港各門市可以買到的約五千種，另外三千種直接送到圖書館或進入大陸。一九九四年，臺灣進口到香港的圖書大約在港幣一億三千萬元以上（包括轉口到大陸的圖書金額）。

香港的出版業是從六十年代後期開始發展，新的出版機構陸續出現，至八十年代中已形成一個蓬勃的書刊市場。自一九八四年以來，註册登記的出版社每年均爲二百多家，註册書籍每年增長一百種左右。自一九八九至一九九二年，因「六四」學運、「九七」壓力籠罩，香港的政治、經濟、社會環境，經歷了不小的變遷，圖書出版界的經營陷入低潮，不論是出書量或書店門市的生意，都呈明顯的下降趨勢。經過業者不斷努力的調整，已逐漸扭轉原先大衆通俗、消費休閒的出版形態，而轉型向資訊性、實用性、專業性書籍以及漫畫、翻譯書的出版新方向。在圖書行銷通路上，頗有進展，「聯合出版集團」的大型門市在香港目前已達二十餘家，並繼續朝圖書百貨公司的經營理念發展，提高了香港讀者逛書店的樂趣。此外，遍佈港九的超商、便利商店、百貨公司圖書專櫃、地鐵售書點、書報攤，都加速了圖書的流通。最近數年間，香港出現另一銷售通路，即「圖書展銷」，在香港的屋邨、商場、社團、學校，經常都有圖書展銷，僅一九九四年，展銷場次共有一千次。

據利通圖書公司沈本瑛先生粗略統計，一九九四年香港的中文圖書銷售額爲港幣四億五千萬元（不含漫畫，漫畫銷售約四億元），出版新書二千二百種，大陸版進口書一萬五千種，臺灣版進口書約八千種。在二千二百種新書中，小說佔二百三十種，出版量較大的出版社包括：明報、黃易、皇冠、博益、天地、聚緊館、勤十緣等。小說類中純文學作品非常少，除了素葉、三聯、天地偶爾有些出版外，其他大部分是流行通俗類。香港市場比較流行的實用書，有五個種類，一是工具書類，如牛津、商務、朗文、中華的工具書，還有實用的地圖冊。二是實用社科類，主要是財經企管類圖書，如商務推出的三本有關趨勢的書籍，金融和稅務的參考書，有關大陸的法律、稅務書籍等。三是語言學習類，主要是學普通話和英語的教材。四是科技資訊類，主要是電腦應用類圖書、科普類叢書。五是生活資訊類，包括保健養生、食譜、收藏鑑賞、花鳥蟲魚、名相風水等。

二、出版事業管理體制

香港成爲英國統治下的一個殖民地區後，只能依賴宗主國的法律制度。一八四三年四月五日，香港成立立法機關，以當日爲分界線，凡在該日之前在英國實施的法律，除部分不適用者外，全部適用香港（包括成文法和不成文法）；該日之後在英國制訂的新成文法，如有適用香港者，則透過必要的程序適用於香港，包括：㈠樞密院命令；㈡英國成文法中的明文規定或含有適用於香港的意思；㈢香港的法例作出規定。與此同時，英國的判例原則而形成的普通法和衡平法也繼續輸入香港。但由香港立法局於一八八六年七月十二日所通過的《承印人與出版人條例》，及一八八八年四月二日所通過的《殖民地書籍註册條例》，奠定了香港對出版業的法律管制的基本規模，並成爲日後法例修訂的依據。（參見《傳播法新論》，頁三四六）

英國一九五六年版權法於一九七二年十二月十二日開始適用於香港，成爲香港現行版權制度的基礎。另依據一九七九年版權（國際公約）令，《伯恩公約》和《世界版權公約》在香港付諸實施。從此，公約成員國的作品在香港受到版權保護。此外，由英國的成員國資格的衍生，香港參加了世界知識產權組織（WIPO）。一九九〇年七月二日，香港政府設立知識產權署，負責對商標、專利權、版權及設計等形式的知識產權提供保障。

在香港本地的立法方面，都是一些輔助性或附屬性的條例或規則，如一九七五年通過的香港法例第三十九章《版權條例》，是專門規定對侵犯版權行爲的刑事制裁制度的法規，也是依據一九五六年版權法制定的。香港海關是執行《版權條例》的機構。另外還有《版權（出版通知）規則》、《版稅制度（錄音版本）規則》、《版權（圖書館）規則》等，基本上都是爲了配合英國一九五六年版權法的實施而制定的。

從版權保護制度來看，香港與英國是連爲一體的。凡在英國獲得版權的作品，在香港自然受到保護，反之亦然。根據英國一九五六年《版權法》的規定，受版權保護的作品分爲兩類：第一類作品涉及有「作者」的原著，包括文學、戲劇、音樂和藝術作品等；第二類作品是不易確定作者、類似鄰居權的作品，如錄音、電影、廣播、電視及印刷品版本的版式等。前一類是作者創作勞動的直接成果，後一項是在前者基礎上的製成品，其產品依賴於對前者版權的利用，也包含著創造性的勞動。兩類作品的版權保護期不一樣：前一類作品以作者在世和去世後五十年爲限；後一類作品以作品製成或發行後的五十年爲限。

版權所有人可分爲：㈠原始版權所有人，即在作品出版時即取得權利的人；㈡後繼版權所有人，即通過轉讓或繼承等方式從原始版權所有人那裡獲得版權的人；㈢版權的共同所有，無論是版權的原始歸屬，還有版權的後繼歸屬，都存在版權由兩個以上的人共同所有的可能。版權按不同作品分別包括以下的權利：複製權、發行權、作品的公演權、廣播權、傳播權、改編權（演繹權）、公開展出權等。

版權的侵權行爲主要表現爲：未經版權所有人許可而複製版權作品或出版、改編、廣播、公演版權作品。一旦發現侵權行爲發生，版權所有人及獨占許可證的持有人，都有權以自己的名義提起訴訟，要求法院給予救濟。在版權訴訟中，原告有權要求法庭下達臨時禁令，禁止侵權活動繼續進行，或附加扣押侵權物品，並要求法庭判決被告賠償損失，或要求取得被告因侵權行爲所獲利潤，並要求對侵權行爲下達永久禁令。對於嚴重的侵權行爲，除了給予財產方面的制裁外，因其同時構成了刑事犯罪，還要依法判處刑罰。

版權法一方面保護作者和版權所有人，同時也對其版權專有權採取必要的限制，劃定合理的權利範圍，以促進人類文學、科學和藝術的發展，暢通文化傳播交流。對版權的限制包括：㈠合理使用：指在利用版權作品時，毋需經版權所有人許可，也不需要支付版稅，而且不構成侵權的特定行爲。合理使用包括下列幾種情形：爲私人學習或爲研究而利用作品；在批評或評論文章中引用版權作品；在新聞時事報導中利用作品。㈡教育用途：一般指爲編寫教材或擬定考試題目等用途而複製或改編作品，但有嚴格的範圍限制。㈢圖書館或檔案館的利用。㈣司法程序中的使用。㈤對已出版的文學、戲劇作品的特定使用，如在說明出處的情況下公開朗誦或背誦（不包括爲廣播節目而作的朗誦或背誦）。㈥法定許可。

《版權條例》是由香港立法局制定，一九七三年三月二日經港督批准頒布施行。根據一九八八年以前的修訂，共十一條及一個附表。主要內容包括：

㈠版權的取得。在香港取得版權的作品，必須是由「具資格的」人創作的，屬於《版權條例》所保護的作品；屬於「國際版權」的作品，也可取得香港版權。自香港播送的一切電視或有聲廣播，須由指定的機構播送並獲授權而爲之。

㈡與侵犯版權有關的罪項及處罰。任何人侵犯作品或其製作的版本版權作貿易或商業用途均屬違法，一經定罪，可按侵犯版權之版本件數，每件罰款一千元以監禁十二個月。任何人侵犯印刷版本版權作貿易或商業用途，一經定罪，可判罰五萬元及監禁二年。

㈢獲授權官員調查侵權行爲的權力以及妨礙其行使權力或履行職責應負的責任。蓄意妨礙調查人員執行職務，不按其要求行事者屬違法，可被定罪判罰五千元及監禁三個月。不按調查人員要求故意提供虛假或有誤導成份的資料者屬違法，可被定罪判罰五千元及監禁三個月。

㈣對侵犯版權的罪項，在違犯後滿三年，或在發現該罪項一年之後，即不予起訴，兩日期以較後者爲準。

香港政府於一九九〇年六月二十九日公布 Copyright Taiwan Order 一九九〇法令，自該年八月一日起保護臺灣地區人民著作權。我內政部旋即於一九九一年二月十二日開始，依著作權法第十七條第一項第二款互惠規定，受理香港法人著作權註冊。互惠保護範圍爲：

㈠一九九〇年八月一日以後於香港地區首次發行之著作；此處所稱「首次發行」包括於香港以外國家或地區首次發行三十日內於香港地區發行之情形。

㈡未發行之香港法人著作：一九九〇年八月一日前未發行之香港法人著作亦得依著作權法取得保護。

另外，在香港與臺灣具有著作權互惠關係後，如香港法人受讓本國人或與我國著作權互惠關係之外國人之著作，或出資聘請他人（不論其國籍）完成之著作，其著作權依著作權法第十條本文之規定，歸香港法人專有者，自得於互惠關係締結後，受著作權法有關規定之保護。

香港政府在文化管理方面，先後頒布了一些法規。例如：一九七二年的《版權（圖書館）規則》，主要內容是在圖書館複製、複印或編輯享有版權的文化成果，那些活動屬於「合理使用」，不必徵得版權人的同意，也不必付酬。

一九七五年八月十五日，由立法局制訂，經港督批准頒布實施的《不良刊物條例》，在一九八〇年修訂，共十條。主要內容在定義不良刊物的範圍，凡違反禁止性規定者，一經定罪，可判罰金十萬元和監禁三年。一九八七年又公布施行《管制色情及不雅物品條例》，根據一九八九年八月一日前所作之修訂，共四十八條。

一九七六年九月二十六日，頒布施行《書刊註册條例》，根據一九八七年四月一日以前所作的修訂，共六條。主要內容有：新書刊的出版人應在出版、印刷書刊後一個月內將一定數量書刊及相關資料送交文康市政司，違反者一經定罪，可處罰款二千元。

在香港開設出版社，只須像開設其他商業機構一樣，辦理商業登記手續，填寫一份表格，領取一張商業登記證便可以營業，無需任何「調查」或審定。出版物無須呈交任何官方機關檢查。但每出版一本新書，在一個月內要將五册新書送交文康廣播司註册（或稱登記）。《書刊註册條例》的目的，就是在「登記及保存在香港首次印刷、製造或出版之書籍之樣本」。條例規定文康廣播司收到書籍後，一册送交倫敦英國圖書館，在宗主國留下記錄；一册交香港大會堂圖書館或文康廣播司認可之其他圖書館；其餘三册由文康廣播司全權處理，可送贈其他公共文化機構。另外，《書刊註册條例》與版權登記無關，把書送交文康廣播司登記並無法獲得版權保障。

香港並未制定專門的新聞出版法，但在歷年香港立法局（一八四三年成立）制定的法例中，有些條例、條文涉及到新聞出版。如被列爲香港法例第二十一章的《誹謗條例》，一九六四年修訂的條例共二十九條，其中第五、第六條規定，任何人明知虛假而惡意，或惡意刊布任何損害名譽的文字毀謗應判監禁一至二年及另判罰款。

被列爲香港法例第二六八章的《刊物管制綜合條例》，自一九五一年七月一日正式通過生效。目的在於綜合管制一切關於報紙和其他印刷品的印刷、出版、銷售、發行、進口、管理、註册和批准等事宜。根據一九七九年修訂的法律條例公布，共有二十條。其中第三條規定：印刷或出版任何會導致他人犯罪、或支持任何非法的政治團體，皆屬刑事罪行。第六條規定：任何人若在本港報刊內惡意發布虛假新聞，而此虛假新聞又可能導致輿論恐慌或導致公共秩序的破壞即屬違法。另外，第四條規定：倘若報刊違反本條例第三及第六條的規定，或導致罪案發生，影響公共秩序、健康或道德者，法律可根據律政司的申請而查禁或暫停違例報刊出版六個月。

根據該條例的其他規定，報刊註册時必須同時向政府遞交一萬元押金，預作罰款或賠償；授權警方可進入任何建築物內移走或充公違例報刊的印刷機組；報刊負責人（包括老板督印人和編輯）

要對該報刊內任何非法事務負起責任。一九六七年，有三家左派報紙的出版人、承印人及編輯，因煽動罪名受控，有關報章被判停刊半年，有關人士則被拘捕和入獄，顯見該條例決非備而不用。

一九八六年十二月十九日，香港政府憲報公布了《刊物管制綜合（修訂）條例草案》及《公安（修訂）條例草案》。新的《刊物管制綜合（修訂）草案》從法律上修訂或取銷多項過時的或較苛刻的管制條文，其撤銷的條款包括：第三條：出版有顛覆性文章可構成罪行；第四條：可查禁或暫停報刊出版；第五條：禁止刊物進口；第七條：本地報刊註冊時須繳付押金一萬元作罰款之用；第八、九條；授權註冊主任拒絕或暫停報刊的註冊申請；第十、十四條；警方及海關人員有權搜查、扣留及充公有關物品及印刷機組。

新的《公安（修訂）條例》第二十七條規定：「任何人發表虛假消息，可能引致公衆恐慌或擾亂治安，均屬違法，經簡易治罪程序條例，可被罰款三萬元及入獄六個月，如果經刑事起訴程序定罪，則可被罰款十萬元及入獄兩年。」這條款遭到社會各界强烈的抗議，終於在一九八八年底撤銷。

三、重要出版事業

1.重要出版團體

香港出版總會

該會成立於一九九四年四月十五日，第一屆理事會會長由聯合出版集團董事長・總裁李祖澤先生擔任。第一屆理事十六人，代表的社團和企業包括：香港圖書文具業商會、香港發行人協會、教育圖書零售業商會、中英文教出版事業協會、香港書刊業商會、香港出版學會、香港教育出版商會、聯合出版（集團）有限公司、朗文出版（亞洲）有限公司、中文大學出版社、現代教育研究社有限公司、聯邦出版社有限公司、商務印書館、宣道出版社、博益出版集團有限公司和養德堂等。創會的七個出版社團分別代表六百多個企業或個人，使該會具有廣泛的代表性。

一九九五年五月十五日至十六日，香港出版總會與「中國出版工作者協會」、中華民國圖書出版事業協會在香港召開「第一屆華文出版聯誼會議」。會議由香港出版總會副會長沈本瑛先生主持，兩岸三地出版同業五十餘人參加。會上，兩岸三地代表王化鵬、陳信元、蕭雄淋、陳萬雄等人分別介紹當地出版和版權概況，圍繞版權洽談與合作、著作權保護、行業守則、統一翻譯用詞、版權貿易、圖書貿易、圖書展覽、資訊交流等問題，展開深入的研討。

香港出版人發行人協會

該會於一九五六年六月呈准香港政府登記註册，同年七月十四日舉行成立大會，由新聞天地社代表卜少夫擔任大會主席，中華民國政府亦派員蒞臨指導。第一屆理事長由大公書局代表徐少眉先生擔任。一九五七年四月，正式加入一八九六年成立的「國際出版人協會」。同年六月，向我政府僑務委員會以海外僑民團體申請備案，獲得批准。

自成立後，該會對推動會務頗爲積極，一九五六年底即籌備大規模圖書雜誌展覽，並於次年元月假香港華資工業品展覽會舊址作爲期十天的圖書雜誌展覽，展出該會會員所出版及發行的圖書三萬餘種，並銷售數十萬册。一九五八年春，編印會員「聯合圖書目錄」，以服務讀者及海外出版發行界。同年五月，又創刊《出版月刊》，提供海外各地出版界與發行界了解有關香港的出版發行概況，並報導會員單位近況、出版及發行事業之硏究、書刊評論、文化動態等。

香港圖書文具業商會

該會成立於一九二〇年三月二日，第一任理事長爲荷李活道寶雲樓楊若雲先生。一九四一年十二月八日，太平洋戰事爆發，半個多月後日軍進佔香港，會務停頓，直到一九四五年十月十日復會成立。一九五七年改名爲「香港書籍文具業公會」，至一九七〇年一月註册爲有限公司。一九九三年三月，有鑒於書籍文具業在近三十年來發展迅速，會員早已超越零售範圍，性質與內容亦均有極大變化，向香港政府註册改名爲「香港圖書文具業商會」。截至一九九五年一月底止，會員總數有四百九十七，其中商號會員二百七十六，個人會員二百二十一。現任理事長（一九九四—一九九六）爲利通圖書有限公司董事長兼總經理沈本瑛先生。

自一九六三年起，該會爲協助會員及同業促進業務，每年舉辦一次「圖書文具展覽會」，開創香港大型文教展覽之先聲。一九九〇年起，又與其他六個出版商會共同協助「香港貿易發展局」舉辦「香港書展」，至一九九五年已成功地舉辦了六屆，深受兩岸三地及外國出版同業的重視。該會在近五年來與其他社團合作，舉辦「版權（臺灣）法」座談會、「書籍、刊物編碼」硏討會、「書刊業零售電腦化」講座、「版權法之集體行使權利」硏討會等。

香港書刊業商會

該會成立於一九八八年，是一個從事圖書、刊物的出版、發行、零售等業務經營的同業組織。首任會長爲廣角鏡出版社翟暖暉先生，創立的宗旨包括：一、維護及爭取本行業之合法、合理權益。二、增進同業及友會之間的聯繫及友好關係，共同發展香港的出版事業。三、開展香港與外地之間的業務往來關係，以冀達到開拓市場及相互交流的目的。四、舉辦各類有助於提高本行業務水平的活動。五、舉辦有助於推廣出版業務和推動閱讀風氣的活動。現任會長爲天地圖書有限公司董事長陳松齡先生。

據該會一九九〇年會員大會通過的修訂本「組織章程」規定，理事會成員只能由商號會員擔任，其成員包括：牛津、香港中華、香港商務、萬里、利通、突破、香港三聯、博益、聯合出版集團、明報等出版機構。其工作範圍包括出版香港書刊業商號名錄；搜集、整理並出版有關香港書刊業史料；研究和探討香港書刊市場，考察外地書刊狀況並促進交流等。

香港出版學會

該會成立於一九八八年三月十八日，首任會長爲香港商務印書館總經理陳萬雄先生。在一九九五年六月才推出的會訊創刊號上，陳萬雄會長追憶學會成立經過，以及創會的旨趣。一九八七年間，中共「國家出版局」邀請香港出版界赴大陸訪問和遊覽，一羣年輕人常在一起，相互交流出版圖書知識和管理經驗。回香港後相約定期聚會，他們感到香港圖書出版雖已有若干個社團組織，卻都屬行業商會性質，而無專業團體。大家遂萌生組織「以個人爲主體，以專業組織爲精神，以推動香港整體出版專業和出版文化爲職志的團體」。目前擁有會員近百位。

自成立以來，該會做了不少推動香港出版專業的活動，持續不斷每年舉辦編輯出版課程，並主辦深受香港出版印刷界重視的「印藝大獎」。該會歷年獨立主辦或合辦的研討會有：「第一屆國際出版研討會」（一九八八年六月二十四—二十五日）、「現代印刷及出版技術國際研討會」（一九八九年十二月十三—十四日）、「中文桌面排版研討會」（一九九一年五月二日）、「知識產權法研討會」（一九九二年五月二十八日）、「港臺中三地出版之合作現況及前景」座談會（一九九二年七月二十七日）、「香港電子及多媒體出版的現況與前瞻研討會」（一九九四年七月二十三日）、「香港書籍市場：九四回顧，九五前瞻研討會」（一九九五年一月十二日）、「進入多媒體的世界研討會」（一九九五年三月十六日）等。

聯合出版（集團）有限公司

聯合出版（集團）有限公司（簡稱聯合出版集團）於一九八八年九月在香港註册成立，其前身是三聯書店・中華書局・商務印書館香港總管理處。這三家出版機構於一九八八年初相繼改組，分別在香港註册成立有限公司，並由聯合出版（集團）有限公司控股，成爲集團全資附屬機構。

集團成立之初，有成品機構十五家，目前已發展爲二十多家，除上述三家外，還包括：中華商務聯合印刷（香港）有限公司、香港商報有限公司、晶報有限公司、萬里機構出版有限公司、新雅文化事業有限公司、聯合電子出版有限公司、利源書報社有限公司、新民主出版社有限公司、百利唱片有限公司、集古齋有限公司、博雅藝術有限公司、僑商置業有限公司、澳門文化廣場有限公司、中華商務貿易公司（廣州）、中華書局（新）有限公司、商務印書館新加坡分館、商務印書館（馬）有限公司、聯合出版（加拿大）有限公司、聯合出版（美國）有限公司、東方文化事業公司（紐約）、聯合出版（英國）有限公司。現任集團董事長・總裁爲李祖澤先生。

聯合出版集團以出版爲首要業務，並在圖書雜誌發行、零售、印刷、報業、地產方面多元化發展。出版方面，三聯、中華、商務、萬里、新雅五大出版社，每年的出書量約達香港中文圖書出版量的三分之一。一九九三年一月，成立電子出版公司，出版多媒體產品，包括CD-ROM和CD-I。該集團除主力經營圖書雜誌外，還有音像產品的出版及發行業務，品種涵蓋錄音帶、錄影帶、鐳射唱片、鐳射影碟及有聲讀物等。

聯合出版集團屬下公司的發行機構共有十餘家，業務範圍除了發行集團各出版社的出版物之外，還包括總代理大陸中文圖書期刊，代理和經銷香港、臺灣、英國、美國和法國等地部分出版社的圖書，批發中外郵票和集郵用品，以及參加和舉辦各類型書展。

2.重要出版社

商務印書館（香港）有限公司

商務印書館創立於一八九七年，是我國現存歷史最悠久的出版社，在海內外一直享有盛譽。創設之初，該館總機構設在上海，國內各省會和直轄市都設有分館。一九一四年和一九一六年，先後在香港和新加坡設立分館；一九四八年在臺灣設立分館；一九五六年成立吉隆坡分館。香港分館則於一九八八年註册爲商務印書館（香港）有限公司（簡稱香港商務）。目前，新加坡分館和馬來西亞商務均屬香港商務管轄。

香港商務印書館是一家綜合性出版企業，業務包括有編輯出版、書籍發行和門市零售等方面，而以出版業務爲主。現任總經理兼總編輯爲陳萬雄先生。香港商務除了秉承過去「立足香港，服務香港」的宗旨外，近年來又加上「面向大中國，走向國際」這個目標。該館採行綜合性多層次的出版方向。出版知識性、學術性、實用性圖書，類別分語言工具書、社會科學、人文科學、畫册圖錄和參考書，並因應時勢加强資訊出版和電子出版，每年出版新書約有一百三十種。自八十年代開始出版的大型藝術畫册，印製精美，屢獲香港市政局和外國獎項，如《紫禁城宮殿》、《國寶》、《中國服飾五千年》、《清代宮廷生活》、《千年古都西安》、《明代吳門繪畫》、《國寶薈萃》等。

當前世界已進入資訊時代，香港商務自一九九二年已加强資訊出版，陸續推出年度的《圖錄香港大趨勢》，請專家分別就政治、經濟、金融、教育、社會政策、文化藝術等方面作出鳥瞰式的總結與探討；《中國經濟大趨勢》就中國大陸各項經濟領域作出總結及分析未來發展趨勢；《世界大趨勢》選擇數十個主要國家與地區，總結其現況，並從中探測未來的發展趨勢。

多媒體出版是出版界的革命性改變，香港商務爲迎合世界潮流，與電子出版公司合作出版《香港日用法律大全》CD-ROM版和《紫禁城》CD-I版，率先邁進中文電子出版領域。《香港日用法律大全》電腦光碟採用先進的TRS（Text Retrieval System）全文檢索系統，不但可以中文或英文進行檢索，更能在最短的時間，在最大的範圍內檢索所需的資料。《紫禁城》互動光碟收錄千餘幅圖片，分皇帝的宮廷生活類、中國建築藝術類、故宮文物欣賞類，讀者可以完全按個人喜好選擇觀賞項目。

以教科書起家的商務印書館，爲使教科書出版更加專業化，於一九七九年特別成立了全資附屬機構——香港教育圖書公司，負責出版各類教科書及參考書。現任總經理鄺志雄先生曾任香港教育署圖書館館長。

香港商務共有十家門市，一九八四年在銅鑼灣開設的圖書中心，每年流通的中外文書刊達七萬多種，成爲香港最具規模的綜合性書店，其餘的北角、康怡、香港仔、旺角、佐敦、沙田、大埔、屯門、上水等分館，分布於港九和新界，服務不同階層的讀者。

香港商務還擁有另二家附屬機構，一是成立於一九六一年的香港太平書局，專門出版中國傳統文化圖書，以及中醫、中藥典籍、氣功、武術運動參考書。一是金陵出版社，爲中學生提供各種課外讀物。新加坡分館一向以經營華文圖書、課本爲主，並代理中國大陸、香港三聯、中華、商務及其他出版物在星馬地區的發行。馬來西亞商務主要經營零售業務，亦積極參與當地社團、學校學辦的書展。

一九九三年五月底，經中共「新聞出版署」、「對外貿易經濟合作部」審核批准，由大陸、香港、臺灣、新加坡、馬來西亞等五家商務印書館共同投資，在北京建立第一家中外合資的出版機構「商務印書館國際有限公司」（簡稱商務國際）。一九九五年四月，商務國際與北京三聯書店在南京開設了「三聯商務文化中心」，採開放式的陳列，電腦化的銷售，對當地傳統圖書市場帶來很大衝擊。

中華書局（香港）有限公司

中華書局於一九一二年一月一日在上海正式成立，由陸費逵先生擔任局長。成立之初，資金並不充裕，員工也少，只經營出版業務，但因祕密編輯的中小學教科書體例新穎，內容得宜，奪得了當時大部分教科書市場。創立第二年起，在國內各大城市設立分局，並增辦印刷業務。一九二三年在新加坡設立分局。一九二七年五月，在香港設立分局；一九三四年在九龍設置印刷廠，設備先進，堪稱遠東第一，主要業務以承印政府的鈔票和有價證券爲主。抗戰爆發後，在香港設立辦事處，由陸費逵先生主持港方事務。一九四七年五月，在臺灣設立分局。

香港分局於一九五九年在旺角開設第一家門市，一九七九年又在油蔴地設立占地七千多平方呎的中心門市，後來又在觀塘、荃灣開設兩家門市。香港分局的本版書發行業務，在一九八六年以前一直由香港商務負責；一九八六年九月，該局正式成立了發行部，開展本身的發行業務。一九八八年七月，香港分局註册成立中華書局（香港）有限公司；同年九月，加入聯合出版（集團）有限公司，成爲其中一員。

香港中華書局是一家綜合性的文化出版機構，業務包括有編輯出版、營業發行、門市零售等。現任總經理兼總編輯爲陳國輝先生。附屬機構有中原出版社、開明書店及中華文化貿易公司。該局秉承「宏揚中華文化，普及民智教育」的創局宗旨，出版社會科學、文化藝術、字典辭書、語言文字、人文科學等讀物，並爲不同層次的讀者設計形式多樣的出版物。例如：爲少年設計「中華拼圖」系列，以學習地理與文化；爲青少年設計「中華新文庫」、「實用寫作叢書」；爲家庭讀者設計「主題摺紙」系列，將摺紙和文史知識相結合；另外，爲滿足社會人士和專業人士不同的需求，編輯出版了《中國法律諮詢全書》、《出類拔萃：成功行銷的典範》、「百家文庫」、「文明的探索」、「西方思想家寶庫」、「中醫保健自療系列」等。該局也出版大型畫冊，如《清代瓷器賞鑒》、《古玉精英》、《古玉掇英》、《隋唐文化》、《朱屺瞻——當代中國畫名家》、《華夏之美——中國藝術圖鑑》等。中原出版社以出版政治類通俗讀物爲主；開明書店則推出「認識新世界」叢書，介紹世界各國及地區的歷史沿革、現狀等。

三聯書店（香港）有限公司

香港三聯書店是一家具有悠久歷史的綜合性文化出版機構，由生活書局、讀書出版社和新知書店於一九四八年十月二十六日在香港合併成立。早期業務主要是代理發行中國大陸版圖書，現在已發展爲一個從事出版、發行、展覽、讀者服務等多元化業務的機構。

該店出版物以社會科學和文學藝術爲主，近年來已形成「叢書化」和「套書化」，出版品包括：「三聯精選·學術系列」、「西方文化叢書」、「思想者文叢」、「神祕文化叢書」、「當代歐陸宗教思想系列」、「現代政治透視叢書」、「走向一九九七的香港經濟叢書」、「古今香港系列」、「中國歷代詩人選集」、「中國歷代散文作家選集」、「中國現代作家選集」、「回憶與隨想文叢」、「香港文叢」、「海外文叢」、「讀者良友文庫」等。

在藝術畫冊方面，《藏傳佛教藝術》、《明式家具珍貴》、《天上黃河》、《中國歷代婦女妝飾》、《香港現代建築》、《明式家具研究》、《國際藏書票精選》等，曾分別榮獲香港市政局頒發的香港最佳印製書籍獎及國際圖書設計獎項。其他的畫冊還有：「中國珍賞系列」、「中國珍寶鑑賞叢書」、「中國建築系列」等。

該店另以南粵出版社名義，出版大衆化叢書「南粵系列」、「漫遊中華大地叢書」、「縱橫五千年叢書」、文藝系列「新探索叢書」、「當代外國名人傳記叢書」、「中國氣功精英叢書」、「中華武術大觀」等。屬下還有一家中國圖書刊行社專門重印中國大陸適銷品種圖書。

三聯書店除長期擔任中國大陸書刊在港澳和東南亞的總代理之外，還致力於中國大陸其他出版物的代理業務，每年發行新書超過一萬種，期刊近一千種，發行網遍及全世界。

萬里機構出版有限公司

萬里機構的前身萬里書店於一九五九年在香港成立，目前專營實用圖書的出版與發行。出版方面以萬里書店、得利書局、明華出版公司、明天出版社、飲食天地出版社等名義出版，各有不同的課題，以滿足需求不同的讀者。

萬里書店主要出版電腦書、設計書、生活類圖書及大型畫册等，包括：「實用電腦入門叢書」、「電腦進研系列」、「生意經系列」、「商業實務叢書」、「設計師叢書」、「香港設計叢書」、「中國傳統圖案系列」、「各國生活叢書」、「一分鐘系列」、「玩物指南叢書」、「業餘拍友叢書」、「商業攝影叢書」、「名家氣功保健系列」等。另外，也出版語言學習有聲叢書、自學錄影帶。

得利書局主要出版家庭保健、手工藝等讀物，包括：英國醫學會協助編輯的「家庭醫生指南叢書」、「醫務百科叢書」、「城市健康叢書」、「按摩自療保健叢書」、「女性醫學叢書」、「飲食養生叢書」、「生育與育兒叢書」、各式食譜、花藝、編織、裁剪、手藝、美容、化妝類圖書等。

明天出版社面對青年和中學生，主要出版字典、學生輔助讀物、「中國畫技法入門」叢書、「新編書法叢書」、「名家碑帖初學叢書」、「世界探遊叢書」、「青少年體育叢書」等。明華出版公司以小學生爲讀書對象，出版字典、字帖、學生輔導讀物、「兒童小說創作選」、「五分鐘故事叢書」、「小小旅行家」、「兒童健教系列畫册」、「有聲彩色童話叢書」等。飲食天地出版社主要出版烹飪圖書，如「食在香港系列」、「飲食天地叢書」、「香港家常菜系列」、「自然食療叢書」、《香港美食指南》、《香港飲食年鑑》等。

新雅文化事業有限公司

一九六一年十月，「新雅七彩畫片公司」在香港成立，以出版畫片爲主，品種包括月曆、聖誕卡、年畫等，也兼出版通俗的兒童讀物。一九六四年，擴展爲「新雅兒童教育出版社」，出版重心轉移到兒童益智讀物和幼稚園輔助教材。一九八〇年七月，進行改組，成立了「新雅文化事業有限公司」，增聘專業人士參與工作。一九八二年，接辦已有二十三年歷史的《小朋友畫報》；一九八七年又創辦《親子月報》、《小跳豆》。一九八三年成立「新雅兒童教育研究中心」，系統而全面地研究兒童讀物的發展，並舉辦多次研討會，積極贊助各項有關活動。

八十年代以來，新雅在原有的出版基礎上，吸取外國優良讀物的經驗，結合中國民族的特點和香港兒童的口味，出版一系列富有教育性、益智性和趣味性的產品，同時也結合了「寓教育於遊戲」的理論出版一系列啓發智能的遊戲卡、中文拼字及拼詞遊戲、講故事的錄音帶、卡通組合故事等。自一九七八年獲香港市政局主辦的「香港最佳圖書」比賽中文兒童圖書組第一、二名，又在「香港新產品比賽」、「香港最佳印製中文書籍獎」、「香港印製大獎」等活動中多次獲得殊榮。自一九八五年起，新雅每年舉辦「新雅少年兒童文學創作獎」，得獎作品並結集成書。

近年來，「新雅」積極引進世界各地優良讀物，翻譯爲中文版本，如英國的《能源叢書》、《抉擇叢書》、《世界生活叢書》、《小波啓思叢書》，美國的《立體概念叢書》、迪士尼系列、澳洲的《野生動物叢書》，以及《世界得獎圖畫故事書精選》等。同時開始出版兒童的百科全書，如《數學百科全書》、《世界歷史圖解百科全書》等。自一九九一年開始，「新雅」推出第一隻中文電腦拼字遊戲，近年來更推出首隻多媒體電腦光碟《繽紛識字樂》及《繽紛故事王國》光碟系列。

「新雅」現任董事總經理兼總編輯嚴吳嬋霞女士，曾任香港兒童文藝協會會長，對教育工作也有多年的心得。她認爲兒童出版具有多項特性，包括：寓教育於娛樂、兒童讀書的年齡與心理特點、敏銳的時代觸感等。面對二十一世紀的兒童出版，「新雅」將致力於結合教育科技和資訊科技，開發「非書類」的新讀物、新市場。

天地圖書有限公司

該公司前身是上海書局的《七十年代》雜誌社，一九七六年擴充爲天地圖書有限公司。一九八〇年與雜誌社分家，成爲香港本地人士開設的較具規模的出版公司，經營範圍包括出版、零售、發行。天地圖書公司擁有一個全港最大的圖書門市部，佔地約一萬五千呎，包括：中文部、英文部、鐳射影音部、文具部、展覽廳、畫廊等部門。目前圖書發行網已遍及中港臺，此外如星馬、美加、歐陸等地區，都有該公司的圖書行銷。

經過多年的摸索、經營，天地圖書公司已建立兼顧通俗與嚴肅的出版路線，力求做到雅俗共賞，以滿足不同讀者的閱讀需求。該公司網羅的作者陣容堅强，包括香港四大暢銷作家：亦舒、李碧華、蔡瀾、梁羽生。另外，還有張君默、於梨華、梁厚甫、鍾曉陽、蘇童、李翰祥、農婦、劉天賜、阿濃等人。在文史方面的出版品有：「天地文叢」系列，推出大陸名家名作；劉再復、李澤厚主編的「文學中國」叢書；「千古風流」長篇歷史小說系列，已推出曾國藩、李鴻章、龔自珍、左宗棠、石達開、譚嗣同、黃興等；「歷史與人物」系列；「二次大戰全紀錄系列叢書」等。

在大型圖書方面，天地圖書公司先後出版過《中國抗日戰爭圖誌》、《香港人名錄》及《文化大革命博物館》。後者是由巴金先生主催的大型畫册，收集數千幅文革珍貴歷史圖片，以數十萬文字介紹三十年前這場人類史上的大浩劫。

一九九五年，天地圖書公司得到香港藝術發展局資助，舉辦「天地長篇小說創作獎」，其主旨在發掘香港有潛力的創作人才，推動讀書風氣，爲讀者提供更多好書。

博益出版集團有限公司

一九八一年四月，博益出版集團有限公司成立，爲「電視企業有限公司」（今名「電視企業國際有限公司」）的附屬機構。「博益」亦成爲香港第一家以電視廣告宣傳圖書出版訊息的出版社。

該公司以「推動讀書風氣，發掘寫作人才」爲宗旨，首度在港出版袋裝書籍，成爲香港袋裝書始祖。一九八三年曾與無線電視臺「香港早晨」節目合辦「博益第一屆小說創作獎」徵文比賽；一九八七年創刊《博益月刊》，同時舉辦「博益月刊小說創作獎」徵文比賽。近年來積極推動出版國際化及多元化，與英、美、日、臺各大出版社、版權代理公司均有緊密聯繫，先後出版「漫畫大事紀錄寶庫」，蔡志忠漫畫系列，日本作家赤川次郎、村上春樹、吉本巴娜娜等暢銷名著。

「博益」的重點叢書還包括：「香港重案實錄」系列、「名牌企業叢書」、「趨勢叢書」、「自助旅遊手册」、「健康生活叢書」、曾近榮《家事常識手册》、關之義「以食爲補」系列、李曾鵬展的烹飪系列、「實用手册叢書」及林燕妮、嚴沁、畢華流、李英豪、王亭之等名家作品。

明報企業有限公司（明報出版社、明窗出版社）

明報企業有限公司於一九九一年一月二十三日在百慕達註册成立。主要在香港從事報章、雜誌、書籍等業務。屬下除出版《明報》（日報），兩份雜誌（明報周刊、明報月刊），並經營兩家書籍出版社（明報出版社、明窗出版社）。

《明報》創辦於一九五九年。六十年代，明報有限公司將業務擴展至書籍出版事業，並於一九六六年創辦《明報月刊》、一九六八年創辦《明報周刊》。一九八六年底，加强發展明報出版社及明窗出版社的業務。一九九四年於加拿大多倫多及溫哥華開辦《明報》海外版，收購《亞洲周刊》。

明窗出版社以出版題材輕鬆的消閒讀物爲主。明報出版社的出版物則較爲嚴肅，著重政治、經濟、文學等類別。在傳統書籍市場的基礎上，出版社也發展「有聲書」錄音帶系列，推出李天命博士的哲學演講系列。在近二年來，因紙價不斷上漲，印製成本大幅增加，加上香港書籍市場仍陷低潮，在同業一片不景氣聲中，盈利亦難免受影響，但兩家出版社仍積極出書近百種，其中，人物傳記、焦點文庫及歷史系列，均獲好評。

3.重要期刊

一九九三年，香港出版期刊六一九種，其中中文期刊三四六種，英文期刊一五四種，中英文雙語期刊一〇二種，其他語種期刊十七種。香港期刊可分爲官方和民營兩大類；官方刊物包括各種政府刊物，例如政府憲報等多種「公報」、「年報」、「月報」以及「便覽」小冊子等，其中部分是免費派發，自由索閱；部分則收費，由政府刊物銷售處出售。民營期刊佔絕大多數，按內容分，大體上有以下各類：

(1)政治時事性綜合刊物，如《明報月刊》、《九十年代》、《亞洲周刊》、《鏡報》、《廣角鏡》、《爭鳴》、《動向》、《開放》、《南北極》、《新聞天地》、《當代》、《百姓》、《紫荊》、《華人月刊》等。

(2)經濟性刊物，如《遠東經濟評論》、《亞洲金融》（以下英文）、《經濟導報》、《經濟一周》、《信報財經月刊》、《每周財經動向》、《亞洲紡織月刊》、《資本》、《資本家》、《房地產導報》、《香港市場》、《經濟與法律》等。

(3)專門性刊物，如有關汽車的《車主》、《汽車雜誌》；有關音響的《音響與科技》；有關攝影的《攝影世界》、《攝影畫報》；有關飲食的《飲食世界》、《方太與你》；有關旅遊的《中國旅遊》；有關體育運動的《奪標》等。

(4)多元化的綜合性周刊，俗稱「八卦周刊」，內容包羅萬象，如《明報周刊》、《東方新地》、《星期天周刊》、《壹周刊》、《東周刊》、《香港周刊》、《頭條周刊》、《清秀》雜誌等。

(5)文學性、資訊性刊物，如《香港文學》、《素葉文學》、《今日》、《讀書人》雜誌等。

(6)文摘，如《讀者文摘》、《中華文摘》等。

(7)畫報，如《良友畫報》。

(8)漫畫刊物，如《中華英雄》、《龍虎門》等。

(9)情色刊物，如中文版《閣樓》、《花花公子》等，屬較高格調成人刊物。另有《男子漢》、《龍虎豹》等成人刊物。

據不完全統計，香港期刊全年銷售的總額港幣四億元，其中約一〇%出口。銷售方式大約八〇%是靠港澳報攤經銷，其次是港九連鎖店。另有一些主要的教會雜誌並不靠市面發行，而是靠訂戶、宗教團體和教會學校發行，如《突破少年》等。目前，香港專業性的雜誌發行代理商有：利源書報社、吳興記書報社、同德書報社、向盛記書報社、曾威記書幸社、中原書報社、中原（雄記）書報社、王飛記書報社等。

四、重要書展活動

近幾年來，在臺灣出版界備受矚目的「香港國際書展」，其前身是「香港國際書刊印刷獎」，於一九九〇年舉辦首屆，這是香港貿易發展局主辦的大型出口商品展銷活動之一，每年八、九月間在香港會議展覽中心舉辦一屆。在前幾屆參展者主要是香港的印刷及出版公司，也有不少來自世界各地的印刷出版業廠商。展品範圍包括印刷設備及器材、書籍、期刊、紙質及卡紙文具、明信片、賀卡，以及紙牌等印刷品。

臺灣出版業者從一九九二年「第三屆香港國際書展」開始參展，由行政院新聞局主辦，第三、四屆由人類文化公司負責籌辦；第五、六屆由農學社籌辦。曾承辦過兩屆香港國際書展的人類文化公司負責人表示：目前每年舉辦的十幾個國際書展中，對臺灣出版業開拓海外市場，效益最高的應屬「香港國際書展」、「新加坡華文書展」及「馬來西亞書展」。因爲這三個市場均爲華文圖書市場，而其中尤以香港市場爲主。

第三屆香港國際書展，臺灣共有二十九家出版社參展，共三十個攤位，參展圖書四萬多册，銷售金額約臺幣二百多萬元。第四屆共有四十六家出版社參與，設五十六個攤位，參展圖書十一萬七千册，總計銷售七百七十多萬元，時報、遠流、東立、尖端等出版社，大放異彩，締造出高額的業績。首度參展的遠流出版公司先聲奪人，包下八個攤位，作了一次「活力展示」，成爲展場的焦點。

一九九四年第五屆香港國際書展，有四十四家臺灣出版社參展，共有七十個攤位，參展圖書約十萬册，銷售業績超過一千萬元臺幣，漫畫和童書是本次書展最大的贏家。籌辦單位並於書展期間舉辦大型研討會，邀請兩岸三地業者就「華文市場整合」議題交換意見，並安排其他演講。臺北出版人館首度設立「主題館」，使讀者得以一窺臺灣出版界出版概況及未來發展方向。

一九九五年第六屆香港國際書展，共有四十五家出版社參展，租用八十九個攤位，參展圖書十三萬六千多册，銷售業績約一千四百多萬臺幣。本屆書展，臺北出版人以「閱讀臺灣」作爲主題引導，將臺灣出版業的蓬勃氣象及優良出版品，介紹給讀者、業者。書展期間，並配合舉辦座談會、演講會、簽名會等活動，場面熱烈。漫畫書、童書、生日書等，極受香港讀者歡迎。

下篇：澳門的出版簡介

一、出版事業發展及現況

澳門是一個半島，連氹仔、路環兩個島計算在內，總面積僅十八．七平方公里，人口五十多萬人。明嘉靖十四年（一五三五年），廣東官府允許外國商船入泊濠鏡，成為中外互市之地；所以，澳門的開埠就始於這一年。從嘉靖三十二年（一五五三年）葡萄牙人進入澳門始，至今四百年間，大致上可分為三大階段：一是入據的階段：從嘉靖三十二年（一五五三年），葡萄牙人利用賄賂明代官員而入據濠鏡，至明隆慶五年（一五七一年）；二是盤踞的階段：從隆慶五年（一五七一年）段正茂任兩廣總督起，至清道光二十九年（一八四九年）；三是強據的階段；自道光二十九年以後，則是逐步佔據、與中國主權爭執的時期。一九五七年，葡萄牙當局將澳門列為其八個「海外省」之一，歸殖民部管轄。

一九七四年葡萄牙革命後，宣布實施非殖民政策，澳門不再被視為殖民地。一九七六年頒布的葡萄牙新憲法，准許澳門享有內部的自主權，並頒行「澳門組織章程」，成立澳門立法會。一九七九年二月八日，葡萄牙與中共建交，對澳門問題達成下列協議：澳門是中國的領土，目前由葡萄牙管理。澳門問題是歷史遺留下來的問題，在適當的時期，由兩國通過協商解決。一九七八年四月，兩國在北京正式簽署關於澳門問題「中葡聯合聲明」，宣佈中共將於一九九九年十二月二十日對澳門恢復行使主權。

澳門書刊出版的歷史雖然算得上悠久，曾出版過中國歷史上的第一部外文辭典《英華辭典》，但幾百年來的發展十分緩慢。直到八十年代初期，政府部門、報社和社團興起出版書刊熱，才相繼成立一些出版機構，但仍缺少有規模的現代出版社。

澳門政府官方的出版機構爲澳門印刷署，主要印刷出版澳門《政府公報》（「憲報」）及相關刊物。政府其他部門亦自行出版書刊。

澳門文化司署（前定名爲澳門文化學會），出版中文、葡文及葡文中譯書籍，主要是文學類圖書。中文書籍主要有：《澳門文學論集》（與澳門日報出版社合印）、《艾青詩選》、《三國演義悲劇探源》、《澳門現代藝術和現代詩評論》、《澳門紀略校注》、《殊途同歸—澳門的文化交融》、《雪廬詩稿》等。另外，出版定期刊物《文化雜誌》，是一份以中、葡、英三種文字刊行的綜合性雜誌，該刊以推動中西方文化交流、探討澳門獨特的個性及葡萄牙在東方的歷史，促進中葡兩國交往爲宗旨。設有：文學與藝術、澳門掌故、文化活動、文件及文史資料等欄目。

新聞司刊物處，出版定期刊物《南灣》月刊（葡文本），以及不定期刊物，如《澳門報業》（葡文版）、《新聞年報》、《葡國總統恩尼斯訪問澳門》、《澳門》、《大三巴遺地》等。行政暨公職司以中葡雙語刊行《行政》雜誌，並向市民提供公共行政資訊以及專門介紹澳門政府各部門職能的年刊等。澳門市政廳出版各種展覽特刊，工具性用書如《澳門街道》等。統計暨普查司文件暨諮詢中心定期出版各類統計資料期刊，包括《統計年鑑》、《對外貿易年鑑》、《澳門資料》等。經濟司出版《澳門經濟》等書刊。澳門政府祕書處出版《政府公報》，是澳門政府公布法規及文件的官方刊物。澳門立法會祕書處用中葡雙語不定期出版《澳門立法會會刊》。澳門政府衞生司出版學術性季刊《澳門醫學》。

由澳門民間團體出版的書刊有：一九八七年一月正式成立的「澳門筆會」，於一九八九年底創刊純文學雜誌《澳門筆匯》，基本上一年出兩期。一九八九年成立的「澳門中國語文學會」，出版不定期學術刊物《語叢》。一九八八年五月成立的「五月詩社」，出版《澳門現代詩刊》，並曾出版詩集：《五月詩侶》（合集）、《澳門新生代詩抄》、《落葉的季節》（流星子）、《我的黃昏》（淘空了）、《下午》（凌純）、《蹣跚》（陶里）、《夢回晴天》（高戈）、《向晚的感覺》（江思揚）等，論文集：《逆聲擊節集》（陶里）。一九八六年九月創刊的《濠鏡》，是澳門社會科學學會會報，該學會曾出版研究會論文集《澳門語言論集》等。澳門大學澳門研究中心出版學術期刊《澳門研究》、研討會論文集《澳門教育改革》、《澳門公民教育》、《澳門人口與都市成長》、《澳門社會經濟發展及生活質素》等。一九五〇年六月創辦的《澳門教育》，是澳門中華教育會會刊。一九九〇年七月成立的「中華詩詞學會」，出版期刊《鏡海詩詞》。

二、重要出版事業

一九九三年出版的《港澳大百科全書》，在「澳門概況」一章，對澳門的出版事業，僅有下列短短的介紹：「澳門出版業不太發達，幾乎沒有規模的出版機構，出版的圖書品種也不多。現時澳門經常出版書籍的僅星光出版社、澳門日報出版社及澳門出版社等數家，其中以星光出版社歷史較早，出版書籍也較多。」

澳門開埠四百多年，中西文化在此交匯。十六世紀中葉，葡萄牙詩人賈梅士居澳門，著有史詩

《葡國魂》；十六世紀末，明代戲劇家湯顯祖曾以香山澳爲部分創作背景，創作了《牡丹亭》。澳門文學之始，實從明末之後始興，當時末代遺民，以澳門爲世外桃源，在此從事詩書畫創作。康熙初年，大汕法師著有《離六堂集》。清初詩人吳歷居澳門天主教的三巴寺，著有《三巴集》及《澳中雜詠》，爲以澳門地名入詩之第一人。印光任、張汝霖任地方官吏，居澳門較久，曾編纂《澳門紀略》。十九世紀末，鄭觀應刊行《盛世危言》，對推動後來的維新變法，作出了一定的貢獻。

在「九一八」救亡運動之後，愛國人士陳少陵由日本到澳門開設第一家供應新文藝書刊的「小小書店」。太平洋戰爭期間，達用國語班同學會組織「修社」，出版不定期油印文藝刊物，以文藝爲武器，進行抗日鬥爭。抗戰勝利後，一羣愛好文藝的青年，還合資開設了「惠記書店」。

五十年代的《新園地》、《學聯報》、《中華教育》等有創作園地，培育了不少寫作的新秀。《新園地》創刊於一九五〇年三月，原是澳門新民主協會之會刊。最初爲小型雙周刊，六後改爲周報。一九五八年六月停刊，大部分職員轉入《澳門日報》社工作，現《澳門日報》副刊中的「新園地」，正是爲紀念《新園地》周報而設。在六十年代，一羣熱心的青年作者合作出版澳門第一個文學期刊《紅豆》，共出版十四期，對澳門文學的創作起了積極的推動作用。

一九八四年，在《澳門日報》擧行的「港澳作家座談會」上，作家韓牧提出了「建立『澳門文學』的形象」問題。會後，澳門作家醒悟到自己肩負的歷史責任，遂於一九八七年一月成立「澳門筆會」，這是澳門的第一個文學團體，首批會員逾三千人，其宗旨在促進澳門本土作者間的聯繫，交流寫作經驗，研究文學問題，輔導青年寫作，積極建立和加强與國際筆會及其他地區文學組織之間的聯繫。並於一九八九年底創辦了澳門唯一純文學雜誌《澳門筆匯》。

一九八六年一月，由東亞大學（即今之澳門大學）中文學會主辦的「澳門文學座談會」，就澳門文學的過去、現在、未來及中國文學的血緣關係，進行了首次較具體的探討；一九八八年三月，將該次座談會論文結集爲《澳門文學論集》，由澳門文化學會、澳門日報出版社出版，這是目前僅有的澳門文學論集。

《澳門日報》在一九八三年開設周刊《鏡海》版，這是澳門史上第一個文學副刊。雲力的《發刊詞》，不無感慨地寫道：「澳門是一個古城，也是一個現代化的都市。然而在文學藝術方面卻長期寂寂無聞。文化藝術方面的活動，也正如經濟方面的情形一樣，多仰賴於香港。身爲澳門人當不甘於此，而愛澳門的人也應以此而感到惋惜。……澳門應修建自己的文壇。」

東亞大學於一九八五年編印澳門第一套文學叢書《澳門文學創作叢書》，包括：小說多人合集《心霧》、散文多人合集《三弦》、詩人多人合集《雙子葉》、韓牧詩集《伶仃洋》、雲惟利詩集《大漠集》。其中篇章都是該校師生在《鏡海》版上發表的作品。

一九八八年六月，《澳門日報》社與港澳出版界人士合資開辦「文化廣場」，是澳門最具規模的綜合性文化中心，主要分圖書、文儀和展覽三大部分，銷售的中西文圖書逾三萬個品種。一九九〇年下半年開設「寶文堂」畫廊，專門經營中國字畫藝術品。

一九八八年，《澳門日報》社還附設成立兩家附屬出版機構，一是星光出版社，一是澳門日報出版社。星光出版社以繁榮澳門文化事業爲宗旨，主要致力出版澳門作家、學者的著作，並適當出版大陸和海外的作品。該社自成立以來，先後出版了《澳門古今》、《澳門旅遊》、《談文字說古今》、《南大門風光》、《澳門史鈎沈》、《關於澳門歷史上所謂趕走海盜問題》，文藝作品集《錯愛》（周桐）、《望洋小品》（魯茂）、《鏡海情懷》（徐敏）、《有情天地》（凌稜）、《七星篇》（多人散文合集）、《南歐風彩・葡國教育》（劉羨冰）等。澳門日報出版社先後出版《轉型中的澳門經濟》、《澳門文學論集》、《廣州方言古語選釋》等。

一九八八年六月，由李毅剛創辦的澳門出版社，創辦宗旨爲「積纍澳門文學藝術創作成果，開拓澳門出版事業新途，繁榮澳門文化」。創辦之初，出版小型彩印戲人簡介，如《陳笑風從藝錄》、《羅家寶藝海沈浮錄》等。後來出版文藝書籍，計有：李毅剛編《澳門四百年詩選》、《澳門小說選》，散文集《澳門遊》（王有源編）、《濠江菁英錄》（林昶）、關振東《關山月傳》、《醫生談性》（徐永智）、《順德風情》（曾煒）；論文集《論作家的創作體驗》（張春舫）；戲劇集《紅船舊話》（何建青）；合集《陳貌自選集》等。

三、出版事業管理體制

澳門政府的新聞出版政策，依照《葡萄牙共和國憲法》第三十八條的規定，公民享有新聞和出版自由，包括擁有無須事先經主管部門核准、不受保證金或任何先決條件限制而創辦報紙及從事其他任何出版物的權利，政府也不設新聞檢查制度。但爲了對新聞出版事業進行必要的行政管理，澳門政府近年來陸續頒布了《電視廣播法》、《出版法》等法律，目前正在就《社會傳播委員會法律提案》和《新聞工作者通則草稿》諮詢新聞界人士的意見。

澳門的《出版法》於一九九〇年六月十九日經立法會通過，同年七月七日頒布、八月六日施行。《出版法》計分七章：出版自由和資訊權；刊物的組織和出版登記；答辯、否認、更正權和澄清權；

出版委員會；不法行爲引致的責任；司法訴訟程序；最後及過渡規定。共有六十一條。

第一章第四條（出版自由）規定：一、出版界思想表達自由的行使，不受任何形式的檢查、許可、存放、擔保或預先承認資格等限制。二、討論和批評是自由的，尤其對政治、社會和宗教的學說、法律以及本地區本身管理機關和公共行政當局的行爲、其人員的行爲等而言。三、對出版自由的限制，祇能援引本法律和一般法的規定，以保障人們身心完整性，其審議和適用祇能由法院負責。第八條（發表和散布的自由）規定：「任何人不得以任何藉口或理由扣押不違反現行法律的任何刊物，或以其他方式妨礙其排版、印製、發行和自由流通。

第二章第十條規定：「定期刊物必須最少有一名居住在本地區的負責人，擔任社長職務。」「完全享有民事權利和政治權利的人士，方得成爲定期刊物的負責人。」第十二條（出版旨趣）規定：「刊物應具有訂明其方針和目的的出版旨趣，且應在創刊號內刊登。」第十五條規定在新聞司設立出版登記，其內應載明的事項。第十六條（法定的存檔）規定：「定期刊物的社長和不定期刊物的出版人，必須在刊物出版後五天內，命令送交或郵寄予下列實體各兩份刊物：a・新聞司；b・澳門國立圖書館；c・澳門的共和國檢察長公署。」「寄送上款所指刊物時免付郵資。」

第四章第二十五、二十六條對設立出版委員會的職責、權限作出規定：「設立出版委員會，其職責爲保障：a・　出版的獨立性，特別是處於政治和經濟力量以外；b・出版多元化和思想表達的自由；c・公衆的資訊權。」至於其權限爲：「a・主動或應總督、立法會主席或三名議員要求，對其職責範圍內的事宜發表意見；b・審議由新聞工作者、刊物社長、出版人或所有人，又或任何人士就違反本法律的行爲而提出的投訴；c・審議認爲其權利受損者提出的投訴；d・以諮詢性質對與其職責有關的規範案發表意見；e・在其職責範圍內提出建議和勸告；f・對委員會應發表意見的事宜，要求報刊、編印或新聞通訊等企業的社長或所有人予以澄清；g・議決是否設立調查委員會，以便調查與其職責和權限有關的事實；h・每年制定關於本地區出版狀況的報告書；i對職業道德和職業保密的遵守事宜發表意見。」

第五章對不法行為引致的責任有所規定，如第二十八條（責任的形式）：「一、透過出版品作出的刑事違法行為，受刑事一般法例和本法律的規定所規範。二、透過出版媒介作出不法行為而產生的損害賠償請求權，受本法律的規定所規範；並以民法一般規定作補充，但不影響相關的刑事責任。」第二十九條（濫用出版自由罪）規定：「透過出版品發表或出版文書或圖像，損害刑法保護的利益之行為，為濫用出版自由罪。」第四十條（暫時禁止業務或職務）：「一、刊物在四年內因散布文書或圖像被判濫用出版自由罪五次，得被：a・如屬日刊，停刊最長至一個月；b・如屬周刊，停刊最長至三個月；c・如屬月刊或刊期逾一個月者，停刊最長至一年。」「二、刊物社長在五年內第五次被判濫用出版自由罪時，應被禁止從事新聞工作一年到五年。」

結語：香港、澳門出版事業未來發展趨勢

一、「一九九七」、「一九九九」變局對出版事業的影響

中共政權成立以來，對香港一向採取「長期打算，充分利用」的政策。在政治上，從十一屆三

中全會以後，就逐漸形成「一個國家，兩種制度」的構想，而在一九八四年底，就香港問題與英國達成協議，簽訂聯合聲明，確認中共將於一九九七年七月一日起，對香港恢復行使主權，並在香港設立特別行政區，「允諾」享有高度的自治權，包括行政管理權、立法權、獨立的司法權和終審權等。中共領導人深知：「用社會主義來統一，香港人民不會接受，英國人民也不會接受。勉强接受了，也會造成混亂局面。即使不發生武力衝突，香港也將成爲一個蕭條的香港，後遺症很多的香港，不是我們所希望的香港。」（鄭小平〈一國兩制是根據實際情況提出的構想〉，一九八四年十二月十七日會見英國首相佘契爾夫人的談話）所以，中共允許香港繼續實行資本主義制度五十年不變。「香港現行的社會、經濟制度不變，法律基本不變，生活方式不變，香港自由港的地位和國際貿易、金融中心的地位也不變，香港可以繼續同其他國家和地區保持和發展經濟關係。」（鄧小平〈一個國家，兩種制度〉，一九八四年十二月二十二日、二十三日會見香港工商界人士談話要點）

維持香港的繁榮、發展，對中國大陸的重要性不言可喻。在大陸實行對外開放政策以來，「香港更成了內地聯繫世界經濟貿易的紐帶，引進資金、技術、設備的窗口，對外政治、經濟、文化交往的橋樑與出口創匯基地。……『香港因素』也成爲內地經濟發展可以利用的條件。」（《香港大辭典‧經濟卷》前言）香港始終是大陸最大的融資基地，港商在大陸的直接投資居所有外商投資額首位。據估計，大陸的外資有六〇％是經香港注入的。

同樣的，香港在經濟上對大陸的依賴度也很高，大陸一直以比較優惠的價格向香港提供大量的主副食、日用品、工業原料、燃料以至食用水等，一旦供應中斷，整個香港陷入恐慌、混亂的情景是可以預期的。一九九三年，香港與大陸雙邊貿易已達七千四百多億，大陸已成爲香港最大的貿易伙伴。從七十年代末、八十年代初以來，香港製造業廠商看中大陸的廉價勞動力、土地、原料資源以及廣闊的市場，大規模到大陸投資設廠（主要集中在廣東珠江三角洲一帶），以降低生產成本，提高產品在國際市場的競爭優勢。目前，香港約有八〇%以上的廠商把生產線轉移到大陸，其中也包括印刷業。這種唇齒相依、休戚與共的密切關係，在「九七」之後的一段時間裡，不太可能有劇烈的變動。

一九八七年四月十三日，中共就澳門問題與葡萄牙政府簽署了聯合聲明，將於一九九九年十二月二十日對澳門行使主權。中共當局根據其憲法第三十一條的規定，將在對澳門恢復行使主權時，設立澳門特別行政區，按「一個國家，兩種制度」的方針，不在澳門實行社會主義的制度和政策，而和香港特別行政區一樣，保持原有的資本主義制度和生活方式，五十年不變。

「九七」、「九九」之後的香港和澳門兩個特別行政區，依照兩個「基本法」，居民都享有言論、新聞、出版的自由（當然，大多數港澳居民心存疑慮）。特別行政區政府可自行制定新聞、出版和文化政策。特別行政區的出版和其他方面的民間團體，同大陸其他地區相應的團體和組織的關係，以「互不隸屬、互不干涉、互相尊重的原則」爲基礎。特別行政區的民間團體可同世界各國、各地區及國際的有關團體和組織保持和發展關係，並可根據需要冠用「中國香港」、「中國澳門」的名義，參與有關活動。筆者認爲在短時間之內，中共新聞出版管理當局會維持港、澳出版業的現狀，但也可能會由一九八八年成立的中資機構「聯合出版集團」出面，再吸納有影響力的出版界成員，擴大其組織規模。目前，該集團的出版量約達香港中文圖書出版量的三分之一。集團屬下的中華商務聯合印刷（香港）有限公司，實力相當雄厚，旗下有十一家附屬或合資的印刷公司及印刷器材公司。該集團在九十年代以來，也先後收購了有四十年歷史的香港商報有限公司和晶報有限公司，香港商報還獲准在大陸銷售。

二、「九七」後香港現行的知識產權制度何去何從

《香港特別行政區基本法》第八條規定：「香港原有法律，即普通法、衡平法、條例、附屬立法和習慣法，除同本法相牴觸或經香港特別行政區的立法機關作出修改者外，予以保留。」由此可知，一九九七年後，香港將會繼續實施其原有的知識產權法（包括成文法和不成文法）。至於，香港現行的知識產權法是否會與將來的「基本法」牴觸？根據一九九二年由深圳大學法律系和香港法研究所組編、法律出版社出版的《香港法律大全》一書的看法，認爲「知識產權法作爲一種專門的法律，基本不會出現這種情況，即使將來需要作某些局部的、技術上的修改或調整，從總體上也不會影響到現行的知識產權法。」（頁三七三）但是，在英國確立的專利權和外觀設計是否可以繼續伸延到香港而獲得香港的保護？香港是否繼續直接適用英國的版權法？這些問題都要留待「九七」後來解決。

對於知識產權國際公約將如何適用香港的問題，在《中英聯合聲明》及其附件一中已有明確規定：「1.對於『中國』締結的國際協定，『中央人民政府』可根據香港的情況和需要，在徵詢香港特別行政區政府的意見後，決定是否適用於香港；2.對於『中國』尚未參加但已適用香港的國際協定，仍可繼續適用；3.『中央人民政府』根據需要授權或協助香港特別行政區作出適當安排，使其他有關國際協定適用於香港。」

對於香港參加國際組織問題，《中英聯合聲明》附件一也作了清楚的答覆：「1.對於『中國』已參加而香港也以某種形式參加的國際組織，『中央人民政府』將採取必要措施使香港以適當形式繼續保持在這些組織中的地位；2.對於『中國』尚未參加而香港目前以某種形式參加的國際組織，『中央人民政府』將根據需要使香港以適當形式繼續參加這些組織。」香港目前已參加的國際知識產權組織有世界知識產權組織、巴黎聯盟、伯恩聯盟等，在一九九七年後，香港將繼續保留其在這些組織中的地位。

香港在一九九七年後，可以用「中國香港」的名義，單獨同各國、各地區及有關國際組織保持和發展經濟、文化關係，並簽訂有關協定。對以國家爲單位參加的國際組織和會議，香港的代表可以作爲中共政府代表團的成員，或以人民政府與上述有關國際組織或國際會議允許的身份參加，並以「中國香港」的名義發表意見。對不以國家爲單位參加的國際組織和國際會議，香港可以「中國香港」的名義參加。根據上述原則，香港在一九九七年後有權以「中國香港」的名義單獨地、或以某種形式參加有關知識產權的國際組織或會議，並簽訂有關的協定。

附錄：

香港的印刷業

香港的印刷業萌芽於十九世紀，一八五八年印行第一份中文報紙，一八七二年創立中華印務總局；直到四十年代後期，隨著香港由轉口港蛻變爲製造業中心，印刷業才開始迅速發展。五十年代後期，印刷業在產量、用途多元化及品質方面都大有進展，香港遂成為東南亞的印刷中心。英國多家大出版社，包括朗文和牛津大學出版社，開始在香港印刷教科書及一般圖書，銷售亞洲各地。六十年代中期，有不少外國大印刷商在香港設立印刷設施，提昇了產業的技術水準。一九七七年，當局撤銷了印刷廠（領照營業）規例，放寬了對印刷廠的限制，進一步刺激印刷業的發展。目前已成為世界第四大印刷品供應中心，僅次於美國、德國和日本。

截至一九九三年，香港有印刷廠四八二〇家，從業人員四〇九一八人。香港印刷業大致可分三部分，即商業印刷、付印前後的服務以及報章印刷。商業印刷是行業內最大的分支行業，一九九三年，共有三六七三家（佔業內工廠總數七六・二%）。提供付印前後服務的工廠，提供排版、分色、製版、過膠及裝訂等服務，工廠規模通常很小，其中以照相製版公司居多，一九九三年共有一一二六間（占業內工廠總數二三・四%）。香港的印刷公司主要集中於葵涌、觀塘、灣仔、北角、鰂魚涌、柴灣、上環及黃竹坑等區。

印刷業的生產總值，由一九八一年的四五・八八億元，增至一九九二年的一八三・八九億元，平均年增率為一三・五%。一九九二年，印刷業佔香港製造業生產總值的五・六%。印刷業最大的出口項目為書籍及册子，一九九三年出口值為二七・一五億元。自八十年代初期起，美國一直是香港印刷業最大的市場，一九九三年輸往美國的產品價值為一二・五億元。中國大陸已躍居印刷業第二大市場，一九九三年輸往大陸的產品價值為八・六四億元。英國是香港印刷業另一個重要的市場，一九九三年輸往英國的產品價值達五・三二億元。很多英國出版商在香港開設辦事處或派有代表，促使香港成為亞太區的印刷中心。輸往臺灣的產品年有增加，一九九〇年超越澳洲，成為該工業第四大市場，在一九九三年輸出價值三・九六億元的產品。

香港印刷業的優點在於印刷技術水準高、交貨快捷可靠、價格具競爭力、鄰近各亞洲市場交運方便。此外，機器及設備現代化、印刷廠反應敏捷、勞工生產力高，都是香港印刷業成功的因素。海外出版商還可透過衛星通訊將高質影像傳送到香港。因此，香港也很適宜作爲國際及地區性雜誌在亞太區內的印刷及分銷中心。不過，近幾年來，亞洲其他國家如新加坡、韓國、馬來西亞及泰國的印刷業正迅速崛起，成爲香港主要的競爭對手。

參考書目

曹淳亮主編，《香港大辭典・經濟卷》（廣州：廣州出版社，一九九四年十二月）。

黃漢强、吳志良主編，澳門大學澳門研究中心編，《澳門總覽》（澳門：澳門基金會，一九九四年一月）。

《港澳大百科全書》編委會編，《港澳大百科全書》（廣州：花城出版社，一九九三年十一月）。

李澤沛主編，《香港法律大全》（北京：法律出版社，一九九二年三月）。

香港政府工業署，《香港製造業》（香港：香港工業署，一九九四年十二月）。

王叔文主編，《香港特別行政區基本法導論》（北京：中共中央黨校出版社，一九九〇年十月）。

羅隼，《香港文化腳印》（香港：天地圖書公司，一九九四年）。

梁秉鈞篇，《香港的流行文化》（香港：三聯書店（香港）有限公司，一九九三年七月）。

陳炳良編，《香港文學探賞》（香港：三聯書店（香港）有限公司，一九九一年十二月）。
鍾紫主編，《香港報業春秋》（廣州：廣東人民出版社，一九九一年八月）。
馬涙波，《出版傳奇》（香港：彩色世界出版公司，一九九一年）。
朱立、陳韜文編，《傳播與社會發展》（香港：香港中文大學新聞與傳播學系，一九九二年七月）。
方積根、王光明，《港澳新聞事業概觀》（北京：新華出版社，一九九二年七月）。
楊奇主編：《香港概論》（下卷）（香港：三聯書店（香港）有限公司，一九九三年一月）。
《澳門文學論集》（澳門：澳門文化學會、澳門日報出版社，一九八八年三月）。
盧瑋鑾，《香港文縱》（香港：華漢文化事業公司，一九八七年十月）。
陳不諱，《香港出版業》（香港：彩色世界出版公司，未註明出版年月，約一九八八年下半年出版）。
北島主編，《今天》文學雜誌總二十八期「香港文化特輯」（香港：牛津大學出版社，一九九五年第一期）。
《聯合文學》第八卷第十期「香港文學」專號（臺北：聯合文學雜誌社，一九九二年八月，總第九十四期）。
《文訊》第二十期「香港文學特輯」（臺北：文訊雜誌社，一九八五年十月）。
緣源，〈澳門文學現狀窺探〉，《澳門筆匯》第五期（澳門：澳門筆會，一九九二年九月）。
商務印書館編輯部主編，《圖錄香港大趨勢一九九三》（香港：商務印書館，一九九三年二月）。
商務印書館編輯部主編，《圖錄香港大趨勢一九九四》（香港：商務印書館，一九九四年二月）。

商務印書館編輯部主編，《圖錄香港大趨勢一九九五》（香港：商務印書館，一九九五年四月）。

文思成，《香港政府與施政架構（增訂本）》（香港：三聯書店，一九九四年九月）。

侶倫，《向水屋筆語》（香港：三聯書店，一九八五年七月）

香港出版學會，《香港出版學會會訊》創刊號，一九九五年六月。

香港書刊業商會，《香港書刊業》，一九九〇年。

香港書刊業商會，《香港書刊業商會會刊》第二期，一九九三年一月。

《香港圖書文具業商會成立七十五週年特刊》（香港：香港圖書文具業商會，一九九五年）。

《聯合出版（集團）有限公司一九八八—一九九三》簡介。

中華民國圖書出版事業協會，《出版人——兩岸圖書出版合作研討會專輯(二)》，一九九五年三月三十日。

陳信元主持，《大陸出版業經營趨勢之調查與研究》（臺北：行政院大陸委員會，一九九五年六月）。

陳信元，〈兩岸三地中文出版業的發展趨勢與整合方向〉，《出版界》40、41期（臺北：臺北市出版商業同業公會，一九九四年八月三十日）。

陳萬雄，〈九〇年代的海外出版趨勢〉，《編輯學刊》（上海，一九九三年四月）。

梁偉賢、陳文敏主編，《傳播法新論》（香港：香港商務印書館，一九九五年三月）。

陸、近年來兩岸出版交流之成果與展望

上篇：兩岸出版交流之成果

一、前言

最近一、二年來，有兩次正式且規模浩大的書展，分別在海峽兩岸舉行。其一是「一九九三臺灣圖書展覽」於十一月間在北京舉行；另一是「一九九四年大陸圖書展覽」於三月底在臺北舉行。兩項書展並配合舉辦「兩岸圖書出版合作研討會」，建立了兩岸圖書出版界交流合作的模式，為日趨熱絡的出版合作開拓了嶄新的里程。

應邀來訪的「中國出版工作者協會」主席宋木文先生（曾任中共「新聞出版署」署長），在肯定臺灣出版界具有相當實力之餘，對於加強兩岸出版合作和交流，建議應本著「相互促進，互補互利」的原則，採取積極的態度，漸進累積的方式和逐步規範化的行動加以推動。以下將透過兩年來幾個重要的研討會及專案研究，來觀察兩岸三地出版交流的成果，並作檢討。

二、兩岸出版趨勢與互動關係

一九九四年，「千島湖事件」發生後不久，由臺北市出版商業同業公會、行政院大陸委員會主辦的「兩岸出版事務綜合研討會」，於四月十四日在臺北市臺大校友聯誼社舉行。公會理事長曾繁潛先生致詞時強調：大陸市場是我們業者未來發展出版事業的一個遠景。大陸出版事業是公營事業，做任何事都是有計畫、有步驟；臺灣出版界則多是單打獨鬥。因此，臺灣的出版業需要好好地組合，才可以有效地因應封閉了四十多年的大陸社會。

大陸委員會文教處處長張良任，則肯定兩岸出版交流已有很多進展，但由於大陸方面對臺灣地區的生活型態、民情風俗、法律制度等問題的看法仍不盡相同，將來應持續擴大兩岸出版交流，進一步發揮功能，眞正地縮小兩岸間的認知差距。與會出版業者也就參考題綱上所列的問題，提出自己的經驗、看法、展示成果，並作階段性的檢討。

錦繡文化企業董事長許鐘榮先生，就「大陸出版趨勢與臺灣出版業的互動關係」，提出報告。在「錦繡」與大陸第一階段的接觸上，引進的重要大型圖書，如《中國美術全集》、《中國大百科全書》、《中國美術分類全集》、《中國名著選譯叢書》，都是臺灣出版社做不出來的圖書，唯有共產國家可以撥款出版這類政策性的圖書。但如果沒有「錦繡」介入，給與龐大的版稅，大陸政策性的出版，是要賠錢的，談不上任何經濟效益。

在第二階段中，「錦繡」不再滿足於由大陸出思想的版權轉移模式，想自己掌握思想，動員大陸學界人力或攝影家組成稿件或幻燈素材，再拿回臺灣作整體設計、印刷、裝幀。大陸只扮演衛星工廠的角色，協助製作、排版、校對，甚至出網陽片。這一階段「錦繡」也已越過了。

但到了第三階段，發覺一切都是困難的，問題主要出在法令和政策上。大陸是個「人治」的社會，臺灣出版界若想合資開出版社或大型書店、連鎖店時則遭否決，不准的原因可能是會影響或打破大陸五百多家出版社統一資源分配的出版生態。大陸的出版社內部，存在相當多的社會問題，如不經過充分準備，控制與臺灣合作開設出版社，或共同合作行爲，則整個生態會大變，這是他們最大的政策問題，背後的原因則是他們不願輕易打破目前的出版生態。

「錦繡」曾經想結合人民美術出版社、建築工業出版社等幾家，成立以藝術圖書爲重心進軍世界的藝術出版社，但由於其政策是往內縮的，目前尚無法突破。「錦繡」打算另闢蹊徑，從書號、協作出版等方面與大陸某一出版社合作（無論是正牌或副牌），共同投資，用臺灣出版社長處，大陸系統既有人力及運作經驗，來成立一個共同合作體（非出版社名號），藉由他們的書號出書，再配合「錦繡」的資本、經驗、人才來展開出版的工作。

事實上臺灣出版社和臺灣出版社取得進一步合作的意願相當高，但是，背後的政治黑手造成出版合作政策反反覆覆，因此，大陸出版業者，也沒有把握能否掌握大陸出版界接受臺灣出版界衝擊後的變化。

就參考題綱「圖書直銷業務在大陸的開拓與展望」，許鐘榮先生指出：大陸郵局系統、書店系統在整個讀者羣的績效是非常差的，使得直銷非常有發展餘地。「錦繡」正和中國大百科出版社研擬以直銷方法推展《中國大百科全書》的可能性。但也不能不正視其中可能遭遇到的困難，如以大陸的國民所得，如何規劃書種——從少兒圖書到工具書到百科全書。現在的困難之一是圖書的規模及怎樣用人，在大陸訓練人、組織人整套配搭的環節和臺灣不盡相同，必須要有一定的時間做準備。至於，直銷人員拿了書不付錢的法律訴訟，仍有待深入了解、研究。

淑馨出版社總經理陸又雄先生，對近年來大陸圖書發行系統的改變，有深入的觀察和心得。他指出：三、四年前大陸出版發行體制改變了，每個出版社須自建發行網，於是產生一種橫的集中，科技界的成立一個科技聯合發行網，經濟界的成立另一個聯合發行網……爲了擴大發行網則必須借助外資合作，今天如果跟大陸任何一個出版社談合資、借用招牌，這方面的切入非常容易。由於出版狀況的改變，大陸出版社本身也在做調整，如一九九四年初的「首都圖書交易會」，由於書店改採看現書訂貨方式，造成了出版社的緊張，而這種交易方式是臺灣業者切入的最好時機。

另一個奇特的現象是，圖書批發市場帶動了個體書店的發展，也影響了書店的經營，因爲批發市場產生了一種負面效果，就是正統的、盜版的各類書籍均可在此買到。主管單位害怕出版業無法掌控，目前正進行評估批發市場的效應如何，希望能將批發市場納入管理系統內。

至於臺灣圖書銷大陸的問題，陸又雄先生說，自從大陸實施加值營業稅後，大陸所有與臺灣有來往的圖書進口公司，它們進口的書都漲價，一本定價一百元的臺灣圖書，必須賣到四十到五十人民幣，否則根本不敷成本，而臺灣的書價還不停地往上漲，不少臺灣業者手上有一堆大陸訂單，卻不敢接生意，因爲會虧本的。他提出一個假設性的建議：有沒有可能在大陸印刷臺灣的書，當作進口貨在大陸賣？

人類文化公司負責人桂台華先生，以他跑大陸的累積經驗，呼應陸又雄先生的說法，他指出：

若大陸只訂三五百本書，臺灣同業大部分都不願意做，因爲圖書加上運費和關稅後，價格過高非常難賣。「人類文化」的做法是先進一百本臺灣繁體字的書，拿到批文後分到各地去賣，由於臺灣的書在當地是當作進口書來賣，價格是比較高的。此外，「人類文化」曾在南京辦了一個書展，展後並成立了一個展覽室，大陸業者可透過編號來訂貨。

旺文社總經理李錫敏先生，談到目前與大陸合作的兩種方式，一是和大陸出版社合作出版；二是將臺灣出版物引進大陸出版。這兩種情況的合作，雙方面的條件並不公平，如雙方的版稅率大致是一樣的，但是在效益上差別就很大，因爲彼此市場上的定價價位原本就差距很大。另外是量的問題，大陸出版社的政策漸趨保守，量漸漸減少，所以在互相授權下，就有明顯的不公平存在。

「旺文社」對已出版的大陸簡體字版圖書不感興趣，主要著眼在他們計畫要做、尚未出版的書，除了正常的版稅交易，偏向共同合作方式，如大陸方面負責組稿，賣斷給「旺文社」，並在臺灣印刷，後來發現這種合作模式雙方面不盡合理，後來採共同合作投資開發，「旺文社」設定幾個選題，由大陸方面組稿，所有投資費用由大家共同分擔風險。演變到最後，又衍生了另一種情況，就是如何創造它的附加價值，譬如買斷文稿後在臺灣印刷，以增加產品的附加價值。

成文出版公司副總經理葉君超先生，提出三個值得重視的現象。一是法制化的影響。大陸目前正在制訂的《出版法》初稿、《出版法實施規程》初稿等，對外來的業者非常排斥，尤其對臺灣業者非常不利。二是產業地方化、行政中央化的問題。即每一個地方各種產業都要求建立集團，如每一省的出版局要求省出版系統成立集團，目的是避免外省利益的介入。行政系統中央化，即未來授權給地方宣傳系統的會愈來愈少，如山東省新聞出版局已批准臺灣某一業者成立科技出版合資案，批文到了「新聞出版署」卻被批駁掉，據聞這個文已被收回了，這表示以前核給地方授權的，現已拿回由中央掌控。三是行銷系統的激化與對立。新華系統的影響力現在已大不如前，但每一家出版社又不得不倚靠新華系統，但又都抱怨新華系統無法符合他們的需要，於是雙方就形成對立。現在每一家出版社的發行部門開始自辦發行，他們和新華書店各省店的批發部門也是對立的，彼此在價格上和發貨上的競爭，也常是不擇手段的，以前在控制中的折扣現已完全大亂。這種行銷系統激化對立的情況，未來會如何發展，仍有待觀察。

三、兩岸出版合作的新模式

一九九五年五月六日，「中國版協代表團」來臺參訪，由出版協會和公會共同學辦了「兩岸出版合作研討會」，針對「圖書通路的開發」、「內地音像電子出版業發展的現狀和前景」、「兩岸出版合作的新模式」及「面向未來，面向世界，努力營造中國兒童跨世紀的繁榮」等專題進行研討。

宋木文先生在開幕致詞〈加强兩岸出版交流，推進華文圖書出版合作〉中坦承，兩岸在一些重大問題上，還存在著分歧。這種分歧表現在政治制度和意識形態上，當然也必然反映在一部分出版物的內容上。出版物不可能完全脫離政治和理論的觀點，但是也不能否認有相當一部分是超越意識形態的，屬於中華民族共同的精神財富，如海峽兩岸的故宮博物院聯袂出版的大型畫册《國寶》，雙方都把從不示人的「家珍」拿了出來，創造了兩岸文化出版合作的範例。

陸又雄先生在論文中指出：這麼多年來，兩岸三地的出版交流，最祕方收穫就是華文圖書單一市場的逐漸形成。兩岸業者已經形成一種共識，只有匯集兩岸的文化與科技資源，才能相輔相成，也才會使彼此的出版事業互蒙其利。他舉例說明目前利用各種合作形態，同樣的一系列圖書，得以在海峽兩岸同步發行。例如，珠海與廣東科技出版社之海報設計系列叢書，光復與文物出版社合作之考古大發現系列叢書，光復與海豚出版社合作之大美百科全書，錦繡與中國人民美術出版社、中國建築工業出版社合作之巨匠美術叢書，錦繡與中國大百科出版社合作出版之中國大百科全書，敦煌與百通集團公司合作之 YUYU & NA NA 英語教學，四川出版集團與長頸鹿英語合作之英語教學叢書及錄音帶，不但圖書發行，更在各地電視臺播出教學節目，還有臺灣百通與電子工業出版社合作之流行軟體應用指南等系統、電腦專業圖書等，更在海峽兩岸三地均深獲好評。這種在兩岸三地一起編輯、製作、印刷，同時投向市場，都是成功的實例，象徵著兩岸三地出版合作是一種必然的趨勢。

他也就自已從事出版及兩岸交流合作數年來的操作經驗及感想，預估兩岸三地未來發展的模式將可能是：

㈠大陸是最佳的出版製作中心。臺灣地區製造業工資每月約爲一千零七十二美元，大陸的一般勞工，平均月薪僅六十三至八十八美元，以大陸爲出版製作中心在人事費上能大幅降低成本。大陸有充足的專業編輯與優秀寫作人才，無論是創作者或編譯大都能在約定的期限內完成，保障出版計畫的順利運作。大陸在印刷製作水準方面，也已大幅提升，可以因應當今高品質的需要，以大陸爲印製中心，可以彌補臺灣出版業要進入國際化過程中，印務人才不足的強烈需求。

㈡香港是最佳的發行中心。香港地方雖小，但是有最佳的地理位置，再加上優秀的運輸環境，成爲臺灣、大陸乃至世界各地的一個轉運站。香港的圖書出版市場雖不大，但全世界各大出版社西書亞洲地區供需中心在香港，累積了甚多國際發行之經驗。且香港商務、三聯、中華等數十出版業及經銷商組成之聯合出版集團，以經營香港書店門市的成功經驗，把現代化的書店經營管理觀念，推展到大陸，已成功地設立了數十個行銷點，同時在新加坡與馬來西亞也獲得長足的發展。此外針對美加地區擴張，不久前更收購了舊金山最大的華文書局東風書店，及紐約的東方書店，爲全球五分之一人口的華人圖書市場，展開全球性行銷網路佈局。

㈢臺灣是最佳的企劃中心。臺灣出版界擁有不少特色，可以加以發揮。⑴臺灣擁有充沛的出版資訊，可以宏觀的角度來思考華文圖書的出版。⑵臺灣擁有豐富的國際出版交手經驗，也有寬廣的國際觀。⑶臺灣的出版業者有卓越的選書力，統合串連的企劃力，以及設計精美的包裝力。⑷臺灣的出版業者，懂得運用科學的方法，去探索消費者的需求，使出版的圖書，滿足廣大的讀者羣。⑸臺灣的出版業者，有強大的行銷力來推廣圖書，並帶動閱讀風氣。⑹臺灣的出版業者尤具有市場規劃的能力，可以設計不同的版本，肆應各地不同的需求，並懂得發展出版業智慧財產權的邊際效應，結合不同行業，共同創造利潤。因而，臺灣出版業應力求提升本身的優勢，長期扮演華人圖書出版界的最佳企劃。

陸又雄先生呼籲兩岸三地的業者，把眼光向前看五年，乃至十年，把理念投向全球華文市場，甚至國際市場，才能提升思考，發展出版的層次，開創分工合作共榮共繁的新格局。

四、兩岸三地決議加强出版交流，保護版權

一九九五年五月十五日至十六日，中華民國圖書出版事業協會、中國出版者工作協會和香港出版總會在香港召開了「第一屆華文出版聯誼會議」。會議主題是：保護版權，加强交流。會上，兩岸三地代表分別介紹了當地出版和版權概況，圍繞版權洽談與合作、著作權保護、行業守則、統一翻譯用詞、版權貿易、圖書展覽、資訊交流等問題，展開深入的研討。會議三方就下述問題達成初步共識：

(一)關於版權問題

1.三地的版權立法及執行存在差異，這可能會對三地進行版權合作和圖書貿易造成困難。與會人士建議採取以下兩種方法來減少困難和障礙：一是將三地在版權立法和執行中存在的不合理之處或與國際最新出版要求不符之處，向當地有關機構反映，推動令其作出改善。二是三地的出版團體設法將上述差異整理成資料，供當地出版業參考。

2.隨著三地出版業的日益繁榮，外國向三地售賣版權的業務越來越頻繁，但由於外國採取分地授權，容易出現不利於三地的苛刻條件，爲了維護三地出版業的利益，保證良性競爭，防止惡性競爭，建議三地形成一種共識：互相知會向外國購買版權的基本條件，以便協調行動。

3.由於有關版權轉售、發行、銷售地區的界定性條文不夠清楚，導致三地容易出現侵犯版權、

銷售權以及地域權不明確等情況。因此，三地今後要努力建立和完善這方面的條文，以避免或減少上述情況的產生。

4.建議在三地成立版權服務機構或仲介委員會，發揮諮詢、服務、協調、調解等作用。大陸和臺灣現已有這種委員會，今後將進一步加强這方面的工作，香港目前尚欠缺，擬盡快在出版總會之下設立一個版權委員會，負責有關工作。

5.兩岸加入WTO後，可能會對圖書出版及經營帶來某些影響，但三地的政府、有關機構以及出版同業對此都尚未深入了解，也缺乏應變準備，爲此，建議三地都要盡快開展對這一重要課題的研究。

6.由於歷史的原因以及現實情形的影響，三地間的圖書發行、零售和貿易存在著某些困難乃至不公平現象，希望三地的出版團體要盡力將有關情況向當局反映，並在力所能及的範圍內，解決一些實際問題，以促進三地的圖書貿易和交流。

7.如果原出版社與作者簽合同時不夠詳盡，往往會導致其後授權的困難和糾紛，有鑑於此，建議三地今後要通過各種方式，呼籲出版社與作者簽合同時，務必周全，有關出版團體也準備向出版社提供一些應遵循的基本條文，作爲指引。

8.對於盜版問題，除了呼籲當局嚴格執行反盜版的法規外，建議考慮三地分別或共同成立一個反盜版基金，協助受害者對盜版者採取法律行動。

9.關於大陸存在的內部發行問題，包括圖片等項亦是應重視的版權問題，提請有關方面加强控制和管理。

10.隨著三地圖書業的發展以及出版、零售、發行電腦化的出現，迫切需要對版權作出統一的標示，包括條碼、版權頁的條項，建議三地盡快著手開展這方面的研究，早日提出適用的統一標示。

(二)關於華文出版聯誼會的活動問題

1.第二屆華文出版聯誼會訂於一九九六年六月在臺灣舉行，同時舉辦版權貿易洽談會。第三屆聯誼會一九九七年在大陸舉行。

此外，在上述兩會舉辦期間，能否同時舉辦專題書展以至展銷問題，亦在考慮中。

2.鑒於大陸和臺灣在大型圖書展銷方面還存在一些不明朗因素以及一時難以解決的問題，爲了加强交流，首先確定於一九九六年三月十五日在香港舉辦一次以兩岸三地爲主體的大型華文展銷書展，然後總結經驗，探討日後在大陸以及臺灣舉辦同類書展的可能性。

3.隨著華文出版業的發展以及三地交往的日益密切，出版文化資訊顯得越來越重要，建議探討創辦一份介紹三地出版文化和出版專業的雜誌。確定先由三地分別構思可行方案，於今年七月前交香港出版總會彙總，並成立工作小組，爭取在七月香港書展期間審定可行性方案。此外，還可考慮利用電腦網絡的形式，提供有關資訊。

4.三地存在的翻譯名詞的差異，對出版、發行、零售業均造成諸多不便。建議三地兩岸團體分別與當地的翻譯界、學術界聯繫，研究解決這一重大課題的可能性，然後爭取促成三地的出版界、翻譯界、學術界聯合召開研討會，分步解決這一重大課題，這項工作難度大，涉及面廣，宜作爲一項長期的工作來努力。

㈢第二屆華文出版聯誼會的主題

確定明年在臺北召開的第二屆華文出版聯誼會的主題是：華文出版走向世界所面臨的問題。

五、臺灣出版業投資大陸之可行性探討

由葉君超先生主持、陳信元協同主持的《大陸大眾傳播事業投資環境之研究——出版部分》研究專案，在民國八十四年下半年，提出成果報告。報告中對臺灣出版業投資大陸之可行方式，提出下列的建議：

⑴以智慧財產權作為投資的方式。這是最保守，也是風險最小的方式，但因著作權的價值有限，所能得到的投資利益回饋亦極有限。

⑵合作經營。名義上找一個合於法令規定的單位作為主辦單位，經其主管部門認可，依正常程序向新聞部門申請設立；或是利用主辦單位原已設立的出版部門，予以更名變換實際經營者的方式投資介入。表面上，它是個大陸出版單位，但實際運作，全部由外方操控。但此一投資方式，即使獲得默許，嚴格來說，仍違反法令規範，政治風險不小。

⑶合資。大陸一旦開放外資介入出版業，初期可能以合資為主，為掌控經營權，控股比例應會限制外資在百分之四十九以下；而稿件之終審權，必然規定由中方掌握。合資的優點在於可運用中方的人脈網絡與已有的基礎開展業務，縮短適應期。但大陸業者較追求短期利潤，在經營理念上，

溝通較不易。

(4)獨資。外資獨資出版業的設立難度較大，一則因官方掌控不易有所作為，再則以法令觀念均需調整。但獨資的出版單位，較能發揮臺灣業者的長處，給予較自由的經營空間；一旦獲准設立，較高昂的成本與經營風險則是必得付出的代價。

至於，投資地點的選擇方面，應充分考量該地區地理位置、人民消費能力，當地出版能力與出版品銷售狀況等條件。報告中推薦了幾個較佳的地點，包括：北京、上海、廣州；次佳的選擇有：南京、成都。未列入推薦而為一般業者注意的地點還有：福州、天津、武漢、重慶、濟南等。

北京是大陸政治、文化中心，主要出版單位均集中於此，出版人才薈萃。各類出版品的出版量、銷售量均居全大陸第一，印刷業產值亦居首位。該地區人民平均消費能力亦在水平之上。但因係中央所在地，行政管制較為嚴格，發展自由性較其他地區為小。上海為大陸經濟中心，一九四九年以前更是出版中心，出版條件優厚。各類出版品出版量、銷售量位居前茅，當地人民平均消費額全大陸第一，消費能力强。廣州位於珠江三角洲，鄰近香港，商業活動興盛，行政官員的觀念亦較開放，在此投資出版，發展的自由度為大陸最高地區。當地人民收入為全大陸第一，消費能力全大陸第四。在近年出版業的發展中，廣東是成長速度最快的地區，也是投資者的最愛之一。

報告中也指出：臺灣出版業者資金能力普遍不足，企業規模太小，面對市場廣大的大陸，在自有資金不足、欠缺金融支援的情況下，資金調度能力成為投資最嚴重的弱點，亟待提升體質或結合同業共同投資。

六、大陸出版業趨勢之調查與研究

由陳信元主持的研究專案《大陸出版業趨勢之調查與研究》（含三個季度報告），於民國八十四年下半年正式出爐。報告中指出：大陸圖書市場的發展潛力無窮，但潛在的問題也不少，如發行制度有待改善，非法出版活動猖獗，人民的知識產權意識薄弱，侵權行為時有發生，法令可以朝令夕改等。臺灣出版業者赴大陸發展前，應當審愼評估可能遭遇的狀況及擬妥因應方法。

大陸現階段的發行體制，逐漸趨向臺灣業者採用多年的「寄銷」、「發行代理制」、「書店連鎖經營」、「超市賣書」等形式，印證了兩岸文化交流中的臺灣出版經驗，對大陸的影響，從點到面，到出版體制改革，都發揮了一定的作用。報告中建議有意赴大陸開展圖書總發行業務的臺灣業者，初期可先與新華書店、出版社合作取得申請資格。（依目前大陸法令規定，凡未享有圖書總發行權的單位，一律不得從事圖書總發行業務，違者按非法經營論處。）「二渠道」在大陸異軍突起，有其複雜的背景，業者不妨多了解「二渠道」書商的運作模式，吸取大陸圖書發行另一層面的「經驗」。

兩岸版權貿易開展至今，仍存在一些有待解決的問題，包括法人及法定代表人資格、版權貿易合同、侵權及法律責任追究問題，都有待雙方高層對著作權法律達成一些共識。大陸方面提出了一些建議，以促成彼此間的良性發展：㈠加强兩岸的溝通與交往，增進貿易合作。兩岸可以定期或不定期組織一些專題研討，進行人員互訪和信息交流，共同打擊侵權活動。共同購買外國版權，避免版權貿易中不合理的競爭。㈡相互支持配合，預防糾紛，查處侵權。兩岸應加强在版權管理方面的工作，在制止侵權方面，有必要制定一些簡便易行的措施，使兩岸的司法或行政管理機關較易相互配合共同查處侵權。㈢建議雙方高層對著作權法律有一統一的規定，尤其在保護的範圍及方式、法律責任、處理和執行部門方面，作一比較易使雙方操作的統一的規定。

發端於九十年代的大陸出版企業集團，正在逐步改善出版社經營體質，朝向規模經營，擴大對外交流和貿易的方向邁進。目前，出版企業集團的成員，都是國有企業，都歸口於省新聞出版局或出版總社管理，但由於不是股份企業，缺乏股份制那種利益共同體的機制，也殘存行政撮合的色彩。但由於大陸出版企業集團的經濟，出版實力雄厚，再加上香港的聯合出版集團的「中資」色彩，對臺灣出版業者拓展出版版圖的雄心壯志，形成不小的壓力，我方宜運用目前的優勢與大陸、香港中資出版企業集團合作，取得「雙贏」成果。

近二、三年來，大陸重視開發海外圖書市場，先後舉辦多次現場銷售的書展，逐漸以簡體字版取代繁體字版圖書，尤其刻意在新加坡、馬來西亞等地舉辦的巡迴書展，對臺灣圖書在上述地區的展銷，形成不利的影響。報告中建議有關當局愼重考慮，鼓勵業者就適銷大陸、東南亞地區的圖書分別印行繁、簡體字版，並以簡體字版「前進」上述地區，爭取更多東南亞讀者接受臺灣圖書。另外，也可考慮開放臺灣圖書赴大陸加工印刷，以降低成本，增强與大陸圖書的競爭力。

七、結語

自從浙江「千島湖事件」發生後，兩岸出版交流稍有降溫，臺灣出版業者趁此機會，冷靜地思考出版交流以來的利弊得失。許鍾榮先生形容大陸整個出版決策好像有個門檻，門檻內的（他所謂的第三階段），是我業者始終攻不進去，只能徘徊門外。大陸方面以書號、終審權控制協作出版、買賣書號，也嚴加掌控，預防外資介入大陸出版業。少數破例成立中外合資的出版企業，終審權還是控制在中方。

在買賣版權的過程中，臺灣業者早就發現有明顯的不公平存在，我們向來是買多賣少；有部分業者更是大力開拓大陸作家、學界的稿源，先決條件，是要先對大陸文化界有一定的了解，並能擁有豐沛的人際網絡。大陸這幾年搶選題、重複選題的情況很嚴重，有不少業者也留意起臺灣的暢銷書、常銷書種，希望引進到大陸出版。但因臺灣作家大多保留臺灣以外地區的版權，出版社無權可授；即使作家委託出版社全權處理海外版權事宜，也常因大陸版稅率、印數皆不高，無利可圖而作罷。有業者曾說，赴大陸所收的版權費，還不一定夠付旅館費。近年來，赴大陸機票、旅館等費用不斷地調漲，多少影響中小型出版業者赴大陸發展的念頭。如何在兩岸普設展銷廳（或展示廳），或創辦一份出版資訊雜誌，溝通兩岸三地出版業者的想法，促成彼此間的合作，就成為迫切的問題。

兩岸的出版問題已經談了很多，不容諱言，政府有關單位也為業者做了許多事，遺憾的是，至今尚未能成立常設性的諮詢服務機構，為業者提供各種疑難問題的解答、投資大陸的建議，定期的出版資訊等。我們期待有關單位對赴大陸投資出版業有更前瞻性的視野，更明確、長遠的規劃。

參考書目

陳信元（一九九五）：《大陸出版業經營趨勢之調查與研究》臺北：行政院大陸委員會。

宋木文等（一九九五）：《中國版協代表團來臺參訪兩岸出版合作研討會手册》臺北：兩岸圖書出版合作委員會、臺北市出版商業同業公會。

香港出版總會（一九九五）：《第一屆華文出版聯誼會議（新聞稿）》。

葉君超（一九九五）：《大陸大眾傳播事業投資環境之研究——出版部分》臺北：行政院大陸委員會。

下篇・兩岸出版交流之展望

「交流」和「傳播」在英文中是同一個詞：Communication，其基本含義是「與他人分享共同的信息」。交流是一種頗爲複雜的行爲，關於交流的定義就有一百多種，大陸學者關世杰將其歸納爲兩大派。一是「說服」派，主張交流是信息發送者，通過管道把信息傳給信息接受者，以引起反應的過程，即傳送者傳遞刺激，以影響接受者行爲的過程。另一爲「共享」派，認爲交流是使一個人或數個人所獨有的信息，化爲兩個人或更多人所共有的過程（一九九五：二五）。在古代東西方文化都偏重說服性的交流，目前則以主張共享派者佔多數。

兩岸出版交流的行爲大致可以分爲三種主要的層次，一是兩岸出版業者間的人際交流，透過面對面交談或通訊，達成信息溝通、思想交流的目的。二是兩岸出版組織、團體的交流，包括雙方業者組團互訪，舉辦兩岸出版研討會，大型圖書展覽等。三是透過兩岸大眾傳播媒介（出版品、報刊、廣電節目、音像製品、電子出版品等），向社會各階層傳播信息。

自九〇年代以來，兩岸互動式的交流活動頻繁，一九九〇年九月，由臺北市出版商業同業公會組成的「臺北出版人訪問團」第一次正式參加第三屆「北京國際圖書博覽會」。一九九一年五月，聯經出版事業公司與大陸「中國圖書進出口總公司」廣州分公司在廣州聯合舉辦「九一年臺灣地區圖書展銷會」，這是臺灣出版界第一次獲准在大陸舉辦的書展。（註一）一九九三年起，大陸出版界人士開始赴臺交流，五月，以「中國國際合作出版促進會」會長許力以為團長的大陸出版代表團一行十二人來臺參加「兩岸圖書出版合作研討會」，這是兩岸相隔四十年來第一次正式的研討會。（註二）

一九九三年十一月在北京舉辦的「一九九三臺灣圖書展覽」，由臺灣三百多家出版社提供兩萬多册圖書參展，這是四十多年來臺灣圖書第一次在北京「正式、單獨、大規模、公開展出」（黃肇珩，一九九四：一）這批圖書在書展結束後轉贈給北京大學圖書館闢專室陳列，提供閱讀。

一九九四年三月底，在臺北舉行「一九九四大陸圖書展覽」，共展出大陸一八一家出版社的一萬八千餘種圖書，這是大陸圖書首次在臺灣公開展覽，展出後全部圖書捐贈國立中央圖書館。由大陸九十家出版社負責人組成的訪問團一行九十九人來臺灣參加此次書展，是大陸出版界來臺進行交流活動人數最多的一次。一九九五年五月，由「中國出版工作者協會」主席宋木文（前中共「新聞出版署」署長）擔任團長的「中國版協代表團」一行十人來臺參訪，並參加「兩岸出版合作研討會」。這是來訪的大陸出版界人士中層級最高的一團，團員包括：現任的司長、新聞出版局局長兼出版總社社長等。五月中旬，香港出版總會與中華民國圖書出版事業協會、「中國出版工作者協會」在香港召開「第一屆華文出版聯誼會議」，會議主題是：保護版權，加强交流。會中決議第二屆聯誼會於一九九六年六月（已延期）在臺灣舉行，第三屆聯誼會於一九九七年在大陸舉行。

有關近年來兩岸出版交流的概況及成果，坊間已有不少的論述，筆者亦曾於一九九〇、一九九四、一九九五年的《中華民國出版年鑑》及陸委會補助的研究專案《兩岸出版業者合作發行書籍之現況調查與研究》中，專文介紹。本文擬從出版工作者的角度，深入探討兩岸出版交流中始終存在的問題，如大陸對臺交流的態度與設限，著作權及相關的問題；另外針對未來可能出現的新情勢，如兩岸合資辦出版的可行性、大陸出版集團的崛起及影響，兩岸加入世界貿易組織後對兩岸出版生態的評估等，提出一些個人的看法，就教於各界高明人士。

一、大陸對臺出版交流的限制

一九九五年五月六日，爲歡迎「中國版協代表團」來臺參訪，在臺北市舉辦了「兩岸出版合作研討會」。曾任中共「新聞出版署」署長、現任「中國出版工作者協會」主席宋木文，在開幕致詞〈加强兩岸出版交流，推進華文圖書出版合作〉中指出：大陸的出版業自改革、開放以來，經歷了兩個重大轉變。一是隨著經濟體制由計畫經濟向市場經濟轉變，出版體制也隨之轉變。在新的體制下，出版既是一項重要的思想文化事業，又是國民經濟中的一種產業；出版單位既要重視社會效益，又要重視經濟效益，而以社會效益爲首位。二是出版由封閉型向開放型轉變，逐步走向世界，與國際接軌。重要標誌是開展對外合作和建立著作權保護制度。不過，他也坦承兩岸在一些重大問題上，還存在著分歧。這種分歧表現在政治制度和意識形態上，當然也必然反映在一部份出版物的內容上（一九九五：一三—一五）。

大陸對兩岸出版交流存在著一種「既期待又怕受傷害」的微妙心理，從一九八八年十月三十一日，中共「新聞出版署」黨組頒發的〈關於當前在出版方面對臺灣進行交流的報告〉中，可以充分印證這種看法。報告一方面指出「應當充分利用時機，在出版方面做好對臺的交流工作」，另一方面要求所屬「要堅持經濟利益服從政治利益，單位和個人利益服從國家利益，要遵從中央關於對臺工作的總的政策和部署」，嚴格防止臺灣當局乘機對我進行政治思想滲透，防止出現『兩個中國』、『一中一臺』或兩個政府的問題」（陳信元，一九九三：一二七）。

大陸對進銷臺灣圖書或舉辦臺灣書展，一直深具戒心，規定舉辦港臺版圖書進銷須由國家批准的有關圖書進口單位負責承辦或協助有關單位辦理。主辦單位在舉辦展銷前三個月要向各主管部門上報書目，並向「新聞出版署」備案。臺版圖書上印有「中華民國」字樣，歷來是限於內部發行，凡經過批准公開展銷的臺版圖書，對印有「中華民國」字樣的，展銷前須進行技術處理。（陳信元一九九三：一二六）至於展銷圖書的內容，更是百般挑剔，舉凡政治、思想性讀物，一概拒之門外。根據一九九四年六月發布的〈對臺出版交流管理暫行規定〉（註三）。可以清楚地看出大陸擅長玩弄的「兩手策略」：一方面鼓勵向臺灣「輸出」，另方面限制由臺灣「輸入」。對出版界人士來臺參加交流活動，也多所設限。

鼓勵向臺灣「輸出」的條文包括：

第二條：鼓勵兩岸開展版權貿易和合作出版業務。大陸出版機構應積極推荐優秀大陸圖書供臺灣出版機構出版發行。

第三條：鼓勵大陸圖書貿易機構向臺灣銷售優秀圖書。

限制由臺灣「輸入」的條文包括：

第二條：在大陸出版臺灣圖書，辦理對臺合作出版業務，應當依照「新聞出版署」〈關於對出版臺港澳作品和翻印臺港澳圖書加强管理的通知〉規定，履行報批手續。

第三條：進銷臺灣版圖書應由國家批准的專業書刊進口單位按規定承辦，其他機構不得擅自進銷臺灣版圖書。

第四條：在大陸舉辦海峽兩岸圖書展覽、展銷及訂貨會等（包括內部展覽），必須依照國家規定辦理，並事先報「新聞出版署」審批。

第五條：臺灣出版從業人員在大陸從事合作出版、圖書貿易洽談和組稿等業務活動由省一級出版行政主管部門審批，並抄告同級臺辦。

第六條：（後面將引用，此略）

第七條：與臺灣合資辦印刷企業，要註重引進高精技術，對大陸印刷業的發展有促進作用的項目，並事先報「新聞出版署」批准後，報有關部門審批。

對出版界人士來臺參加交流活動的限制條文包括：

第九條：赴臺參加海峽兩岸出版交流活動，需報「新聞出版署」審批立項，重要項目由「新聞出版署」商「國務院」臺辦後批准立項。未經批准，不得參加在臺灣舉行的國際性活動。

第十條：各省、自治區、直轄市所屬出版機構人士赴臺進行出版交流活動，由省、自治區、直轄市新聞出版局商當地臺辦後報「新聞出版署」審核，由「新聞出版署」報「國務院」臺辦審批；中央單位所屬的出版機構人士赴臺由各業務主管部委對臺工作機構報「新聞出版署」審核，由「新聞出版署」報「國務院」臺辦審批。

這個規定在浙江「千島湖事件」後發布，事件發生後我政府曾宣布兩岸交流暫緩措施，以壓迫中共認眞處理「千島湖事件」，做出積極的回應。但中共向來是不吃硬的這一套，從它處理與美國因智慧財產權保護不力而引發的貿易制裁糾紛中，我們不難感受到中共刻意提高嗓門，甚至擺出不惜「玉石俱焚」的姿態，反逼迫對方相對作出部分讓步的獨特談判方式，堪稱國際公認難纏的對手。「千島湖事件」使兩岸出版交流出現自一九八九年「六四天安門事件」後的第二次倒退；中共對李登輝總統訪美，臺灣總統民選的過度反應，則造成第三次倒退，至今仍餘波盪漾。在每一次事件之後，大陸有關單位照例總要檢討一遍兩岸出版交流中存在的問題，嚴防我方的思想滲透，延後或取銷原定的兩岸出版交流活動，甚至不惜祭出種種設限的行政法規，以證明出版領域沒有受到臺灣的「精神污染」。這種擺脫不了「政治掛帥」的意識形態，正是我方業者赴大陸投資的隱憂，他們深怕一有風吹草動，造成政策緊縮，或兩岸緊張對峙，批判的口水和導彈齊飛，都可能導致投資成本無歸。雙方政府都有義務和責任，提供免於炮火威脅的投資環境，否則，兩岸關係一緊繃，倒楣的永遠是規規矩矩赴大陸投資的業者。

二、兩岸著作權問題的探討

歷年來兩岸各自頒布的出版行政法規、著作權法，雖不約而同宣稱保護對方人民的著作權，卻還未能就複雜的著作權問題，包括立法差異及衍生的問題，藉由雙邊事務性談判，訂立一套共同遵循的法則，落實著作權相互保護，這是現階段兩岸應該拋棄成見，誠意解決的問題。

一九九三年十一月五日，「一九九三臺灣圖書展覽會」和「國際合作出版促進會」在北京召開「兩岸圖書出版合作研討會」，筆者應邀以〈兩岸圖書出版合作展開新頁〉爲題作報告，在有關兩岸著作權的問題上，提出了一些有待溝通與改善的問題，如重複授權、著作權轉讓、兩岸簽訂版權貿易合同應注意事項、著作權被侵害或發生糾紛、文書驗證、版稅收入兩岸重複課稅、大陸加入國際版權公約後兩岸衍生的合作問題等。（註四）

這些問題得到大陸出版界和媒體的重視，但官方並沒有具體的回應。直到一九九五年五月十五日至十六日，由兩岸三地主要的出版團體在香港召開「第一屆華文出版聯誼會議」，三方就會議主題「保護版權，加强交流」，才有深入的對話。包括中共「國家版權局」官員、「商務印書館」總經理在內的大陸代表，均不諱言「在由計畫經濟向市場經濟轉軌變形的過程中，由於經濟利益的驅使，盜版愈來愈猖獗。」（王化鵬，一）原來著作權法中對盜版行爲沒有刑事責任只有行政處罰就顯得不足。中共「全國人大常委會」爲彌補立法時的思慮不周，於一九九四年七月五日通過〈關於懲治侵犯著作權的犯罪的決定〉，規定對嚴重侵權行爲可以判處七年以下的徒刑，並處罰金。「中國版協」也於一九九四年十月成立版權保護工作委員會。

在這次會議達成的初步共識中，値得重視的有以下幾項：一、對於盜版問題，建議考慮三地分別或共同成立一個反盜版基金，協助受害者對盜版者採取法律行動。二、將三地在版權立法和執行中存在的不合理之處或國際最新出版要求不符之處，向當地有關機構反映，推動令其作出改善；三地的出版團體設法將上述差異整理成資料，供當地出版業參考。三、建議三地互相知會向外國購買版權的基本條件，以便協調行動。四、三地今後要努力建立完善有關版權轉售、發行、銷售地區的界定性條文，以避免或減少侵犯版權、銷售權以及地域權不明確等情況。五、建議三地呼籲出版社與作者簽合同時，務必周全，有關出版團體也準備向出版社提供一些應遵循的基本條文，作爲指引。六、隨著三地圖書業的發展以及出版、零售、發行電腦化的出現，迫切需要對版權作出統一的

標示，包括條碼、版權頁的條項，建議三地盡快著手開展這方面的研究，早日提出適用的統一標示。（註五）

結合三地出版菁英、官員開會，又能達成一些基本的共識，原可說是營造了「三贏」的局面。可是，政治的陰影又悄悄地籠罩，推遲了應有的進度。自從李總統訪美以後，大陸和香港幾乎是同一口徑地採「觀望—推拖—擱置」的處事態度，上述的「共識」成了一張缺少背書、尚無法兌現的空頭支票。在政府和民間共同推動的兩岸文化交流中，出版交流可算是成績卓著的一個領域，但也閃避不了政治的干預。一些赴大陸投資的出版業者早已深諳「明哲保身」之道，遠離政治是非之地，低調發展本身事業，畢竟身處人治重於法治的地區，增强危機意識，才是降低經營風險的不二法門。

三、電腦軟件及多媒體的著作權保護

早在一九四六年，世界上第一部電腦就由美國建造完成；但要到六〇年代以來，人們逐漸了解電腦，尤其是電腦與著作權的關係。一九七〇年，聯合國要求世界知識產權組織（WIPO）進行研究，找出一個最適合保護軟件的法律形式。世界上第一個以版權保護軟件的國家，出乎意料地，是菲律賓，在一九七二年就明文賦予軟件著作權。美國要到一九八〇年國會修訂一九七六年版權法第一一七條，才明確規定對電腦軟件的著作權保護。

兩岸三地中，香港雖然依賴宗主國英國的法律制度，卻是最早以法律保護軟件的。英國一九五六年通過的《版權法令》，於一九七二年十二月十二日開始適用於香港，成爲香港現行版權制度的基礎。英國又於一九八五年頒布《一九八五年版權（電腦軟件）修訂法令》，明文指出軟件也受《版權法令》保護。一九八七年，英國頒下樞密院令，把《修改法令》從一九八八年二月一日正式引進香港。大陸也於一九九一年六月四日公布《計算機軟件保護條例》，並自十月一日起施行，後來又公布《計算機軟件著作權登記辦法》。臺灣沒有爲電腦軟件的保護單獨立法，但在新著作權法第五十九條設有規定：「合法電腦程式著作重製物之所有人得因配合其所使用機器之需要，修改其程式，或因備用存檔之需要重製其程式。但限於該所有人自行使用。」「前項所有人因滅失以外之事由，喪失原重製物之所有權者，除經著作財產權人同意外，應將其修改或重製之程式銷燬之。」

根據一九九三年底通過的關貿總協（GATT）「與智慧財產權有關之協定」（TRIPs），世界貿易組織（WTO）的所有會員，都必須以《伯恩公約》所規定的文學版權來保護軟件。香港在一九七九年成爲《伯恩公約》成員國，它亦是WTO會員，在法律上必須遵守GATT—TRIPs這項條文。臺灣和大陸尚未加入WTO，但大陸是《伯恩公約》的成員國，再加上已制定《計算機軟件保護條例》，在軟件保護的立法工作已超過臺灣。據了解，臺灣有關機關傾向在既有的著作權法中，修訂加入保護高科技產品的著作權保護。

多媒體是崛起於九〇年代最引人矚目的高科技產品，在著作權保護也遠較以前複雜。根據香港大學計算機科學系講師潘國雄博士的說法，一個能夠稱得上多媒體的產品，最少要滿足下列兩項條件：⑴可以同時處理文字、圖像、聲音、活動影像等不同媒體的數據；⑵容許用戶與產品之間有互動作用（interaction）。目前最流行的光碟、電腦遊戲都是多媒體作品。

中華版權代理總公司總經理高凌瀚在〈多媒體與著作權保護〉一文中指出：多媒體產品可能採用的法律手段不止一種，可以通過保護商業祕密、反不正當競爭等法律手段保護。但是最好的方式，還是充分利用現有的法律來保護，這要比另起爐灶方便、現實。

多媒體作品到底含有哪些著作權呢？潘國雄博士以一張普通的光碟爲例，它可能包含有五個或以上獨立受著作權保護的項目：⑴光碟內的程式。⑵光碟內的文字數據。⑶光碟內的聲音數據。⑷光碟內的屏幕顯像。⑸光碟內的整體數據作爲一個匯編作品。第⑴⑵項牽涉的是文學版權；第⑶項牽涉的是文學（說話部分）、音樂和錄音版權；第⑷項牽涉的是藝術和電影版權；第⑸項牽涉的則是匯編作品的文學版權。

多媒體開發者或製作者常爲如何從衆多的原權利人那裡獲得授權頭痛不已。大陸雖已建立了第一個民間的著作權管理集體——中國音樂著作權協會，但僅能以解決音樂作品的著作權爲優先業務。要解決多媒體複雜的著作權授權問題，最有效率的解決方式，應是建立一個多媒體作品著作權使用管理機構，協助多媒體業者和原權利人有效率地達成授權協議，保障雙方權益。應明在〈電子出版物開發過程中的著作權問題處理〉文中，提醒以上各方洽談簽訂著作權許可協議時，應注意到許可內容、權利使用費數額、許可方保證、違約賠償責任、協議轉讓等問題；如果需要使用外國作品，還將涉及適用法律、管轄法院和仲裁條款。他還建議著作權使用管理集體應該制定一套輔導簽訂各類作品著作權許可協議的指導規則，包含針對大量發生的常規性權利許可的協議標準文本和權利使用費計算辦法。兩岸三地的多媒體業者宜就著作權的使用事宜，建立一套爲大家共同接受的授權制度，以促進三地電子出版業的繁榮、發展。

四、兩岸合資辦出版的可行性探討

多年來臺灣業者始終不懈地尋求在大陸申請設立出版社的途徑，可惜未能如願。早在一九九一年十二月，由中共「國務院」批准，「新聞出版署」頒布的〈關於建立新聞、出版三資企業審批程序的通知〉上，就規定：新聞、出版行業（包括圖書、期刊、報紙、音像的出版、印刷、複錄、發行單位）禁止設立外資企業，原則上也不搞中外合資、中外合作企業。如個別確有需要設立的，應事先由中方項目單位報主管部委或省、自治區、直轄市新聞出版局（音像報其歸口管理部門）提出意見，報「新聞出版署」歸口審核同意，再到有關部門辦理其他手續。與港、澳、臺建立新聞、出版合資、合作企業適用於本通知精神。

一九九四年三月三十日，「新聞出版署」又發布〈關於禁止在我境內與外資合辦報紙、期刊和出版社的通知〉。通知中指出：根據中共〈外資企業法實施細則〉和〈中外合資經營企業法實施條例〉有關規定的精神，原則上禁止創辦中外合資的報紙、期刊和出版社等傳媒機構；已經試辦的中外合資報紙、期刊、出版社等傳媒機構，須嚴格遵守相關法律、行政法規和各項管理規定，並報「新聞出版署」和「國務院」新聞辦公室備案。與臺、港、澳地區合資創辦報紙、期刊和出版社等傳媒機構，適用於本通知精神。（註六）

目前，大陸只對包括臺灣在內的「商務印書館」系統，開了一個試驗窗口。一九九三年五月，經中共「新聞出版署」、「對外貿易經濟合作部」審核批准，由大陸、臺灣、香港、新加坡、馬來西亞（後兩家屬香港商務管轄）等五家商務印書館共同投資，在北京建立合資企業「商務印書館國際有限公司」。公司經營範圍包括：出版語文學習工具書、知識性叢書、華人學校教科書以及弘揚中華文化的系列書籍；經營中外文書刊和與文教有關的聲像製品（含電子出版物）的出版、發行、印刷、銷售。（註七）

大陸出版界人士並不排斥走合資合作辦出版之路，北京大學出版社社長彭建松透露：國際上一些大型出版公司願意出資和北大出版社合資辦出版發行單位，合作出版發行雙方的科學技術著作和學術著作。他呼籲大陸有關領導部門針對各家出版社的特點和優勢，「如同我國開辦經濟特區一樣，採取區別對待，分類指導，大膽試點和重點扶植的政策，指導和支持一些有對外優勢和條件的出版社走合資合作辦出版之路，走向世界。」（一九九六．二）這是一番具前瞻性、有識見的言論，但也反映了大陸對出版業嚴密的掌控。

在一九九四年六月六日，「新聞出版署」發布的〈對臺出版交流管理暫行規定〉第六條中，特別強調：「臺灣出版發行機構不得在大陸設立辦事處、派駐常駐人員。在大陸的臺灣企事業機構亦不得在大陸從事出版發行活動。」（註八）這種非善意、封閉性的規定，簡直是在開兩岸出版交流之倒車。當然，我們的出版業者自有因應之道，許多出版、發行活動始終低調、有效率的在大陸進行中。九〇年代初，大陸曾核准成文出版社在大陸設立辦事處，這是到目前爲止僅此一家的「試點」。「成文」的高級主管坦承在大陸的實際工作經驗，可以說是問題重重，從人事、檔案管理，時間、成本、公私、授權觀念，人際關係處理、公關費用支出，財務、外匯、採購問題，直到合資比例等，都存在南轅北轍的認知差距。

事實上在大陸還有一家中外合資，以出版發行科技出版物爲主要業務的百通科技圖書信息聯合公司（集團）。該公司原本是由大陸十二家科技出版社與北京出版社、中國建築工業出版社、電子工業出版社聯合成立的外向型集團公司。百通科技圖書信息聯合公司（集團）又與臺灣的淑馨出版社、敦煌書局合資組建廣州百通科技文化發展公司。這家聯合公司是由廣東新聞出版局批准，並由廣東科技出版社社長歐陽蓮擔任董事長。公司業務除組織聯合出版，向海內外發行科技圖書、音像製品、電子出版物外，還是港臺二百餘家出版單位在大陸的銷售總代理。一九九六年二月十六日發行的《出版參考》指出：該公司「推動了科技出版力量的橫向聯合和較大規模的經營，與一個省市出版社聯合成立地區出版集團不同」，「成立四年來取得很大的成果」。「百通模式」可視爲大陸官方對中外合資出版企業的另一個「試點」，何時開放設立第二家、第三家……，迄今尚未有時間表。

五、大陸出版集團在兩岸交流中扮演的角色

一九九六年三月十九至廿三日，在南京召開的「全國新聞局長會議」上，中共中央政治局委員、國務委員李鐵映，在書面講話中要求「出版物印刷企業和有條件的圖書發行企業，要大力推行企業制度。要引進優勝劣汰機制，積極進行組建出版集團和報業集團的試驗」（註九）。中共「新聞出版署」署長于友先，在致詞中作了呼應，指示新聞工作者「要積極審愼地進行報業集團和出版、印刷、發行集團的試點，提高規模經營能力和規模效益」。

「企業集團」這一名稱，首先出現於第二次世界大戰後的日本。根據昭和六十一年出版《經濟辭典》記載：企業集團，是指多個企業相互保持獨立性，並互相持股，在融資關係、人員派遣、原材料供應、產品銷售、製造技術等方面建立緊密關係而協調行動的企業羣體。大陸於八〇年代中期從日本引進「企業集團」，這一新型的經濟聯合體，首先出現在汽車、電子、電器等行業。一九九二年四月二十日，「山東省出版總社（集團）」正式獲准成立，這是大陸第一家出版企業集團。後來又陸續成立了四川出版集團公司、新疆出版印刷集團、天津出版貿易集團公司、江西出版集團、浙江印刷集團、北京科技期刊出版集團、中國對外出版集團等。與臺灣出版業者往來較密切的是四川和山東兩個出版集團。（註一〇）

大陸目前的出版集團成員，都屬國有企業，歸口於省新聞出版局或出版總社，便於調配和管理。但由於不是股份制企業，缺乏股份制那種利益共同體的機制，某種意義上，也難脫行政撮合色彩。中共「新聞出版署」計畫財務司司長吳江江就指出：大陸的出版集團尚不宜搞股份制，它應以堅持社會效益爲第一原則。

成立出版集團有多方面的優勢，江蘇省新聞出版局局長蔣迪安列舉了下列幾點：一、在圖書出版上，集團方式可以承擔大型的骨幹工程，可以支撐一些出版單位重大而無法承擔的項目。二、可以調整、平衡內部的貧富不均。三、集中集團的資金，投向一些重大項目，集中使用資金，最大限度地發揮資金使用效率。四、集團可以有效率地監督、引導本省的出版導向，加强管理。五、集中對外，形成規模，容易擴大對外交流和貿易。

大多數的出版集團都具備了集編輯、印刷、發行、物資供應、出版外貿爲一體的功能，另外也開展跨地區、跨行業經營，如涉足房地產開發、運輸、餐飲、廣告……等生產和商貿經營業務。根據一九九四年五月十八日中共「新聞出版署」頒布的〈關於書報刊音像出版單位成立集團問題的通知〉來觀察，組建出版集團目前階段只限於本省區範圍內的結合，不組織跨省、區的集團，不組織股份制出版機構。雖然目前只是開放少數集團作爲「試點」的階段，但臺灣出版業者已能感受到大陸出版集團化所顯現的雄厚實力，試如四川出版集團副總經理伍堯所說：出版集團的好處是容易發揮財力物力整體優勢，調節資金，抓大的重點工作。（註一一）

在九七即將到來之前，部份出版集團已有派人常駐香港的計畫，以就近了解港臺出版動向，適時進軍海外華文出版市場。兩岸加入世界貿易組織後，大陸出版品開放進入臺灣，成爲迫在眉睫的問題，筆者認爲以出版集團的實力與規模，向臺灣尋求更密切的合作，或以各種形態加入競爭行列都不無可能。何況在香港還有中資的聯合出版集團，近年來在海外積極開拓門市業務，頗有建立全球中文圖書發行網的雄心壯志。臺灣出版業對未來如果缺少整體的發展擘劃，是否會將華文出版市場舉足輕重的地位提早拱手讓人？這個假設性的問題値得嚴肅面對。

六、兩岸加入世界貿易組織後的出版交流

在「第一屆華文出版聯誼會議」達成的共識中，有一項是：兩岸加入世界貿易組織（WTO）後，可能會對圖書出版及經營帶來某些影響，但三地的政府、有關機構以及出版同業對此都尚未深入了解，也缺乏應變準備，爲此，建議三地都要盡快開展對這一重要課題的研究。近兩年陸委會已

委託專家完成兩個研究報告，一是《世界貿易組織中與智慧財產權有關之協定與兩岸著作權保護》，一是《加入世界貿易組織對兩岸出版品交流之影響》；在出版專業刊物上也有對相關議題的論述文章。

兩岸目前都積極申請加入WTO，若皆獲准加入，兩岸出版交流勢必進入另一個新的局面。除非兩岸都沒有開放出版市場的意願和打算，寧可維持現狀，否則按照世界貿易組織協定就應開放產品自由流通。大陸出版品大量進入臺灣公開販售的問題，早在幾年前就被提出討論過，當時陸委會的立場，是考慮大陸圖書進來以後對我們的出版結構是否會產生很大的衝擊，並在某種程度打擊到本地出版業，壓縮他們的生存空間。問題的關鍵是大陸書價遠較臺灣低廉。但近年來由於紙張短缺、工價上升等因素，大陸書價也不斷在調漲中，但和臺灣書價仍有相當的差距。

未來大陸圖書若獲准在臺灣自由流通，對岸出版、發行業者可能要認眞考慮下列的問題：一、若圖書定價太低，臺灣代理發行商未必有利可圖，引不起代理興趣；若定價太高，又未必有競爭力。二、若以簡體字版進入臺灣，一般讀者購買意願一定偏低；若在大陸直接印製繁體字版，又要考慮到紙張、印製水準、封面裝幀等，是否能與臺灣圖書並駕齊驅，另外包括再版的印數考量，也是一門大學問。三、部份大陸出版品可能採委託加工方式，寄來網陽片直接在臺灣印製、銷售，所訂書價可能與臺灣圖書相差無幾。

由以上的分析，筆者建議兩岸加入WTO後，我方並不需要刻意表態阻攔大陸出版品進入臺灣，只需將「球」交給大陸，看它選擇的是維持現況或是全面開放即可。兩種方案都各有其利益得失，我們要求大陸開放出版市場，也要先評估自己能否承受相同的開放壓力；我們要赴大陸開出版社，他們更不會放棄以出版集團來臺灣打先鋒，建立橋頭堡的鴻圖大業。兩岸的競爭已邁進實力的較勁，我們的出版業較之大陸對手，到底還保有多少優勢，許多臺灣業者趨向保守的看法。即使目前我們在企畫能力，資金與行銷上，還占有一點優勢，但出版品的原創性和國際性不足，在未來會成爲臺灣出版界很大的致命傷。誠如淑馨文化集團總經理陸又雄語重心長的預測：臺灣的出版業者若再不努力，將來有可能在大陸市場上被國際的競爭對手淘汰，而在國際的市場上被大陸的競爭對手淘汰（鍾信仁，王思迅，一九九五：七）。

七、結論

在「千島湖事件」發生後，兩岸出版交流稍有降溫，臺灣出版業者趁機冷靜地思考交流以來的利益得失。錦繡文化企業董事長許鐘榮形容大陸整個出版決策好像有個門檻，門檻內的（包括合資開出版社或大型書店、連鎖店），我業者始終攻不進去，只能徘徊門外。不准的原因可能怕影響或打破大陸五百多家出版社統一資源分配的出版生態。大陸有關單位以書號、終審權控制協作出版、買賣書號，也嚴加掌控，預防外資介入大陸出版業。少數成立中外合資「試點」的出版企業，終審權還是控制在中方。

錦繡文化企業累積許多年與大陸出版合作的經驗，提出幾個可行性模式，如與大陸出版社合資共同出版，以對方書號出版，掛雙方出版社名義，投資各半、利益均分；從事出版週邊產業的投資合作，如電腦排版、印刷等；將臺灣直銷經驗延伸至大陸；委由大陸出版社代製作，在臺印刷發行。

大陸圖書發行體制改革以來，出版社自辦發行成爲一種重要的發行渠道，於是產生了一種橫的集中，科技界的成立一個科技聯合發行網，經濟界的成立另一個聯合發行網……，「淑馨」總經理陸又雄認爲：大陸出版社爲了擴大發行網則必須借助外資合作，今天如果跟大陸任何一家出版社談合資、借用招牌，這方面的切入非常容易。

一九九四年初，中共「新聞出版署」署長于友先明確指出：發行體制改革的重點是搞活新華書店機制。新華書店總店總經理建議引進臺灣出版界普遍採行的「發行代理制」，也有人建議實行連鎖經營。兩岸出版交流的實際效益，已逐漸浮現。事實證明，臺灣出版經驗對大陸的影響，從點到面，到出版體制改革都發揮了一定的作用。

近二、三年來，大陸重視開發海外華文圖書市場，先後舉辦多次現場銷售的書展，逐漸以簡體字版取代繁體字版圖書，對我業者產生排擠作用，尤其刻意在新加坡、馬來西亞等地舉辦的巡迴書展，對臺灣圖書在上述地區的展銷，形成不利的影響。筆者曾建議有關當局愼重考慮，鼓勵業者就適銷大陸、東南亞地區（大部份已改用簡體字）的圖書分別印行繁、簡兩種字體的版本，並以簡體字版「前進」上述地區爭取更多海外讀者接受臺灣圖書。另外，也可考慮開放臺灣圖書赴大陸加工印刷，以降低成本，增强與大陸圖書的競爭力。在政府規劃「亞太媒體中心」時，並未納入出版這一項目，事實上未來國際圖書市場的重心將會在亞洲，大陸、臺灣、香港三地正是外國出版界最感興趣、極力開發的亞洲主力市場。（註一二）我們似應發揮華文出版市場龍頭的作用，規劃結合三地出版資源，透過超地域性的出版集團共同向外發展經營，才能攜手開拓國際出版市場。

註釋

註一：八〇年代中期，香港的出版社與深圳大學聯合舉辦過兩屆「臺灣圖書展銷會」。一九八九年八月在北京舉行的「第二屆全國圖書展覽」，由中共「新聞出版署」主辦，臺灣有十四家出版社參展。

註二：第三屆、第四屆「北京國際圖書博覽會」展出期間，曾分別舉行過「海峽兩岸出版交流座談會」、「如何加强兩岸出版合作研討會」。

註三：該規定收入《中國出版年鑑一九九五》（北京：中國出版年鑑社，一九九五年一一月）。二二二。

註四：該文收入《出版人：兩岸圖書出版合作研討會專輯》（臺北：中華民國圖書出版事業協會、出版人雜誌社，一九九四年三月）。九九～一〇六。

註五：引自《第一屆華文出版聯誼會議（新聞稿）》。

註六：本通知刊登於《中國出版年鑑一九九五》。二二一。

註七：見薛冬〈商務印書館有限公司在北京成立〉《新聞出版報》。一九九三年十月二十五日。

註八：同註三。

註九：該則報導刊登於《出版參考》一九九六年第八期。四月十六日。三。

註一〇：有關大陸出版集團的詳細資料，請參見筆者所撰〈發展中的出版企業集團〉，收入《大陸出版業經營趨勢之調查與研究》臺北：行政院大陸委員會專案研究報告。一九九五年六月。

四一~五二。另參見〈大陸出版企業集團的崛起〉，載《出版界》第四三、四四合輯。一九九五年六月。四九~五六。

註一一：見黃慧敏整理〈四川出版集團來臺洽談會〉，《出版界》四〇、四一期合輯，一九九四年八月。三〇~三三。

註一二：引自楊貴山〈美刊撰文：未來的圖書市場在亞洲〉，《出版參考》第一五〇期，一九九四年五月。八。

引用書目

王化鵬（一九九五）：〈加强版權保護促進出版交流〉。《第一屆華文出版聯誼會議（論文）》香港：香港出版總會。

宋木文（一九九五）：〈加强兩岸出版交流，推進華文圖書出版合作~在「兩岸出版合作研討會」上的講話〉。《中國版協代表團來臺參訪兩岸出版合作研討會手册》臺北：兩岸圖書出版合作委員會、臺北市出版商業同業公會。一一~一六。

陳信元（一九九三）：《兩岸出版業者合作發行書籍之現況調查與研究》臺北：行政院大陸委員會。

彭松建（一九九六）：〈發揮優勢走向世界〉，《出版參考》第六期，三月，二。

鍾信仁、王思迅（一九九五）：〈兩岸出版市場的合作與競爭〉，《書香》第四四期。二月。四~七。

關世杰（一九九五）：《跨文化交流學~提高涉外交流能力的學問》北京：北京大學出版社。

潘國雄（一九九六）：《軟件與版權》香港：三聯書店（香港）有限公司。

柒、兩岸三地中文出版業的發展趨勢與整合方向

一、兩岸三地出版業交流的回顧與現況

1.回顧篇

從三十年代以來，香港的中文圖書發行業務（尤其是教科書），基本上仰賴上海、廣州供應；一九四九年以前，臺、港兩地都與大陸的出版社有頻繁的往來，四十年代中期後，老字號的商務印書館、中華書局、世界書局、正中書局、開明書店、啓明書局等，紛紛渡海赴臺設立分支機構，開展出版發行業務。

一九四九年以後，兩岸分裂，雙方長期處於嚴重的軍事對抗局面，出版交流完全中止。香港與大陸、臺灣間的圖書產銷關係大致形成三個階段：

一、第一個階段（一九四九——一九六六）：五十年代初，大陸來書由三聯書店香港分店及新民主出版社在香港統一發行，內容包括政治、經濟、哲學、思想修養、近現代文學、普及知識讀物等。這一時期臺版圖書質量不高，香港進口也不多，港版也僅有些翻版書、武俠通俗小說等。五十年代中期起，大陸不斷搞運動，貨源逐漸減少，造成港、臺出版業的發展。

二、第二個階段（一九六六——一九七六）：十年「文革」動亂期間，大陸出版業陷入空前低潮，香港門市書店的貨源中斷，文史翻版書趁勢而起，部分書店設法從臺灣進貨，書種包括：文學作品（瓊瑤小說、「皇冠」小說、武俠小說、古典文學讀物）、藝術畫冊、學生參考用書、字典辭書等。

六十年代中期，臺灣經濟剛起步，工資很便宜，出版社及印刷廠管銷成本低，香港出版商挑選一些港臺都適合的題材，由臺灣出版社編輯、校對、印刷，分別印成香港版和臺灣版，以港幣和臺幣定價。兩地合作印行一本書，可以降低成本，調低售價，加强競爭能力，銷售和獲益情況都令雙方滿意。這種合作出版關係維持至七十年代中期。

三、第三個階段（一九七六至今）：大陸出版業恢復正常，新書出版量大幅增加，臺、港出版業隨著經濟起飛、教育普及而走向興盛，三地出版物各具優勢，在香港圖書市場上，三方的相互競爭，十分激烈。

一九八二年以來，由於出現香港前途問題，港幣貶值，臺灣圖書售價因而提高一倍，再加上臺灣的工資和成本不斷調升，一般圖書定價比香港高二至三成，在香港的銷路也受到一定的影響。

一九八七年，臺灣宣布解嚴，兩岸積極推展出版交流。初期相關法令規定，應透過自由國家或地區的仲介者，間接取得大陸出版品的授權，後來取銷「仲介授權」的硬性規定，臺灣出版業者可以直接與大陸著作權人或出版社簽訂授權出版契約。香港出版業者在兩岸出版交流初期，扮演十分重要的引介角色。

八十年代中期以來，兩岸圖書貿易取得長足的發展，但因兩岸尚未直通，大陸圖書進出口公司在香港都有各自的代理商，負責辦理臺灣書刊的轉口貿易，如廣彙貿易公司、太平洋圖書貿易公司、啓文書局、西索公司等，對臺灣圖書轉口銷往大陸貢獻不小。臺灣的學校、圖書館、單位、讀者也透過香港書店購買大陸出版品。

2.現況篇

九十年代的臺灣出版業，克服諸多的困難，如世界性經濟不景氣、產業外移、著作權法重新修訂、中美著作權談判、出版品郵資大幅上漲等，基本上已跨越了傳統經營的模式，朝制度化、企業化的方向邁進。出版的周邊產業，包括電腦排版、繪圖、印刷、裝訂業，在設備、技術和品質上都精益求精。出版的行銷通路漸趨多樣，注重管理，大型連鎖書店、超商便利商店系統激增，改變了傳統的經營型態。截至一九九三年底，臺灣地區出版社數量已達四一一二家，出版新書一萬數千餘種。據出版業者粗略的估計，每年圖書市場的營業額高達數百億臺幣，出版業平均年成長率至少有二位數以上。

近幾年，臺灣版圖書在香港圖書市場的平均占有率約在百分之十三左右，位居香港進口書的第三名，僅次於美國、英國。一九九三年進口到香港的臺灣圖書有八千種，在香港各門市可以買到的約五千種，另外三千種直接送到圖書館或進入大陸。香港業者預估一九九四年，臺灣進口到香港的圖書會超過港幣一億三千萬元（包括轉口到大陸的圖書金額）。

香港的出版業是從六十年代後期開始發展，新的出版機構陸續出現，至八十年代中已形成一個蓬勃的書刊市場。自一九八九到九二年，因「六四」學運、「九七」壓力籠罩，香港的政治、經濟、社會環境，經歷了不小的變遷，圖書出版界的經營陷入低潮，不論是出書量或書店門市的生意，都呈明顯的下降趨勢。經過業者不斷努力的調整，已逐漸扭轉原先大衆通俗、消費休閒的出版形態，而轉型向資訊性、實用性、專業性書籍以及漫畫、翻譯書的出版新方向。在圖書行銷通路上，頗有進展，「聯合出版集團」的大型門市在香港目前已達二十餘家，並繼續朝圖書百貨公司的經營理念發展，提高了香港讀者逛書店的樂趣。此外，超商、便利商店、百貨公司的圖書專櫃、地鐵售書點、書報攤，都加速了圖書的流通。

截至一九九三年底，在香港商業處登記的出版社約有六百五十家，較活躍的出版社有三百家左右，具規模的有五、六十家。香港一年出版新書三千五百種，扣除一些非賣品，眞正圖書占百分之八十。大部分圖書在香港本地銷售，只有百分之二十銷至大陸或臺灣。據臺灣業者估計：香港圖書在臺灣圖書市場的占有率，不到百分之五。

香港圖書進入臺灣有兩條管道，一是香港作家或出版社授權在臺灣出版，如金庸作品在「遠流」出版，倪匡作品在「皇冠」、「風雲時代」出版，亦舒、梁鳳儀作品在「林白」出版，香港天地圖書公司出版的大陸作家作品，授權「風雲時代」在臺灣出版等。二是香港圖書透過十餘家業者直接進口。至於香港圖書在臺灣的銷售狀況不理想，甚至許多書不能進入臺灣銷售，其原因綜合臺、港兩地業者的意見如下：

一、政治上的阻礙。兩岸人民關係條例施行後，大陸圖書可以到臺灣展出，但不能銷售；香港「中資」出版機構的出版品視同大陸圖書，比照辦理。但「中資」出版社的圖書可授權在臺灣出版，也可以合作出版名義由出版社雙掛名在港臺上市。

二、大陸或香港「中資」出版社的圖書目前不能在臺銷售，關鍵不在於意識型態，而是考慮對臺灣出版結構是否造成衝擊。臺灣圖書出版業結構脆弱，承受不起低價位的大陸圖書（香港「中資」圖書是遭受池魚之殃）排山倒海似的湧入。

三、以前，臺灣盜版猖獗，影響業者進口香港圖書的意願。直到一九九〇年八月一日起，香港政府頒布法令保護臺灣著作，在對等的原則下，臺灣也保護香港人民的著作。一九九二年六月十二日臺灣的著作權法全面修正後，香港人民著作受到更多的保護。侵害香港人民的著作權，不僅要入獄，被害人還可請求賠償。

四、香港每年出版書種不多，圖書亦多偏向流行性和暢銷性。在香港流行暢銷的，在臺灣未必流行、好賣。某些香港作家在作品裡的廣東用語，以及香港事物，都相當程度阻隔了臺灣讀者的閱讀興趣。

五、臺灣與香港行銷制度的差異，如香港的門市，不能退書，導致香港圖書的滯銷。香港出版業者應在臺灣尋找合適的經銷商，由他們協助解決行銷上的問題。

大陸的出版社截至一九九三年底，共有五百四十多家，平均每社人數七十餘人，平均每社出書一百七十餘種。年出書量最大的人民教育出版社，高達一四〇九種。一九九二年共出版圖書九二一四八種，新版五八一六九種），銷售金額達一〇〇・六九億人民幣。全國人均購書五・五册，八・一三元。

一九九二年，「中國圖書進出口總公司」通過香港進口的臺灣書刊碼洋金額爲四七〇萬美元，其中圖書約占百分之七十，共二十二萬册，達三二〇萬美元。一九九三年，書刊合計進口碼洋爲六

○○萬美元，圖書共三十五萬册，達四四○萬美元。如再加上其他圖書進出口公司，購書金額可能還要增加百分之二十。

大陸向海外出口書刊，按規定只允許經批准的有出口業務的公司或出版社承辦。臺灣方面有二十餘家代理公司辦理向大陸購買各種書刊及縮微製品、數據庫、光盤等。據不完全的估計，一九九二年大陸由各種管道出口到臺灣的書刊約有五十萬册左右，金額大約在一○○至一五○萬美元。

大陸進口臺灣圖書，主要是供應科研、教學、企業和機關等單位的訂購，訂購圖書的地區，主要集中在東北、華東、中南和西南幾個主要省分，個人購買力前景看好。但自一九九四年一月一日開始實施兩種匯率並軌，大陸進口圖書的價格大幅上漲，而單位購書經費的增長遠遠趕不上匯率的升值，預期購買力將有所萎縮。另外，臺灣圖書的價格比大陸高出十倍以上，較難發展大規模的零售，目前，祇在各地外文書店的門市銷售。

二、香港在兩岸出版交流中的關鍵性地位

一九八七年七月十五日，臺灣解除戒嚴後，以前所依據取締、管制大陸地區出版品的法令隨即失效，審查大陸出版品進入臺灣地區的管理責任，也轉移到主管出版業務的行政院新聞局。當時的輿論一再建議當局，以開放的心胸，重新考慮大陸出版品管制問題。前新聞局長邵玉銘先生亦指出：大陸地區出版品是大陸知識分子的心血結晶，屬於我們民族的財產，只要其內容非宣傳共產主義、不違背國家政策者，均願與之分享。這項談話表明了臺灣願與大陸知識分子共同效力於發揚中

華文化，達成文化中國的共同理念。

七月二十二日，新聞局發布的「出版品進出口管理與輔導要點」，對大陸出版品作有限度的開放，規定出版事業若欲印行大陸地區有關科技、藝術及史料文獻或反共言論者（按：一年後取銷出版範圍限制），出版事業得個案向該局申請，核准發行時，應重新編印，不得使用簡體字，從此大陸地區出版品在臺灣開始具有合法地位，並獲准正式出版發行。

十一月十七日，新聞局又發布「申請出版淪陷區出版品審查要點」和「淪陷區出版品審查作業須知」，對出版業者出版大陸地區出版品，予以較周詳的規範和實施準則，要點中規定，業者在申請出版大陸地區出版品前，應與自由國家或地區之獲得原著作權人或製版權人（限非中共機構及其人員）授權出版之人，簽訂授權契約，並經自由國家或地區（包括本國自由地區）公證人公證，及我國官方機構驗證，此即「第三地第三者仲介授權原則」（按：後經修正取銷授權需透過第三者的規定，出版業者可以直接與大陸著作權人簽訂授權出版契約。），巧妙地迴避了與大陸官方機構發生直接關係。

臺灣出版業者取得大陸出版品授權方式，隨著行政法令的頒布，不同的階段有不同的作法，業者各依自己的需求而穿叉使用，各顯神通。香港出版業者、學者、作家等，以本身的有利條件，常扮演關鍵性角色。茲列舉其中數種較具代表性的作法於下：

㈠透過第三者第三地的仲介者，如香港的出版機構或人民，間接取得大陸作品或出版品的授權。

臺灣出版業者依據法令透過第三者或第三地仲介（以香港居多），間接取得授權的部分實例如：遠流出版公司透過香港「問學社」取得《長城萬里行》、《千年古都西安》、《首腦論》（嚴家其）；金楓出版公司透過香港「紀光電腦排版公司」取得《藏傳佛教藝術》；藝術圖書公司透過香港「問學社」取得《明代傢俱珍賞》；臺灣商務印書館透過香港「大德出版有限公司」取得《龍的藝術》、《姑蘇繁華圖》、《國寶》、《紫禁城宮殿》、《清代宮廷生活》等一系列文學、史學、哲學圖書；南天書局透過香港「太平洋圖書貿易公司」取得《中國古代服飾研究》（沈從文著）；旺文社透過香港「順揚投資有限公司」取得《漢英常用中藥手册》、《漢英常用中醫方劑手册》；雄獅圖書公司透過香港「華貿貿易公司」取得《中國美術辭典》。

這種業者經常採行的版權貿易形式，由於仲介者的資格不受限制，良莠不齊，少數仲介者予取予求的投機心態，令業者頗有微辭。開放大陸探親及仲介授權規定取銷後，業者親赴大陸直接洽談版權，香港等地區的仲介作用日漸萎縮，此項貿易模式也趨向沒落。

(二)透過香港及海外學者、作家引介，達成授權契約。

海外學者、作家參與仲介業務，多屬客串或義務性質，他們大多兼具大陸文學研究者的身份，引介到臺灣的大陸文學作品，質量俱是一時之選，提昇了兩岸文學交流的水平。這些海外學者以本身的專長和優質的條件，不僅在挑選作家作品時獨具慧眼，他們附帶撰寫的導言、評介文字，及附錄的作家、作品相關的研究資料，提供讀者進一步去了解大陸文學現況。

較爲知名的實例，有香港大學比較文學系黃德偉教授爲新地出版社、三民書局引介一系列大陸作家作品；香港作家西西、彥火、施叔青等人，爲洪範書店、林白出版社、遠景出版公司等，所取得的出版授權。

㈢直接與香港三家「中資」（中共資金）出版社洽談版權。

在香港出版的中文書，大多以繁體字排版，業者取得出版授權，通常可省下一筆編排費用，但有些香港出版業者，也會要求臺灣業者分攤部分製作費用，或適度提高應付的版稅額度。

香港三家規模較大的中資出版社——香港商務印書館、香港中華書局、三聯書店香港分店，屬中共在港投資企業，與大陸地區各出版社往來密切，並且可委託代為授權，我方業者在香港又發展出另一套大陸出版品授權模式，其中尤以「臺灣商務印書館」、「臺灣中華書局」得淵源之便，獲得香港商務、中華的多種出版品出版授權。

另一種合作方式，是由臺灣、香港的業者分工合作，共同投資，如臺灣的旺文社透過仲介者牽線，與三聯書店香港分店合作出版六部工具書，即《漢英常用中藥手冊》、《漢英常用中醫方劑手冊》、《分類漢語成語辭典》、《中國歷代名人勝迹大辭典》、《中國姓氏大辭典》、《中國民俗大辭典》，同時發行臺灣、香港和大陸以外地區。合作模式是由香港三聯編輯定稿，文稿交由旺文社在臺灣排版、校對和製版，印製工作在香港進行，費用由雙方按印數比例分攤，這已粗具合作出版的規模了。

㈣透過香港「中華版權代理公司」取得出版授權。

設於北京的「中華版權代理總公司」是中共批准的對臺版權業務的代理機構，直屬「國家版權局」領導，公司「以民間機構對外，以自己的法人資格接受作者或其他版權所有者委託，開展對臺版權貿易業務。」該公司組織章程中，明載成立宗旨是依有關規定辦理大陸、臺灣、香港、澳門等地的文學、科學、哲學等書籍的版權事宜，包括所有權、使用權以及版權轉讓等各項服務。該公司的仲介服務，包括取得大陸作者擁有該書著作權的證明，或由大陸出版該書的出版社出具作者擁有著作權的證明，再經該公司蓋上證明的圖章。此外，由三聯書店、中華書局、商務印書館香港總管理處在香港組建香港中華版權代理公司，受「中華版權代理總公司」的委託，在香港代理對臺版權業務。

三、兩岸出版交流展開新頁

現階段大陸地區出版品在臺出版的最新法令，是一九九三年三月三日新聞局發布的「大陸地區出版品電影片錄影節目廣播電視節目進入臺灣地區發行製作播映許可辦法」，本辦法是依據一九九二年九月十八日施行的「臺灣地區與大陸地區人民關係條例」第三十七條第二項規定訂定的，在許可辦法中，對「出版品」、「大陸出版品」都有明確的定義：「出版品：指用機械印版或化學方法印製而供出售或散布之文書圖畫。發音片視為出版品。」「大陸地區出版品：㈠由大陸地區人民、法人、團體或其他機構發行或製作者。㈡由大陸地區人民、法人、團體或其他機構與臺灣地區以外之其他國家、地區人民、法人、團體或其他機構合作發行或製作者。㈢有中共黨、政、軍領導幹部參與而由臺灣地區或其他國家、地區人民、法人、團體或其他機構發行或製作者。」前新聞局出版處長蔡之中接受「中國時報・開卷版」記者採訪時指出：臺灣出版界向大陸人士約的稿件，只要並未在大陸出版，而且不具中共黨政軍領導幹部身份，都不算大陸出版品，不必援用大陸出版品許可辦法（事先需送審），只要回歸到出版法精神採事後審查即可。有些業者已直接赴大陸開發稿源，較少與大陸出版社談判成書的版權。但如採取兩岸同步出版，臺灣業者取回原稿或複印件、磁碟片，應可比照事後審查的辦法。

一九九三年三月五日又頒行「大陸地區圖書電影片錄影節目進入臺灣地區展覽觀摩作業要點」，爲大陸地區圖書進入臺灣地區展覽提供法令依據。作業要點指出：申請單位爲臺灣地區政府機關、學術機構或依法登記一年以上、營運正常且最近二年未違反相關法令受行政處分之圖書出版業，必須於展覽前二個月檢附展覽計畫及圖書目錄、展覽場地使用同意書向新聞局申請。進入臺灣地區展覽的大陸地區圖書不得於現場銷售，展覽結束後，除了經新聞局准予贈送有關機關（構）典藏外，應全數運出臺灣地區。此要點爲大陸出版品及人員來臺，開了一扇方便之門，有利於雙方從事版權貿易，或展開進一步的出版合作洽談。一九九四年三月二十九日至四月四日在臺北舉辦的「大陸圖書展覽」，即是根據此要點，於展覽完後，將展出圖書捐給中央圖書館。

目前，臺灣出版業者取得大陸出版品授權的方式還包括：

㈠直接取得大陸作者的授權

開放大陸探親後，業者直接與大陸作者簽約的情事，與日俱增，但因兩岸長期隔閡，加上大陸「著作權法」遲至一九九一年六月一日才正式實施，大陸作者、出版社普遍對著作權的觀念淡薄，常常不按牌理出牌，重複授權，令臺灣的出版業者頭痛萬分，其中如張賢亮的《男人的一半是女人》有「文經」、「躍昇文化」、「遠景」三種版本；鍾阿城的《棋王、樹王、孩子王》有「新地」、「海風」、「光復」三種版本；白樺的《遠方有個女兒國》有「三民」、「萬盛」版；嚴家其的《首腦論》有「遠流」、「谷風」版，《我的思想自傳》有「風雲時代」、「遠流」版。

主管機關對於授權眞僞之辨、重複授權之說也頗難判斷，加上當時兩岸對文書驗證問題也未取得共識，最後只有引用「淪陷區出版品、電影片、廣播電視節目進入本國自由地區管理要點」第八點規定：「有二以上業者申請在本國自由地區出版、發行、製作、映演或播送（放），行政院新聞局應以收到申請案之先後次序決定之。如有權利爭執，應由業者循民事訴訟程序，尋求解決。」

㈡直接與大陸出版單位簽訂授權出版合同，或進行兩岸出版合作事宜。

目前，這種直接授權模式，普遍爲臺灣業者所採用，主要是與大陸出版單位直接簽約，不僅可省下仲介者的佣金，同時直接洽談能夠及時溝通信息，開發新的項目。由於彼此的相互信任，還可以合作發展出另一種結合兩岸人才的長期合作關係。但兩岸業者必須具有掌握社會資訊、平衡市場供需能力，才能達到出版交流的眞正目的。

㈢透過設於北京的「中華版權代理總公司」取得出版授權。已說明如上。

在兩岸出版交流的腳步邁開之後，隨著大陸書展的舉辦與邀約，臺灣業者紛紛組團前往觀摩、展銷並洽談版權、展開合作出版，自一九八六年每兩年舉辦一次的「北京國際圖書博覽會」，以及各地圖書出版單位或「中國國際合作促進會」的對外合作出版洽談會，全國性的書展活動，都提供業者觀摩和洽談版權的機會。

現階段的兩岸出版合作，又進入到一個全面交流的領域，臺灣業者從事出版企畫時，通常會充分利用兩岸豐沛的人脈，交由最符合條件的人選去執行製作，從而衍生了新的合作途徑：

㈠以臺灣的出版社爲主導，由臺灣作家撰文，請大陸畫家配插圖，這種方式以兒童圖書爲主。

㈡在翻譯外國作品方面，由一方或共同取得國際中文版授權之後，可以洽談進一步的合作，如共同選定翻譯者，在一方進行電腦排版作業，製作繁、簡體字兩套磁碟片，以供雙方雷射校稿及輸清樣。

㈢由臺灣出版社出錢，由大陸專家學者配合考古與發掘，進行研究、記錄、整理，由臺灣的出版社出版。這種「跨海找回文化遺產」的方式，已由單純的版權買賣轉化爲文化資產保存投資。

㈣臺灣出版社與大陸學術機構合作，對當地文化或某專題進行研究與寫作，原稿再交由出版社在臺灣印刷。

㈤臺灣與大陸約定一個共同題目，分別邀請兩地作家撰稿，合作出版一系列叢書，共同分享臺灣、大陸及海外版權。

近二、三年來兩岸出版交流的腳步加快，不少臺灣業者積極赴大陸尋求合作的機會，開拓市場，有的已投下龐大的人力與資金，成效卻有待評估。少數幾家出版業者已越過「版權貿易」與「合作出版」的階段，取得了初步的進展，有的歷經困難爭取到與大陸企、事業單位合資設立專業書店，並積極尋求透過「協作出版」方式，在大陸出版自己出版社的圖書；有的與大陸出版社合資成立文化用品公司，跨足排版、印刷行業，並在大型圖書城設立書店；有的與大陸各地的科技出版社合資成立集團型態的科技文化發展公司；有的積極申請設立出版社、或開書店，或從事與出版相關產業的投資。

成立於八十年代初的淑馨出版社，多年來致力推動海峽兩岸三邊的出版交流。一九八八年開始代理大陸圖書在海外印刷業務，再回銷大陸。近年來，出版不少大陸藝術及各類學術書籍，並積極參與大陸書展，達十餘次。一九九二年下半年，淑馨出版社與大陸十三家科技出版社合資在廣州成立百通科技文化發展公司，是大陸第一家以出版發行科技出版物爲主要業務的中外合營公司，其業務之一即是透過「協作出版」方式取得各科技出版社的書號，合法出版圖書，每年預計推出百本以上新書，積極開拓海內外市場。

在合資經營方面，光復書局與大陸外文出版社子公司海豚出版社合資創設光海文化用品有限公司，由林春輝擔任董事長，於一九九二年九月一日正式開幕營運，主要營業項目：近程是銷售由臺灣進口及在深圳設廠製作的文化用品，遠程目標則希望能行銷在大陸所出版的簡體字版圖書。

光復書局也與人民文學出版社合資創建光文印刷服務有限公司，於一九九二年十二月十一日假北京舉行開幕酒會，並於一九九三年六月二十四日正式召開首次董事會後，已開始投入生產營運。該公司主要是引進臺灣的雷射排版技術和管理經驗，縮短大陸地區圖書出版周期，滿足圖書市場的需求。

在一九九三年五月底，經中共「新聞出版署」、「對外貿易經濟合作部」審核批准，由大陸、香港、臺灣、新加坡、馬來西亞等五家商務印書館共同投資，在北京建立合資企業「商務印書館國際有限公司」，已經領取了中共國家工商管理部門簽發的營業執照，並於十月二十二日在北京正式成立，已被核准擁有自己的「書號」。公司的經營範圍是：出版語文學習工具書、知識性叢書、華人學校教科書以及弘揚中華文化的系列書籍；經營中外文書刊和與文教有關的聲像製品（含電子出版物）的出版、發行、印刷、銷售。五家「商務」合營有其優勢的歷史背景，但也可解釋爲大陸的「試點」，依照以往經驗，短時間內還不太可能馬上准許其他的出版公司跟進。但在有「前例可循」的合作模式下，臺灣業者由出版「小舞臺」躍上「大舞臺」的時間，應該爲期不會太長遠。

四、中文出版市場整合的方向

一九八九年第二屆「滬港出版年會」中，香港商務印書館總經理兼總編輯陳萬雄首度提出中文出版世界整合的命題，受到兩岸三地的重視，並有人為文呼應他的觀點。一九九三年四月，陳萬雄的另一篇文章《九十年代的海外出版趨勢》，刊登在上海的《編輯學刊》，他對「中文出版市場的一體化」（或「中文出版市場的整合」），分別從市場導向，文化、社會因素做深入的探討。在市場導向方向，他提出：

（三地的）匯通不囿於市場，甚至文化資源的共用，作者、編輯人才共用，以至資金的共同調用等不同方面。……

三地將出現中文圖書市場一體化與地域性並行的局面。即是說，三地各自有自己的本土市場，另一方面，大家也可共同開拓一個共通的中文一體化市場。

在文化、社會因素方面，他指出了對「一體化」有深刻影響的趨向：

文化因素：到了九十年代，三地原有的意識型態都作出了修訂，三地意識型態的減弱，重整中國民族傳統文化，建構現代文化將是三地重要學術文化的共同指標，……也是在文化高層次提供中文出版一體化的要素。

大眾社會的接近：三地大眾社會結構因互相影響而趨向接近。舉例說，港臺流行文化在中國大陸流行，而大陸藝術表演盛行於港臺，這是一種相向的文化交流現象……提供了中文出版一體化非

常有利的條件。

臺灣遠流出版公司總經理詹宏志，在一九九四年三月底舉行的「兩岸圖書出版合作研討會」上，也鄭重地指出「有一個單一化的華文市場正在來臨」，它並不是指的「政治上的和解或者統一」，如果用現在的英語世界來理解可能更清晰：

> **不管在政治實體上有幾個，不管在經濟的活動地區來說有幾個，但它們共通的是一個英語市場，它的書有單一市場裡頭所共同流通的書，也有個別市場它們所專屬的、專有特色的書。**

詹宏志的觀點，與陳萬雄提出的「一體化與地域性並行」的出版趨勢，是殊途同歸的，結論都是三地應致力開拓一個共同流通的中文一體化市場。

這個「中文圖書市場」一體化的命題，過去是受到了許多行政上的阻隔和其他思想型態上的限制，但在一九八七年之後，由於兩岸致力於消弭文化層面的阻隔和限制，目前，三地出版的作品，絕大多數均可授權給任一方來出版，臺灣是最大的「買方」，充分利用大陸各類人才濟濟的優勢條件，或與大陸出版社猛簽大套書的臺灣出版權，或忙著建立編輯據點，以利就近取材，或採臺灣企畫、大陸撰稿、製作的合作模式，或與各地譯文出版社、翻譯個體戶簽訂長期合作計畫，節省不少翻譯費用。

近年來，臺灣新成立的出版社如雨後春筍冒出，在與既存出版社爭搶本土稿源之餘，雙方也將「戰火」蔓延到大陸，搶購大陸現成書稿，以爭取出書時效。陳萬雄就認爲這種「搶灘」熱潮，冒險和投機成分很重，他並提出質疑：「從人口密度計算，臺灣號稱是世界出版量最大的。但如果撇開了買版權或從大陸引進的這一大部分，其實她本土的出版量很少。」臺灣出版業者普遍存在急功近利、撿現成的心理，通常較不重視長期培養專業的編輯人才（至今也尚未有出版科系成立），就整體而言，選題的創意也嫌薄弱，有原創性的產品較少，所以眞正能打進國際市場，或在香港、大陸具有影響力的出版物其實不多。

「臺英社」執行副總經理林訓民曾指出：目前在行銷通路及專業人才、經驗上，仍以臺灣最具優勢；陳萬雄比較三地的出版條件後，也認爲：臺灣對圖書的行銷意念和經驗比她的編輯出版優越。詹宏志則認爲：臺灣在生產資金及整合華人社羣的出版資源上，最有條件成爲全世界各地華人社區的主要分配者。他爲臺灣出版社描繪了這麼一張藍圖：

> 可能你是一個生活在中國大陸的中國作家，但你的書，第一個出版者是在臺灣，然後才出口到香港，而回頭再授權到中國大陸，而才有機會運輸到紐約或倫敦。你也可能是一個香港的編輯，而組織了一個由臺灣跟中國大陸的作者共同參與的一個編輯計畫，而這個書的書種是由臺灣的出版社來融資的。

詹宏志以趨勢專家、出版工作者的雙重身份預言：臺灣會在五年之後，成爲出版業生產資金和分配的單一化華文市場的領導者，而這個領導地位在十五至二十年間，將逐步地讓位給上海。林訓民則綜合中文出版業界人士和歐美、日本出版公司人士的看法指出：臺灣是中文版書籍的主力銷售市場；香港則是中文出版物在對亞洲地區、甚至對全球中文版書籍的轉口貿易中心；而大陸則將可能是西元二〇〇〇年左右，最大的中文圖書消費市場。

兩岸三地在各自的出版條件上，有其優勢和劣勢，彼此之間具有互補性，對促成中文出版市場一體化有很大的助益。大陸的優勢：人才濟濟；學術研究有深厚的基礎；在少年兒童讀物的創作和編繪，已形成自己的風格；在出版上以文史研究、文物考古、山川風物、圖畫書法、中醫中藥、武術氣功見長；製作成本低，具市場競爭力。劣勢：原材料缺乏；印刷設備落後於臺、港；封面裝幀、設計意念保守；出版周期長、運輸落後；簡體字不利臺、港及海外華人地區銷售；缺乏高層次自創品種等。

臺灣的優勢：重視中國傳統文化和充分商業化，出版書種以儒家研究、商業管理、科技、社會學、心理學、旅遊見長；圖書企劃能力較强，版面設計推陳出新；出版品多層次開發，系列套書的出版，市場行銷能力强。劣勢：新著作權法施行後，版稅和勞務成本大幅增加；本土自創能力稍弱；裝訂的品質與經營實力較香港差；紙張品質不及歐美，進出口紙張的關稅負擔重。

香港的優勢：位居國際轉口貿易和金融中心的地位，出版以商貿財經、多語工具書爲主；印刷、裝訂水準高。劣勢：出版市場小，出版的書種不多；趨向流行性和暢銷性讀物，深度的學術性圖書不多；行銷制度與能力不及臺灣。

五、中文出版市場國際化的趨勢

長期以來，香港號稱是亞洲的金融、貿易、資訊中心，實際上，它也是世界四大印刷品供應中心之一。香港的印刷品價廉物美，向美國出口數量位居世界第二，六十年代起即吸引了許多國際知名的出版公司到香港成立分支機構。目前香港外資出版社包括：讀者文摘中文叢書、亞洲周刊中文版、時代生活中文叢書、牛津大學出版社香港分社、朗文出版社（遠東）有限公司、麥克米倫（中國）有限公司等。這些出版社通常都有跨國公司的背景，特點在於規模龐大、歷史悠久，在人力及物力的資源上都處於優越的地位。

香港的外資出版社注重市場調查，質量控制，制訂全面化及系統化的長期出版計畫，並兼顧市場推廣及促銷手段，它們除了出版以英文爲主的出版物外，也更一步開拓中文書的市場。外資出版社的經驗及運作方式逐漸影響香港同業，並引導香港市場漸趨專業化及國際化。

臺灣與跨國出版事業的接觸，始於六十年代，一九六六年美國《讀者文摘》中文版（在香港印刷）在臺上市，並於一九八○年左右在臺成立分公司。一九七五年，美國時代生活圖書公司中文版套書在臺上市發行，採在香港翻譯、印刷，委託「臺英社」直銷。一九七八年，日本「日販」投資永漢國際圖書公司試探臺灣圖書市場，並於一九八五年設立日盛圖書公司，經營日本出版品進口業務；此外，並與其轉投資的ＩＰＳ香港分公司，聯合於東京舉辦首屆「臺灣圖書展」；一九九三年，「日販」與「臺英社」合作在臺成立合資出版公司。一九八七、八八年，日本「紀伊國屋書店」、「福武書店」相繼來臺創設書店、創辦「巧連智」兒童月刊；一九八八年，日本「東販」來臺以合資方式成立出版公司，出版教養、實用書、娛樂類圖書，目前並與香港萬里出版機構展開「聯合出版」的合作，同時還向加拿大、英國等地的華人社會投石問路，爲整合全球中文市場做暖身運動。近幾年來，國際知名出版社更透過各種途徑來臺發行或授權出版，如新加坡「ＡＰＡ」中文版旅遊書、簡明版「大英百科全書」（授權臺灣中華書局）、香港「朗文」中文字典工具書、英國「ＤＫ」兒童套書、美國華德狄斯奈中文版兒童套書，這些圖書不少是在香港印刷；加拿大「禾林」公司更在臺成立出版社，印行羅曼史系列。

國際出版、發行公司的行業經驗，對臺灣出版界的發展，提供了學習的範例。六十年代，書店業引入美國及日式經營方式和理念；七十年代中期，直銷套書制度，由美國及日本引進到臺灣；約在同一時間，郵購制度也自美國引入。八十年代中期，電話銷售自美國引進。至於，外國出版業的企劃編輯、企劃行銷、編輯流程，甚至國際書展、版權談判……等，都使臺灣業者視野開闊，思維模式趨向國際化。

臺灣「東販」公司總經理塚本進，對臺灣出版業的經營困境有深刻的了解，他認爲癥結之一是因折扣與付款期限所造成的資金運轉不易，出版社難以有餘裕製作出內容、印刷皆具高水準的出版品；癥結之二是臺灣市場規模不大，無法壓低成本，多少影響到專業書籍的生存。塚本進認爲解決困境之道，第一步是整合全球中文市場，再加上運用「聯合出版」的模式，如一本書同時可出三種語言版本，不但資金來源擴充，印量大增，也可節省成本，提昇品質。其次是「國際化」，被納入國際的出版市場。

中文出版市場向來是割裂爲三大塊，以往臺灣在新著作權法修訂、中美著作權談判前，並不蓄意保護外國版權，擅自翻譯、翻印情況嚴重，近年才開始學習尊重智慧財產權；香港雖有版權保護，但市場狹小；大陸則因開放較晚，又存在外匯問題。三地都引不起外國出版界的興趣。但這幾年來，三地的經濟高度發展，版權意識提高，購買力上昇，市場也趨向一體化，外國出版界參與開拓的意願大增。

根據美國商業部最新統計，一九九三年美國向亞洲的圖書出口持續上昇，香港和臺灣，同爲二千三百萬美元，居第三位（日本、新加坡分居一、二名），大陸的進口額也持續上昇。美國《出版商周刊》最近撰文指出：未來的圖書市場在亞洲，其依據爲：一九九三年亞洲經濟增長速度高達百分之六點一，爲世界之最，亞洲國民生產總值相當於世界的一半。這些亞洲國家加大了對教育的投入，公民的物質和文化水平有了雙重提高，爲成熟的圖書市場奠定了物質基礎。另外，亞洲擁有世界百分之六十的人口，形成一個巨大潛在的圖書市場。大陸、臺灣、香港三地正是外國出版界最感興趣、極力開發的亞洲主力市場。

至少在九十年代中期以前，中文出版市場走向國際的成效，仍有待評估，以臺灣、香港、大陸的中文圖書出版物爲例，一向以在本地銷售爲主，次及東南亞、北美、日本等華人居住區，中文出版物在這些國家的非華人地區行銷仍受到很大的制約。臺灣、香港、大陸三地以版權轉讓銷向國際市場的中文出版物，數量極少，潛力仍不足，有待努力。

八十年代中期後，香港、大陸開始發展出版集團，臺灣的出版社也有走上集團化的趨勢，中文圖書市場已進入集團的競爭時代，以一九八八年創立的香港聯合出版集團爲例，集團成員機構二十四家，分支及聯營機構，遍布香港、澳門、大陸、新加坡、馬來西亞、美國、加拿大等，已經建立一個覆蓋世界一百多個國家和地區的發行通路。唯有三地結合出版資源，透過超地域性的出版集團共同向外發展經營，才能確立在國際出版界的地位。

參考書目

1.香港書刊業商會，香港書刊業（香港，香港書刊業商會，一九九〇年）

沈本瑛：香港圖書發行業

馮文莊：大陸圖書在香港

施榮煥：臺灣圖書在香港

2.香港書刊業商會，香港書刊業商會會刊第二期（香港，香港書刊業商會，一九九三年一月）

陳松齡：九十年代的香港出版業

陸又雄：香港圖書在臺灣

3.中華民國圖書出版事業協會，出版人・兩岸圖書出版合作研討會專輯（臺北，中華民國圖書出版事業協會，一九九四年三月三十日）

4.兩岸圖書展覽委員會，一九九四年大陸圖書展覽手册（一九九四年三月三十日）

陳爲江：兩岸圖書出版交流與貿易的現狀及發展前景

5.兩岸圖書展覽委員會，一九九四大陸圖書展覽・兩岸圖書出版合作研討會論文（一九九四年三月三十日）

詹宏志：兩岸圖書出版現況與合作

6.中華民國圖書出版事業協會，出版人・一九九二年夏季號（一九九二年三月三十日）

黃慧敏整理，臺港出版研討會

7.臺北市出版商業同業公會，出版界三十四期（一九九二年八月三十一日）、三十九期（一九九四年三月三十日）

林訓民：臺灣出版業未來發展與臺、港、大陸中文出版業的整合方向

陳信元：兩岸出版交流中存在的問題

8. 陳萬雄，九十年代的海外出版趨勢，編輯學刊（上海），一九九三年四月。

9. 陳信元主持，兩岸出版業者合作發行書籍之現況調查與研究（臺北，行政院大陸委員會，一九九三年八月）

10. 陳信元主持，大陸出版業經營趨勢之調查與研究（一九九三年七至九月季度報告），（臺北，行政院大陸委員會，一九九四年三月）

11. 陳信元，兩岸出版交流經驗—圖書部分，行政院大陸委員會「出版業大陸事務研討會」講義，一九九三年十月十二日。

12. 李文方，華人文化區出版的互補性，中國出版（一九九三年九月）

13. 鄭秀娟，躍向國際舞臺—訪臺灣東販塚本進，出版流通二十九期（一九九四年六月）

結論：對政府兩岸出版交流政策之建議

在前文中已針對兩岸圖書發行制度、版權貿易、合作出版、協作出版、兩岸著作權問題等，提出個人的研究心得。雖然，政府的出版主管部門一再强調兩岸出版交流的重要性，但卻缺乏前瞻性的視野，以及一套長遠、明確的規劃，令業者在初期的版權貿易階段中無所是從，頻出狀況；而在日愈深入的合作出版、協作出版階段中，業者得不到輔導與協助，常是各憑本事，孤軍奮戰；在政府開放出版業赴大陸投資後，可以預見的是，一些不了解大陸文化事業投資環境的業者，若貿然前往投資，將繳上一大筆可觀的「學費」，鎩羽而歸。據業者評估，當前臺灣出版業界擁有投資設立大陸出版社或大型書店的實力者，不超過十家，成功的機率約佔一半。大部分的業者都希望政府在發布像上述重要的出版政策之前，應事先廣徵業者的意見，做好對大陸出版本行業經營現況的調查，並對相關的投資法令、限制、風險等，都能提出具體的參考數據與研判，以供業者參考，減低風險。

兩岸出版交流事務，涵蓋的範圍相當廣泛，絕非政府單一部門所能獨立掌管。我們建議應儘快成立一個跨部會的兩岸出版交流事務諮商委員會，邀集官方的行政院大陸委員會文教處、新聞局出版處、內政部著作權委員會、文建會、教育部、經濟部，以及民間（或財團法人）的海基會文化服務處、中華民國出版事業協會、臺北市出版商業同業公會、專研兩岸著作權法的律師、出版業者代表、專家學者等共同組成，協助擬定兩岸出版交流的具體指導原則與施行辦法，以免各部門事權不統一，彼此制衡，造成多頭馬車，削弱了文化進軍大陸的實力。

茲將本書中各章節提出的建議，綜合整理如下。

兩岸圖書發行合作的建議：

大陸具有相當廣大的圖書發行網，對臺灣圖書未來至大陸發行無疑提供一個利多的消息。目前，與臺灣出版合作上密切相關的大陸發行機構，對外是中國圖書進出口總公司及其分公司，對內是外文書店，未來則可能是中文新書發行機構，而無論出版社自辦的發行機構和各類圖書公司都得利用新華書店的發行渠道。

兩岸的出版業要在發行問題上有統一的規畫，目前應與大陸的中國圖書進出口總公司展開整體性的全面商業談判，可以預見對方勢必提出兩岸圖書對等發行的問題，我們宜先有因應措施。

參與大陸舉辦的各類型書展，是當前臺灣圖書進軍大陸的最佳途徑之一，政府應協助業者蒐集大陸書展的相關資訊，補助赴大陸書展的運費，促使更多臺灣圖書深入大陸各地，達成文化交流的目的。

至於，未來在發行合作上，一切買賣可能需透過與新華書店總店簽約，以作爲保障。政府應積極培植民間發行界高手，或透過短期培訓班，訓練一批包括官方、民間或海基會人員在內的發行業務談判高手，以備不時之需。

在未來實際發行交流業務上，一旦新華書店總店下達指示後，我們是以各地省級新華書店爲中盤商，直接與各地新華書店往來。不過，事先應針對發貨場地、發貨方式、發行隊伍做整體的規劃，最好能建立自己的圖書儲運中心，把圖書迅速地鋪向市場。

兩岸出版業者合作出版的建議：

在兩岸蓬勃開展的出版交流初期，版權貿易是主要的往來方式。隨著交流的深化與熱絡，版權貿易已很難滿足彼此的需求，因版稅多數需轉付給作者，出版社不僅利潤少，而且版權貿易中糾紛迭起，故業者積極開展出多樣性的合作。

目前，進軍大陸的出版業者採取多種合作方式拓展業務，包括在大陸各大主要城市設立編輯據點，負責邀稿、編校或其他專題組稿任務；或與各地翻譯「個體戶」簽訂長期合作計畫，以千字美金五至十元的翻譯稿酬，節省下不少翻譯費用；另有尋求設立辦事處、文具用品社，合資開書店或出版社，利用「協作出版」方式出書，建立直銷管道等，經過多年爭取，已經建立了「橋頭堡」。

這些搶灘成功或有些許斬獲的出版業者，在近半年舉辦的兩岸出版交流座談會上，逐漸成了主要的發言者，其中有少數業者希望政府少管、少用法令限制兩岸出版交流業務，就是幫了業者的大忙；他們在大陸的進展，係經過多年單打獨鬥、多方摸索碰壁而獲致，不希望傳承經驗，也不希望出版主管部門了解太多。多數業者的意見，則認為政府應有適度的輔導與協助措施，而不是處處限制，更希望業者能團結一致，成立聯誼會，經常交換彼此的實戰經驗，凝聚衆人的智慧和力量，爭取在大陸更大的活動空間與利益，達成文化進軍大陸的目的。

下列幾個問題，是業者希望政府有關部門能夠予以重視或協助解決的：

①即時提供業者赴大陸發展的相關資訊，如大陸有關出版、著作權的最新法令規章；大陸出版

業經營現況；大陸書展暢銷書種訊息；相關產業如電腦排版、造紙、製版、印刷、裝訂等經營、配合情況；這些資訊，配合專家學者的深度分析，可以刊登在新聞局出版處的《書香月刊》或《出版人》、《出版界》、《出版流通》等刊物，以供業者參考。

②應依照業者在大陸發展的深淺，予以不同程度的分級輔導與協助，目前如光復、錦繡、華一、牛頓、淑馨、成文、五南、漢聲、人類文化、藝術、九章等，都與大陸有較密切的配合，多數已有合資經營書店、文化用品社，或設立辦事處、編輯據點的事實，有關部門應多聽取他們的意見，作爲制定大陸出版政策的參考。赴大陸投資的風險不小，政府應建立一套預警制度，提高業者的警覺。

③儘快開放或加强兩岸出版、發行業者面對面的溝通、交流；透過業者主動邀請大陸有影響力的出版界人士來訪，一來消除彼此間的猜忌，二來共同研討一套兩岸都能接受的出版品交流制度，並整合兩岸三地的中文圖書市場。

④利用每兩年在臺北舉行的「國際書展」，做中文圖書整合的工作，並利用資金的優勢，讓臺灣成爲外國人買賣中文版權優先想到的地方，臺灣才有機會分配版權到香港或大陸。

⑤在未來可能建立的書香大樓，提供外國出版商看到臺灣出版品展示，樣品可由業者無償提供，書香大樓內設版權談判處，可供業者與外國出版商直接談判，亦可培訓版權談判人員，提供版權談判有償服務。另有業者建議由政府每年提撥一筆經費向出版社購買樣書運到大陸，在上海或廣州外文書店或圖書館公開展示，以刺激他們購買臺灣圖書的意願，並作爲版權買賣參考。這個意見亦可考慮修訂爲：由業者無償提供樣書，政府補助運費，委請一家出版社辦理赴大陸展示事宜，也

可透過參加大陸書展時一併申報。

⑥出版業者已在大陸開設文化用品公司、印刷廠，但目前政府並不允許臺商在大陸印製的出版品回銷，業者縱使以「協作出版」方式取得書號，祇能印製簡體字版，無法同時印製繁體字版，以降低成本，行銷臺、港及海外華人市場。未來希望能以前瞻的眼光，針對回銷問題，制訂合理的輔導原則，否則廉價的簡體字版圖書，將席捲海外華人地區的市場。

⑦針對大陸出版品是否可以在臺灣公開販售，陸委會文教處的立場，主要是考慮大陸圖書進來以後對我們的出版結構是否會產生很大的衝擊。依目前大陸出版品進入臺灣的相關管理要點，雖然申領手續時繁時簡，基本上可以滿足學術界（圖書館、講師以上教職、專家學者、大衆傳播界人士等）的需求。如果驟然大量進口，向一般民衆開放，公開販售，在經濟層面上不可能不造成影響，並在某種程度打擊到本地出版業，壓縮他們的生存空間。但是，我們也不應忽略大陸出版業者和官員，同一口徑要求對等開放大陸圖書至臺灣展售的呼籲。近年來，臺灣的出版業者從大陸回來後，就經常在不同場合傳達上述的「呼籲」，並認爲大陸的出版政策較臺灣「開放」。有業者建議由出版協會或公會邀請相關人士舉行公聽會，藉以集思廣益，獲取較符合業者和國家利益的方案。

⑧大部分業者認爲有必要在臺灣培訓大陸工作人員，學習經營門市或編輯、業務方法。但也有業者持較審慎的看法，建議在培訓大陸生產、銷售、管理人才時，應有敵情觀念，在關鍵裡要留一手，以免未來我們沒有實力和他們對抗。大陸這幾年在經貿上突飛猛進的發展，事實上也歸功於臺灣業者毫不保留地「傾囊相授」，爲自己造就了一個強大的競爭對手。

兩岸著作權問題的建議：

自兩岸開放交流之後，中共針對臺灣及香港、澳門局勢，陸續頒發了一些系列性、政策性的出版管理法規，並宣稱保護上述地區的著作權。一九八七年十一月頒布的《關於向臺灣出版商轉讓版權注意事項的通知》，就是一個相當具體的版權貿易整體指導原則，其中許多要點至今仍然是兩岸簽訂出版合同重要的參考依據。反觀臺灣對大陸的著作權保護與交流工作，就顯得缺乏一貫的政策，也沒有專門的單位負責處理兩岸著作權事宜。業者建議政府儘快成立兩岸著作權諮詢機構，並設仲裁部門調解著作權糾紛，協助業者處理著作權被侵害事件。兩岸頒布的出版行政法規雖不約而同宣稱保護對方的著作權，卻還未能就複雜的著作權問題，包括立法差異及衍生的問題，藉由海基會與海協會雙邊談判，訂立一套共同遵循的規則，落實著作權相互保護，這是現階段兩岸應該拋棄成見，誠意解決的問題。

兩岸著作權問題牽涉頗廣，諸如彼此的體制、法令規章、意識型態、價值觀念、文書驗證制度、誠信交往原則等，都有待雙方進一步的溝通與改善。以下都是業者一再提出、亟待政府主管部門協助解決的問題，以及我們提出的建議。

①重複授權問題：臺灣出版業者如透過大陸出版社簽訂版權合同時，應該要求對方出示作者的書面授權，如有疑義，未來則可透過海基會協助文書驗證工作。如由大陸作者直接授權，應查明該作者是否有權可授，如爲兩人或兩人以上合作創作的作品，必須得到每一位作者的同意並共同授權。另外，大陸著作權人應授予圖書出版業者專有出版權，不能授予非專有出版權。

②著作權轉讓的問題：我國《著作權法》規定，著作財產權是可以全部或部分轉讓給他人或其他人共有；中共的《著作權法》則未明文規定著作財產權可以轉讓，但根據第十七條的規定，臺灣的出版社仍然可能以委託大陸作者創作的名義，通過約定享有大陸作者的著作權：如果未作明確約定或未訂立合同，著作權則歸屬於受託人。除了上述規定與法定轉讓外，大陸作者的著作權原則上不能轉讓，也不得就轉讓事宜簽訂合同，否則即屬無效合同。

大陸對「著作權許可使用合同」有種種的規範，並制定圖書出版的示範合同，供簽約雙方使用，使當事人的合法權益受到有效的保護。但因兩岸的著作權法有不少差異，應致力於訂出一個雙方都能接受的版權貿易合同範本，以減少無謂的糾紛。

③兩岸簽訂版權貿易合同問題：兩岸出版業者簽訂版權合同時，我方應該要求對方出示著作權人的書面授權，並保留發生著作權糾紛時向大陸人民法院提起訴訟的權利。大部分的大陸出版社均以一再貶值的人民幣支付臺灣著作權人應得的稿酬或版稅，我方應積極要求中共當局基於平等互惠往來的原則，提供出版社必要的外匯額度，以符合國際貿易慣例，兩岸也有必要就彼此現行的稿酬制度與版稅制做進一步的討論。爲了爭取更大的發行空間，建議業者直接向大陸作者爭取未曾出版過的書稿，並授與國際中文版的專有出版權；至少要求其授與除大陸地區外的中文繁體字版專有出版權。

簽訂合同應注意的事項甚多，最重要的是：大陸出版社通常只有其法定代表人，即出版社的社長，才有權在合同上簽字，也才有效。若由其他主管代簽，一定要有法定代表人的書面委託書，否則便屬無效代理。

④著作權被侵害或發生糾紛的問題：自己的著作權如在大陸遭受侵犯，或與人發生著作權糾紛，目前最具實效的解決方式，是提請大陸的著作權行政管理部門，以及該部門授權的機關或團體處理。其次，才是提起民事訴訟。因各級法院效率不彰，一個著作權侵權案件通常會拖上相當長的一段時間，又不一定有結果，臺灣的著作權人或出版業者不輕易走上法院這條路。

中共《著作權法》對侵害著作權的不法分子，只有民事責任和行政責任，而無刑事責任的規定，無法遏止非法出版行爲的泛濫，也不符合世界的潮流，更不利於臺灣出版品進軍大陸。我們應促請大陸當局儘速修訂著作權法或刑法，制定有關刑事處罰規定來保護著作權，便利進一步推展兩岸出版交流工作。

⑤文書驗證問題：依《臺灣地區與大陸地區人民關係條例》第七條規定：「在大陸地區製作之文書，經行政院設立或指定之機構或委託之民間團體驗證者，推定爲眞正。」目前，海峽交流基金會爲我國唯一受行政院委託的驗證單位。但因政治因素之阻撓，兩岸尚未就文書驗證問題達成協議，所有的出版授權文件無法獲致充分的法律保護。蕭雄淋律師曾建議：在文書驗證問題未解決前，似可由臺灣地區之律師或其他從事業務之人，在大陸作實際見證工作，再接受海基會驗證。此一建議不失爲過渡性的權宜措施，但宜先制定具體實行辦法，並嚴防極少數不法從業人員貪圖私利，出具不實的證明文件，影響到業者的合法權益。

⑥版稅收入兩岸重複課稅的問題：大陸作者、著作權所有者授權臺灣出版的版稅所得，按規定應由我方出版社代扣，向國內稅務單位交稅，否則社方無法將這筆版稅支出列爲開銷。這筆版稅收入在匯入大陸後亦應按照稅務管理規定上稅，一頭牛剝兩層皮，減少了他們的合理收入。爲了避免

對版稅收入重複課稅，減少民怨，亦有賴兩岸溝通協調，訂出合情合理的雙邊協定。

⑦大陸加入國際版權公約後，兩岸衍生的合作問題：大陸加入主要的國際版權公約後，對爭取外國人著作的翻譯授權將較臺灣處於較有利的優勢，爲了預防兩岸惡性競爭，應研擬共同付費取得全球中文翻譯授權，並洽談進一步的合作，如共同選定翻譯者，在一方進行電腦排版作業，製作繁、簡兩套磁碟片，以供雙方雷射校稿及輸清樣等，不僅可節省成本，降低售價，也可避免資源的浪費。

〔附錄〕

解嚴後大陸文學在臺灣出版狀況

——另以長篇小說爲例分析、探討

前言

一九八八年五月二十二日，《文訊》和《聯合文學》雜誌召開首屆「當前大陸文學研討會」，筆者擔任一場座談會的引言人之一，介紹「大陸文學在臺灣」，並爲此次研討會編輯《臺灣地區刊登、出版及研究大陸文學作品編目（初稿）》，收錄時間自一九八四年一月一日至一九八八年四月三十日止。正好銜接上張子樟先生編製的《臺灣地區刊登、出版及研究大陸「抗議文學」作品索引（一九七九——一九八三）》。七、八年來大陸文學從不間斷地被引進臺灣，大陸正逐漸成爲臺灣出版業的一個「文化腹地」；臺灣的讀者對優秀的大陸文學作品，也從不吝惜給予掌聲。這種「文化寬容」的現象，並不因政府長期以來的反共政策而導致對大陸文學的全面封殺，反而以更成熟、自信的態度，坦然面對以「主流文化」自居的大陸文學南來，並將其「收編」進臺灣文學出版體系。

解嚴初期，海外漢學家對臺灣是否能完全客觀地引進大陸文學，抱持懷疑的態度。美國學者金介甫（J.C. Kinkley）認爲：大部分的「宣傳文學」或過度推崇社會主義的理念，臺灣可能視爲異端（一九八七：一三八）。德國魯爾大學教授馬漢茂（Helmut Martin）也指出：臺灣出版大陸當代文學是有選擇性的，不可能完全客觀。在大陸受歡迎的作家倒不一定在臺灣受歡迎。而一些有爭議性作家的作品，則出版較多，這是很自然的現象（一九八七：二八三）。海外學者的顧慮自有他的部分道理，但臺灣的出版業者和讀者多年來已建立一套互動式的文藝審美觀，對過分强調意識形態的文學作品敬而遠之。以大陸「六四」民運後，一批批五、六十年代的革命題材著作紛紛破土而出，文藝界卯足全力推動學習雷鋒精神爲例，臺灣出版界從未湊熱鬧跟進出版類似題材的作品。臺灣讀者對大陸文學的看法，已從初期的好奇心理，進入到寫作風格和內涵的鑑賞，從阿城的文化小說到余秋雨的文化散文風靡一時，都可印證臺灣讀者在閱讀大陸文學作品時已具備獨到的眼光，不限於爭議性作家的作品。

本文撰寫的目的，是以一個文化出版工作者及研究者的角度，探討大陸文學在臺灣解嚴後「正式」獲准出版後的狀況，及其後衍生的種種問題，如「仲介授權」、「重複授權」；並剖析大陸文學作品企劃出版的模式。限於篇幅，抽樣選擇大陸長篇小說在臺灣出版爲例，分析階段性的出版概況與特色，並探討大陸創作趨向對臺灣出版行爲的影響。

一、大陸文學作品登臺及其衍生的問題

自一九四九年政府遷臺以來，中共的對臺政策，大致可劃分爲：軍事對抗時期（一九四九——

一九七八）、和平統戰時期（一九七九——一九八七）、民間交流時期（一九八八至今）。一九七八年十二月十二日，中共十一屆三中全會公報中，首度以「統一」代替恫嚇性的「解放」字眼，堪稱是中共對臺政策的一大轉變，也開啓了兩岸文學交流的契機。

一九七九年在兩岸交流史、文學史和出版史上都是一個值得記載的年份。這一年元旦，中共「人大常委會」委員長葉劍英發表《告臺灣同胞書》，提出雙方進行學術、文化交流的意願，使原本緊張對峙的兩岸關係，稍有鬆動的迹象。自五月下旬起，反映社會主義社會悲劇的大陸文學作品，陸續被報刊、雜誌和出版社引進臺灣，提供讀者從另一個角度了解大陸的現狀、人民的生活眞相，也藉此達到聲援大陸文學工作者的反壓迫、反專制而作的奮鬥。大陸的雜誌社、出版社，也相繼轉載臺灣文學作品，並推出各類選集，掀起了第一波的「臺灣熱」。有關臺灣解嚴前，大陸圖書在臺灣的出版，請參見前文所提及筆者的引言稿及兩種編目、索引，收入《當前大陸文學》（一九八八）一書。

一九八七年七月十五日，中華民國政府宣布解嚴，廢除了三十條戒嚴法規，其中包括第五條「臺灣戒嚴時期出版物管制辦法」；自即日起，出版品的管理審查工作，轉由行政院新聞局負責。解嚴之後，學界及社會大衆一再呼籲政府重新考慮大陸出版品開放進口及出版，前新聞局局長邵玉銘先生給予善意的回應，指出「淪陷區出版品是大陸知識分子的心血結晶，不屬於中共政權，屬於我們民族的財產，只要內容非宣傳共產毒素，不違背國家政策者，均願與之分享」（蔣安國等，一九八八：一）。

政府准許大陸出版品在臺出版，主要依據七月二十二日新聞局公布的《出版品進出口管理與輔導要點》，其中規定出版業者若欲印行淪陷區有關科技、藝術及史料文獻或反共言論的出版品（一年後取銷出版範圍限制），得個案向該局申請，核准發行時，應重新編印，不得使用簡體字。十一月十七日，新聞局又發布「申請出版淪陷區出版品審查要點」和「淪陷區出版品審查作業須知」，對出版業者出版大陸地區出版品，採取「第三地第三者仲介授權原則」，業者應與自由國家或地區之獲得原著作權人或製版權人授權出版之人，簽訂授權契約，經驗證程序通過。但中介者取得的大陸原著作權人授權契約，是否有侵權相授的現象？是否出自僞造？是否合法有效？都不易認定，衍生了許多問題。

一九八八年七月二十七日，新聞局公布實施的「淪陷區出版品、電影片、廣播電視節目進入本國自由地區管理要點」有兩項重要突破，一是開放民衆適度攜入大陸簡體字出版品，二是取銷出版大陸著作「仲介授權」的硬性規定。從一九八七年八月至一九八八年七月二十一日止，較著名的「仲介授權」例子有：光復書局透過日本「學習研究社」為中介取得沈從文授權出版《沈從文選讀》（「當代世界小說家讀本」之一）；躍昇文化公司透過香港「香港書城有限公司」取得張賢亮的《感情的歷程》、從維熙的《斷橋》；新地出版社透過在美國的陳若曦取得張賢亮的《綠化樹》、莫言的《透明的紅蘿蔔》、馮驥才的《義大利提琴》、《在早春的日子裡》；遠景出版公司透過香港橋作坊文化公司，取得張賢亮的《男人的風格》；洪範書店透過香港素葉出版社取得李銳的《厚土》、李杭育的《最後一個漁佬兒》；三民書局透過香港大學黃德偉教授取得白樺的《遠方有個女兒國》；經濟與生活出版公司透過美國歐陽青蓉取得吳祖光的《將軍失手掉了槍——吳祖光選集》。

海外作家、學者參與仲介業務，多屬客串或義務性質，除了上文提及的陳若曦、黃德偉、歐陽海風出版社引介了不少大陸文學著作；美籍學者蘇哲安為圓神出版社引介殘雪的《黃泥街》。這些作家、學者大多兼具大陸文學研究者的身分，對大陸文學有較深刻的認識和了解，引介進來的大陸文學作品，質量俱是一時之選。他們不僅在挑選作家作品時獨具慧眼，附帶撰寫的導言、評介文字，及附錄的作家、作品相關的研究資料，提供讀者更進一步去了解大陸文學的流變，功不可沒。

由於大陸對著作權的保護，遠落後於臺灣，他們遲至一九九一年六月一日才正式實施《著作權法》。長久以來一般作家（甚至出版社）對著作權的觀念淡薄，不僅對自己的權益不甚了解，也不知道應當如何尊重他人的著作權。他們常常不按牌理出牌，重複授權，令臺灣出版業者困擾萬分。其中如：張賢亮的《男人的一半是女人》、《感情的歷程》、《綠化樹》，有「文經」、「躍昇文化」、「新地」、「遠景」四種版本；鍾阿城的《棋王、樹王、孩子王》有「新地」、「海風」、「光復」三種版本；白樺的《遠方有個女兒國》有「三民」、「萬盛」版；蘇曉康、王魯湘的《河殤》有「金楓」、「風雲時代」版；老鬼的《血色黃昏》三部曲有「風雲時代」、「李敖」版；何博傳《山坳上的中國》，有「風雲時代」、「國文天地」版；高曉聲《李順大造屋》有「遠景」、「新地」版等。不知情的業者重複出版，不僅傷了和氣，也浪費了人力、物力。主管機關對於授權眞僞之辨、重複授權之說也頗難判斷，加上當時兩岸對文書驗證問題也未取得共識，最後只有引用「淪陷區出版品、電影片、廣播電視節目進入本國自由地區管理要點」第八點規定：「有二以上業者申請在本國自由地區出版、發行……；行政院新聞局應以收到申請案之先後次序決定之。如有權利爭執，應由業者循民事訴訟程序，尋求解決。」將燙手山芋，丟還給業者。

二、大陸文學作品的企劃出版

大陸文學作品在臺灣出版的最初模式，是先在報刊雜誌刊登，再經編輯加工結集成書。如時報版《中國大陸的抗議文學》，是由在《中國時報．人間副刊》刊載的「中國大陸的抗議文學／社會主義悲劇文學」特輯結集而成。特輯裡的作品則委由海外學者系統的蒐集，部分並加注解。由於是首度公開發表淪陷區作品，多半是經必要的刪減某些不妥字句的程序，才與讀者見面。後來，有《文季》文學雙月刊自第三期（一九八三年八月）起，陸續刊登大陸作家「反思文學」的作品，逐漸擺脫政治主題掛帥的創作模式，並結集出版《靈與肉》（新地，一九八四、九）。最成功的一個出版例子，當屬阿城的《棋王、樹王、孩子王》。一九八六年五月起，《聯合文學》刊登已在海外造成轟動的阿城作品及評論，引起極大的回響，八月由新地出版社結集成書，果然掀起「阿城旋風」，是早期少數幾本暢銷的大陸文學作品之一，並突破了臺灣出版界不能公開刊印大陸書籍的規定。

二、在解嚴前後，海外的華人作家、外國漢學家、愛荷華的「國際寫作計畫」都擔任過階段性的引介角色。客居香港的施叔青，爲臺灣讀者專訪大陸作家的一系列報導，提供了認識大陸作家的第一手資料，她爲「遠景」引介了不少大陸文學作品，並企劃主編「湖南作家輯」，收錄何立偉、韓少功、徐曉鶴等人的短篇小說集。「國際文化」版的《受戒》、《空巢》，是編者王孝敏博士在美國編定的中國當代文學教本。西德漢學家馬漢茂爲「敦理」編的《掙不斷的紅絲線》，介紹大陸有關愛情與兩性關係的小說。香港作家西西、鄭樹森爲「洪範」編選的《紅高粱》、《閣樓》、《爆炸》、《第六部門》、《八月驕陽》、《哭泣的窗戶》等，展現了八十年代大陸新面貌的小說。香港大學教授黃德偉主編的「當代中國大陸作家叢刊：女作家卷」五册（新地版）、「山河叢刊」（三民版），則以作家資料翔實見稱。愛荷華「國際寫作計畫」促成了海峽兩岸作家的交流，馮驥才的《啊！》（敦理版）、張賢亮的《肖爾布拉克》、《土牢情話》（林白版）等書在臺灣的出版，都拜兩岸作家在愛荷華「交流」的成果。

三、政府開放探親後，出版業者得以直接與大陸作家簽約，或由大陸出版單位接受作者授權簽約。但因大陸出版社混淆了「著作權」和「專有出版權」，常常未經作者的書面授權，就將此著作授權給臺灣的出版社；同時，作者亦將此書授權給臺灣的另一家出版社，造成了重複授權的現象。直接找大陸作家簽約，最好請他們提供尚未在大陸出版的書稿，雙方可就授權事宜商討，也可就圖書出版事宜先作溝通。近年來，也形成臺灣業者出選題，邀請大陸作家提供稿件的模式，如業强版「中國文化名人傳記」，是由我方先開列傳主名單，預計邀請的撰稿者，再與大陸專家學者討論、定案，並由他們就近執行邀稿、潤稿任務。

四、由出版社編輯人員負責企劃、邀稿。較知名的例子有小說家陳雨航爲「遠流」規畫「小說館」；後來又成立麥田出版社，推出「麥田文學」系列，兩家公司網羅的大陸作家俱爲一時之選，如古華、蘇童、余華、葉兆言、王朔、格非、王安憶、朱蘇進、馬建、扎西達娃、張潔、池莉、方方等人。詩人侯吉諒爲「海風」企劃、編輯一系列大陸文學作品，如《阿城小說》、「大陸全國文學獎大系」、「中國新文學大師名作賞析」等。筆者爲「業强」企畫「中國文化名人傳記」，爲「幼獅」企畫「番薯藤文化叢書」等。

三、大陸文學在臺灣出版概述

政府正式准許大陸出版品在臺出版，是解嚴以後的事。事實上，自一九四九年以後，大陸出版品就不曾在臺灣中斷過，六、七十年代的文史科系大學生，幾乎很少沒讀過大陸翻版書，在大學附近的書店、書攤更充斥政治、思想類在內的禁書，形成了出版界的「地下文化」。

一九八四年九月，「新地」推出大陸文學作品集《靈與肉》，並未得到太多的回響。直到一九八六年八月，阿城的《棋王、樹王、孩子王》出版，贏得文化界和傳媒一致讚賞，並帶動一股大陸小說流行風潮，出版主管機關開始感受到「管理」職權遭到挑戰，但又不能不順應輿情，朝較開放的方向去思考未來的出版政策。

從一九八七年七月十五日解嚴至一九九五年底，臺灣出版的大陸文學作品（不含古典文學評論、三十年代文學舊書新印、翻譯、傳奇故事集等），大約在六百五十種以下。其中，小說類著作約三百六十餘種，散文、報告文學約一百五十餘種，詩集二十多種，評論集八十餘種，合集及其他十餘種，劇本二種。在下文中將彙整幾個出版現象，藉以觀察大陸文學在臺灣的出版概況。

1.叢書系列化

一向標榜只印「純正文學作品」的新地出版社，在出版大陸文學作品上有可觀的成績，該社的「當代中國大陸作家叢刊」系列，已出版「經典文學卷」第一輯十冊（其中四冊出版於解嚴前）、第二輯五册、第三輯二册，「女作家作品卷」第一輯五册、第二輯一册，「少數民族文學卷」五册，「極短篇小說卷」三册，「散文詩卷」二册，「詩卷」三册，「文學理論、評論卷」兩種等。主持編務的作家郭楓希望這一批大陸文學作品能產生下列「淨化」和「觀摩」的作用：「在內容上：展開文學遼闊的視野，以人道主義的精神，關懷整個的社會和人羣，……。在語言上：無論是運用純淨中文來寫作，或是夾用地區語言來寫作，都具有濃郁的中國民族的語言特色。」（一九八七：三）

這一系列作品中，最難能可貴的是以五册的篇幅，介紹大陸少數民族文學。大陸評論家爲本卷所寫的序言中，强調「多民族的國家就應有多民族的文學」，並建議讀者留意作品中獨特的藝術形態與審美價值，那是漢族小說所無法取代的；另外，這些小說也富有「歷史學、社會學、民族學、民俗學方面的存留意義」（周政保，一九八七：一）。

曾出版張賢亮《肖爾布拉克》、《土牢情話》的林白出版社，在一九八八至一九八九年間，推出柏楊主編的「中國大陸作家文學大系」共十册，包括：馮驥才、王安憶、劉心武、賈平凹、張承志、陳建功、鄭萬隆、韓少功、莫言、史鐵生的作品選集。署名「香港藝術推廣中心」在臺灣印刷、發行的「中國大陸當代文庫」已出版短篇、中篇、作家個集共九册。

以《阿城小說》打響「重複授權風波」的海風出版社，由詩人侯吉諒負責編務，一九八九年五月起推出「中國新文學大師名作賞析」（原名「中國現代作家作品欣賞」，由廣西教育出版社授權出版），共三十册。這套叢書除收入新文學作家的傳世作品外，還有評論、賞析與年表，兼顧了學術性、實用性和通俗性。大陸版原由姚雪垠撰序，完成於一九八一年四月，臺灣版也照單全收；後來又由唐弢於一九九〇年初撰寫〈新版序言〉，推崇這套叢書是「前所未有的中國現代作家的一次大檢閱，也是前所未有的中國現代作品的一次大展覽」（一九九二：十二）。書林出版公司於一九九二年底選擇性地推出原香港三聯版的「中國現代作家選集」十冊，包括：許地山、蕭紅、茅盾、朱自清、丁玲、冰心、巴金、蕭乾、老舍、卞之琳等人。

一九九〇年開始出版大陸文學作品的業强出版社，在一九九一年二月起，推出由兩岸學者共同策劃的「中國文化名人傳記」，至今已出版二十餘冊。文學家部分包括：冰心、蕭乾、巴金、蕭紅、茅盾、周作人、張恨水、蘇曼殊、沈從文、傅雷、魯迅、鄭振鐸、錢鍾書、徐志摩、葉聖陶、林語堂、弘一大師、賈植芳、李金髮等人。這套叢書大部分由被邀請的作家、學者重新撰稿或新撰，在臺灣首度出版後，被大陸出版社「相中」，又推出大陸版。該出版社另企劃出版「外國文化名人傳記」，已出版十餘冊。一九九三年二月起至一九九四年四月，由蘇州大學中文系教授范伯羣主編的「民初都市通俗小說」十冊，開風氣之先介紹了向愷然、包天笑、程小青、姚民哀、程瞻廬、徐卓呆、孫了紅、畢倚虹、何海鳴、周瘦鵑等通俗文學名家作品。大陸版也在稍後推出。

2.各種選集紛紛出籠

解嚴後出現不少編選態度嚴謹的選集，出版社莫不邀請海內外名家參與編選工作，挑選出具有代表性的作品。圓神版的《中國大陸現代小說選》輯一、輯二（一九八七年九月），收錄一九八五及八六年間的十二篇作品，是大陸文學最多元發展的時期，具有相當程度的代表性。德國魯爾大學教授馬漢茂（Helmut Martin）爲敦理出版社編選的《掙不斷的紅絲線》（一九八七年十月），副題是

「中國大陸的愛情、婚姻與性」。性和兩性關係在八十年代初，還是一個充滿禁忌的領域，其後雖有所突破，但在一九九三年賈平凹《廢都》、陳忠實《白鹿原》中的性描寫，仍然遭到嚴厲的批判，可知「它們」隱藏在社會每個角落，隨時有引爆的可能。

香港作家西西、鄭樹森爲洪範書店編選的「八十年代中國大陸小說選」系列，共有六冊。西西選擇的準則，包括：作品要有深刻的思想內容、藝術上要有所創新，有所探索，一定要有新面貌。選本除作品本身，各附一篇作者的散文，「夫子自道」一番，加深讀者對作者的認識。兩位編者都寫了不短的前言，「小說家」西西，以同是創作者的身份談作品本身，具「學者」身份的鄭樹森，則偏重談文藝思潮。

海風出版社自一九八八年五月起至一九九〇年十月出版的「大陸全國文學獎大系」，共推出六册，包括一九八三年到一九八六年的得獎作品、得獎感言、大陸文藝界的評論，還邀請臺灣的作家學者李瑞騰、應鳳凰、張大春、東年導讀。企劃、主編者侯吉諒撰文指出這套叢書的出版理念有四點：一、大陸熱潮的冷靜思索；二、彼岸文學的此岸觀察；三、大陸標準的臺灣複審；四、文學探親的歷史意義（一九八八：十～十三）。所謂的「文學探親」，就是促成兩岸文學的彼此了解，踏出整合中國現代文學的第一步。立意雖佳，可惜臺灣的出版環境是現實的，在銷售情況不甚理想的情況下，改弦易轍是較保險的因應策略。一九九一年十月起，該社邀請大陸作者編選以兩性、愛情、女性婚戀悲劇爲主題的選集，不知是否能夠挑起讀者的購買欲念？曉園出版社在一九九〇年二月出版的《中國小說一九八六》、《中國小說一九八七》、《中國小說一九八八》，由香港三聯書店授權出版，先後由冬曉、黃子平、李陀、李子雲編選，是大陸以外地區唯一的「年度小說選」，但香港三聯書店已有幾年未再推出新的選集了。兩岸三地的年度作品選相繼「熄火」，無以爲繼，嚴肅文學趨向小衆化是無可避免的情勢，雖不滿意但又奈何？

在小說之外的其他文類中，「新地」和「業强」曾分別出版佘樹森、趙麗宏編選的「大陸當代散文選」。「新地」曾出版《朦朧詩選》（一九九八年九月）。「爾雅」出版洛夫、李元洛編的《大陸當代詩選》（一九八九年二月）；《鮮紅的歌唱——大陸當代女詩人小集》（一九九四年五月）。「海風」出版劉湛秋、侯吉諒主編的《最愛——大陸當代傑出詩人情詩選》（一九九一年四月）等。

3.出版社專屬作家羣逐漸成形

只要稍稍留意大陸文學出版的讀者，大多知道購買莫言的作品找「洪範」。莫言的作品集早年曾經在「新地」、「林白」出版過，但自從他在「洪範」出版《紅高粱家族》（一九八八年十二月）後，就此「安身立命」，先後又推出了《天堂蒜臺之歌》（一九八九年五月）、《十三步》（一九九〇年一月）、《酒國》（一九九二年九月）、《懷抱鮮花的女人》（一九九三年二月）、《夢境與雜種》（一九九四年二月）等。作家與出版社互敬互重，雙方都能在自己的專業領域上更爲精進，堪稱雙贏局面。

近年逐漸紅遍半邊天的蘇童，在一九九〇年九月至一九九一年十二月是「效忠」遠流的，先後出版《妻妾成羣》（一九九〇年九月）、《傷心的舞蹈》（一九九一年一月）、《紅粉》（一九九一年九月）、《米》（一九九一年十二月）。一九九二年七月至今，轉而「投靠」麥田，成爲主力作家，出版過《我的帝王生涯》（一九九二年七月）、《一個朋友在路上》（一九九三年一月）、《離婚指南》

（一九九三年七月）、《武則天》（一九九四年一月）、《十一擊》（一九九四年九月）、《刺青時代》（一九九五年三月）、《城北地帶》（一九九五年七月）等。葉兆言則維持「遠流」、「麥田」兩邊均衡出版，皆大歡喜。「遠流」的大陸作家羣還有：古華、格非、余華、朱蘇進、馬建等。「麥田」成立時間較短，合作過的大陸作家還有：王朔、余華、王安憶及「新寫實小說」的健將池莉、方方。以《苦戀》成名的白樺，自從《遠方有個女兒國》在三民書局出版後，賓主關係良好，始終沒有貳心。據悉，別的出版社也未必出得起比目前更高的稿酬挖他跳槽。

四、大陸長篇小說在臺灣

根據不完整的統計，自八十年代中期至今，大陸長篇小說在臺灣出版了一百五十部以上。解嚴前出版四部，遇羅錦拜投奔西德的新聞事件，占了二部（《春天的童話》和《愛的呼喚》），後者並被冠以一個吸引讀者的副題「在中國大陸一個結過三次婚的女人的自述」。另有一部是戴厚英的《人啊，人！》（希代版），記錄人性的復甦；還有張賢亮的《男人的一半是女人》（文經版），被出版社宣傳炒作爲「現代金瓶梅」。

解嚴之後到「六四」天安門事件爆發，共出版十八部大陸長篇小說，張賢亮就占了四部（遠景版《早安，朋友》、《男人的一半是女人》、《男人的風格》，圓神版《習慣死亡》），其中，《早安．朋友》以紀實文學方式探討青春期的青少年成長問題，因涉及性描寫，在大陸被列爲禁書；《男人的風格》則是第一部以大陸的城市改革爲背景的長篇小說。《習慣死亡》號稱臺灣、大陸、香港同步出版，全書洋溢著「張賢亮式」的悲愴兼嘲謔的悲喜劇筆調。祖慰的《性的獨白》，原書名《冬夏春的複調》，一九八五年六月由中國文聯出版公司出版，來臺後就「變調」了，封面文案强調本書是「寫年輕姑娘的性苦悶，大陸社會性失調的現象」。古華的《芙蓉鎮》，曾獲首屆「茅盾文學獎」，這部作品「寓政治風雲於風俗民情圖畫，借人物命運演鄉鎮生活變遷」，一九八六年拍成同名電影，極爲轟動。在出書前半年，曾由中國時報「人間副刊」、「大地副刊」連載多日，打響了出版公司新開闢的「小說館」之知名度。

由香港大學英文及比較文學系教授黃德偉主編的三民版「山河叢刊」，把有份量，有價值的當代大陸著述作妥善的編印介紹，一連推出三部長篇小說，白樺的《遠方有個女兒國》、張辛欣的《在同一地平線上》、《這次你演哪一半》；每本書後的作者傳略、著作年表、評介書目，延續了主編者爲新地版「當代中國大陸作家叢刊．女作家卷」所作的企劃。

大陸中青代作家創作的第一部長篇小說也陸續在臺灣展姿，莫言的《紅高粱家族》集五個中篇而成，寫得熱烈、高昂，發揚了「紅高粱精神」。其他還有蔣子龍的《蛇神》、劉心武的《鐘鼓樓》（獲第二屆茅盾文學獎）。《鐘鼓樓》以冷靜、平實的語言，呈現北京市民的生態羣落，力圖反映一個社會的「文化發生史」（劉再復語）。

其他的長篇著作有：「大牆之父」從維熙的《斷橋》、馮驥才的《怪世奇談》、老鬼的《血色黃昏》、賈平凹的《浮躁》、莫言的《天堂蒜臺之歌》、鄒志安的《多情最數男人》等。

一九八九年「六四天安門事件」發生之後，大陸的文藝政策緊縮，在官方的報告中，不僅重彈反對資產階級自由化的老調，也抵制西方資產階級的哲學觀、政治觀、新聞觀、文藝觀等，並開始對各地的書刊、文化市場進行大規模的清查、整頓工作。流彈所及，西方現代派思潮受到批判、蘇曉康、劉賓雁成爲「暴亂先鋒」、「賣國賊」，前幾年銳不可擋的「先鋒派」文學，也落了個「放棄對社會的承諾」的罪名。「六四」後，讓大多數作家感到寒心，有辦法的遠走高飛，流亡海外，搖身一變成爲民運人士；留在大陸的，有的祇敢寫些身邊「無關痛癢」的瑣事，明哲保身。一九八八年的長篇小說創作數量，剛攀升到新時期以來發表和出版最多的一年，超過了二百部。一九八九年的長篇創作量卻急轉直下，質量亦平平，沒有特別傑出的創作（林爲進，一九九三：三〇七）。

八十年代後期以來，大陸作家們熱中去寫作歷史故事，大陸評論家陳曉明分析這種現象產生的原因：也許是因爲現實題材被紀實文學、報告文學搶盡；也許是「現實」沒有什麼激動人心的故事可講；所以，「新寫實」小說，甚至富有挑戰精神的「先鋒派」都熱中於講述那些似是而非的歷史故事了（一九九四：九九）。但其中應不乏利用歷史人物直抒胸臆，從歷史生活中尋找現實生活的鏡子，從歷史發展中獲得生活的信心和精神解脫。《星星草》作者凌力在八十年代初曾說：「『四人幫』橫行時，不允許我用更直接的方式說出我心中的一切，我只好借助於捻軍將士的英靈，借助於捻軍苦鬥的歷史，來歌頌已經長眠地下的和仍在人間堅持戰鬥的人民英雄們。」（凌力，一九八〇）這段話或許可補充解釋這一波歷史小說熱的內在因素。

臺灣出版業者對大陸長篇歷史小說情有獨鍾，九十年代以來已出版六十部以上。「漢藝色研」推出的楊書案作品，就高達十一部：《孔子》、《炎黃》、《秦娥憶》、《九月菊》、《隋煬帝遺事》、《長安恨》、《風流武媚娘》、《李後主浮沈記》、《老子》、《丁亥青春祭》、《劍仇》。這批著作時間跨度相當大，最早的作品《九月菊》於一九八一年在長江文藝出版社出版。楊書案一起步，便走出自己的風格：包括濃郁的浪漫主義情調，極具傳奇色彩的藝術描繪，抒情詩意等（吳秀明，一九八七）。近期作品《孔子》、《老子》都以對中國文化具有深遠而又廣泛意義和影響的歷史人物爲描述對象，在大陸文壇頗獲肯定。

唐浩明的《曾國藩》上、中、下冊（黎明、漢湘），在短時間內分由大陸、臺灣、香港的四家出版社出版發行，這在大中華文化圈內是頗爲罕見的現象。作者在大學畢業後被分配到岳麓書社工作，不久即擔任《曾國藩全集》的責任編輯，閱讀了大量相關的著作和資料。這部小說在藝術上是一種傳統的現實主義的寫法，在藝術形式上並沒有太多創新之處，但作者寫出了作爲一個歷史人物的曾國藩的複雜性，並且表現了作爲一個人的曾國藩的複雜性。凌力的三部作品由國際村文庫書店引進，包括：《傾城傾國》（上、下冊）、《少年天子》（上、下冊）、《少年康熙》（上、下冊），這些著作歷史意蘊豐富，文化色彩豐富；人物形象生動、性格豐富有內涵。另有一位寫作歷史小說的好手二月河，由巴比倫出版社推出「帝王系列」多部。其他還有：北海的《賽金花傳奇》、柯興的《賽金花傳奇》（原書名：《清末名妓賽金花傳》）、洗濟華、高進賢的《末代公主》、黃玉石的《林默娘．媽祖傳奇》、商傳的《永樂大帝》、計紅諸、王雲高的《雍正皇帝》、蘇立羣的《伎，妓行》共三部等。大陸作家的書齋，儼然成爲臺灣出版業者的後勤補給基地，許多新成立的出版社，爲了降低版稅支出，維持新書出版數量，祇好往大陸開拓稿源，歷史小說正是業者看好的品種之一。

另一種長篇歷史小說的創作，顯然已跳脫出經驗主義的局限，以「先鋒派」的寫作者爲主，他們不再憑藉歷史材料，而是依靠想像力和創造才能，虛構故事和人物，表現某種歷史環境和條件下的人生世相。蘇童的《我的帝王生涯》（麥田，一九九二）、《米》（遠流，一九九一）可作爲代表。

這兩部作品不同於傳統的歷史小說，《我的帝王生涯》講述一個古代皇太子的故事，具體的年代背景不可考。蘇童的興趣主要在於觀看個人的心理和精神氣質的變化過程，以及個人處在極端的環境中所作出的特殊反應。他的「實驗」顯示了歷史小說並非是一成不變，不能改變的固定模式，而只有打破經驗主義的束縛，歷史小說的創作才有可能充分發揮作者的想像力和創造力。王德威則在書評裡指出：蘇童以偽自傳的形式，虛擬一位末代皇帝回憶當年宮廷生活的種種。字裡行間，愛新覺羅・溥儀的影子，似乎呼之欲出。他將這部「扮皇帝的故事」，解讀為「當代大陸作家回顧、檢討（正統）歷史或歷史小說敍述的又一嘗試」（一九九二：一七四～一七六）

一九九二年起，「留學生暨域外題材文學」成為大陸出版界的熱點，周勵的《曼哈頓的中國女人》更搶盡鋒頭，短短二、三個月銷售十餘萬册。不過在臺灣似乎沒有引起太大的重視。這部小說以第一人稱的敍述角度，講述一個充滿中國才情的女人，如何在美國經商成功的故事。作者試圖以自傳體的形式來製造一種驚人的眞實效果，不過卻遭到紐約的華裔質疑本書的內容與事實不符；論者並指責周勵在書中吹噓自己而貶低別人。評論者卻從虛構小說的角度來看，覺得這部作品當然還有它的文學魅力（陳曉明，一九九四：一〇一）。

以賈平凹的《廢都》、陳忠實的《白鹿原》領軍的「陝軍東征」，為一九九三年長篇小說熱發起先聲。《白鹿原》是一部講述渭河平原五十年變遷的歷史風雲，試圖在歷史文化和階級鬥爭的大背景上來揭示人性，並折射出中國民族的文化蘊含。《廢都》則以驚世駭俗的筆法，描寫當今時代文化和精神上面臨的嚴重危機；在大陸最引人爭議的是它殘留太多古籍的痕迹，尤其是書中故意留下的□□□□（作者删去若干字），勾起了人們對古代那些禁書淫書的文化記憶，也是本書暢銷的重要因素之一。這兩部長篇鉅製在臺灣頗引起傳媒與文人讀者的回響，尤其是後者的寫性。評論家倒還能冷靜地揭開性包裝，透視賈平凹筆下鋪陳的世界，並認爲《廢都》所提出的問題與感受是有價值的，這個視角可使我們對大陸的社會發展有了一些認識和體會（龔鵬程，一九九四：一一二）。

九十年代由於大陸經濟政策由計畫經濟向市場經濟轉型，文學也被無情地拋向市場。在商品經濟大潮中，文學本體逐漸向商業利益靠攏，它所伴隨的包裝熱、廣告熱、媚俗熱，不同程度地損害文學本身的審美屬性。一些作家過分重視銷售利益，不惜在創作中加入大量的性與暴力，更是侵蝕了作品本身的藝術整體性。相信臺灣的讀者、出版者都不會因性描寫刻意去接觸或出版這一類的大陸文學。但文學畢竟反映一時一地的社會、人生，以《廢都》的備受爭議，它仍然有其存在的理由和價值：「在上帝無言百鬼猙獰的時代，理當有此一部記錄人們之哀傷之小說：在人慾橫流的社會，自然也會有這樣一篇刻畫人類靈魂淪喪歷程的記錄。」（龔鵬程，一九九四：一一二）誠哉是言！

結論

根據大陸官方雜誌的調查報告顯示：截至一九九〇年底，大陸三十一家文藝出版社共出版臺灣文藝圖書近七百種。其中，最受歡迎的有：古龍、陳青雲等人的武俠小說，瓊瑤、姬小苔、玄小佛等人的言情小說，高陽的歷史小說，三毛、席慕蓉、羅蘭、柏楊、李敖的散文，席慕蓉的詩歌等。臺灣純文學的作家作品並沒有完全生根大陸，使得大陸讀者以爲暢銷的瓊瑤、三毛、席幕蓉便是臺灣純文學的正宗，而忽略了更多值得認識的名家。其中不乏政治因素，主要的還是大陸出版業者，少有膽識和魄力，一心只想暢銷，而不是有系統地介紹臺灣當代文學。（陳信元等，一九九三：二

五三）

英國學者諾曼・丹尼爾（Norman Daniel）曾使用「文化屏障」（Culture barrier）一詞，來說明文化衝突問題。在兩種不同文化背景的交流中，必然存在著差異，在不同文化中形成的思維習慣等總會阻礙相互之間的有效交流（一九九二：二）。自七十年代末期開展的兩岸文化觀摩、交流中，雙方是以「保持距離」的觀照方式，透過選擇性的文學作品間接去了解對方的社會和人民思想，在初期不免具有濃厚的政治意味、非文學性的意義。臺灣引進「傷痕文學」時，曾冠上「社會主義悲劇文學」、「抗議文學」、「浩劫文學」、「覺醒文學」等名目，大陸評論者就認爲這些名詞具有極明顯的政治色彩，以此作爲某種規律性和傾向性的文學現象的概說，則是從非文學性的目的出發的。阿城小說的出現無疑地對臺灣讀者具有正面的教育意義，扭轉了他們印象中「大陸文學＝傷痕文學＝抗議文學」的刻板觀念，從而留意大陸文學的藝術價值。多年來，臺灣讀者已能接受多元的大陸文學作品，並推動出版業者在兼顧商業利益下，有系統地發掘、出版更多值得閱讀的大陸文學佳構。我們更期待良性的文學互動，能消弭兩岸人民在文化上、心態上的差距與隔閡，認眞去思考民族未來的命運。

參考書目：

• 凌力（一九八〇）：〈獻給昨天和今天的人民英雄〉，《光明日報》，九月三日。

• 金介甫（Kinkey, J.C.）（1987）：〈大陸文學將帶給臺灣什麼新視野?〉，蕭遙譯。《人間》第二十六期，十二月。臺北：人間雜誌社。一二九～一三〇。

• 馬漢茂（Martin. Helmut）（1987）：〈海峽兩岸的文學交流——兼談臺灣文壇新氣象（代後記）〉，《掙不斷的紅絲線——中國大陸的愛情、婚姻與性》馬漢茂編。高雄：敦理出版社。一～四。

• 郭楓（一九八七）：〈「當代中國大陸作家叢刊」總序——爲本叢刊出版答客問〉，甘鐵生等著《人不是含羞草》。臺北：新地出版社。一～四。

• 周政保（一九八七）：〈這是一個獨特的藝術世界——「少數民族文學卷」序〉，鄭萬隆《我的光》。臺北：新地出版社。一～十二。

• 吳秀明（一九八七）：〈他有自己的「聲音」——評楊書案的《九月菊》及其兩部歷史中篇〉，《在歷史與小說之間》。長春：時代文藝出版社。

• 文訊雜誌社（一九八八）：《當前大陸文學》。臺北：文訊雜誌社。

• 蔣安國、陳樂羣、王更陵（一九八八）：〈淪陷區出版品在臺出版問題之研究〉，《行政院新聞局七十七年度研究報告彙編》。臺北：行政院新聞局。一～六一。

• 侯吉諒（一九八八）：〈文學探親的歷史意義——「大陸全國文學獎」的出版理念〉，《搶劫即將發生》。臺北：海風出版社。十～十三。

• 唐弢（一九九二）：〈新版序言〉，《蘇雪林・凌叔華、廬隱、馮沅君》。盧啓光、徐志超選評。臺北：海風出版社。十二～三二。

• 王德威（一九九二）：〈「扮皇帝，我在行，我作皇帝比人强……」——評蘇童的《我的皇帝生涯》，《聯合文學》第九卷第二期。十二月。一七四～一七六。

• 諾曼・丹尼爾（Daniel, Norman）（1992），《文化屏障》王奮寧、馮鋼等譯，杭州：浙江人民出版社。

• 林爲進（一九九三）：〈一九八八～一九九〇長篇小說新作述評〉，《中國出版年鑑一九九〇～一九九一》。北京：中國書籍出版社。三〇七～三〇九。

• 陳信元等（一九九三）：《兩岸出版業者合作發行書籍之現況調查與研究》。臺北：行政院大陸委員會。

• 陳曉明（一九九四）：〈長篇小說創作概述〉，《中國文學年鑑一九九三》。北京：社會科學文獻出版社。九九～一〇五。

• 龔鵬程（一九九四）：〈上帝無言百鬼獰——《廢都》情事〉，《聯合文學》第十卷第六期。四月。一一〇～一一二。

參考書目

一、專書

圖書出版及發行部分

1.《中國大百科全書．新聞出版》（北京、上海，中國大百科全書出版社，一九九〇年十二月）。

2.《中國出版年鑑》一九八〇～一九八八年（九册），前七册由中國出版工作者協會編，北京，商務印書館出版；後二册，由中國出版工作者協會、中國出版發行科學研究所編，北京，中國書籍出版社出版。一九九〇～一九九一，中國書籍出版社；一九九二～一九九六，北京，中國出版年鑑社編輯、出版。

3.中共「新聞出版署」圖書管理司編，《圖書出版管理手册》（瀋陽，遼寧大學出版社，一九九一年二月）。

4.中共「新聞出版署」政策法規司編，《中華人民共和國現行新聞出版法規匯編一九四九—一九九〇》（北京，人民出版社，一九九一年十月）。

5.張召奎，《中國出版史概要》（太原，山西人民出版社，一九八五年八月）。

6. 周一葦、謝振偉，《圖書發行改革一百題》（杭州，浙江教育出版社，一九八七年一月）。
7. 湖南大學出版社編，《出版文摘》一九八七年第一期（長沙，湖南大學出版社，一九八七年一月一日）。
8. 中國出版發行科學研究所編，《全國首屆出版科學學術討論會論文選集》（重慶，重慶出版社，一九八七年二月）。
9. 王信等編寫，《圖書發行工作實用手册》（杭州，浙江人民出版社，一九八七年八月）。
10. 金常政，《百科全書及其編輯研究》（北京，知識出版社，一九八七年十二月）。
11. 羅紫初編著，《圖書發行學概論》（武漢，武漢大學出版社，一九八八年一月）。
12. 張克山、莊嚴、王克政編，《圖書發行縱橫談》（哈爾濱，黑龍江人民出版社，一九八八年一月）。
13. 高明光、陳源蒸、鄔書林譯，《圖書出版的藝術與科學》（太原，書海出版社，一九八八年四月）。
14. 《圖書發行改革與探求——謝振偉、周一葦發行工作研究論文選》（杭州，浙江大學出版社，一九八八年五月）。
15. 江蘇省出版工作者協會編輯工作委員會編，《江蘇省出版科研論文集》（蘇州，江蘇人民出版社，一九八八年六月）。
16. 遼寧省圖書發行研究會編，內部圖書，一九八八年六月。
17. 阮波主編，《編輯與出版基礎課程》（北京，中國展望出版社，一九八八年九月）。
18. 湖北省出版工作者協會、湖北省新華書店編，《圖書發行學研究——湖北省第二屆出版發行學學術討論會論文選》（武漢，湖北人民出版社，一九八八年十月）。

19.王淮珠編，《書刊裝訂工藝》（北京，印刷工業出版社，一九八八年十二月）。
20.趙生明編著，《延安書店誕生在延安》（西安，華岳文藝出版社，一九八九年七月）。
21.中共「新聞出版署」圖書管理司編，《第二屆全國書展圖書目錄》（北京，現代出版社，一九八九年八月）。
22.王耀先主編，《科技編輯學概論》（北京，中國書籍出版社，一九八九年十月）。
23.陳不諱，《香港出版業》（香港，彩色世界出版公司，一九八九年）。
24.新華書店總店編，《書店工作史料》第四輯（北京，中國書店，一九九〇年三月）。
25.梁彥斌，《讀者學》（哈爾濱，黑龍江教育出版社，一九九〇年七月）。
26.陳章遠編著，《圖書發行企業管理》（北京，中國書店，一九九〇年八月）。
27.陳致遠、臧令儀編，《書的魅力——第三屆全國書市綜觀》（上海，學林出版社，一九九一年三月）。
28.陳炳迢，《辭書編纂學概論》（上海，復旦大學出版社，一九九一年三月）。
29.劉卓，《十年喧囂沈思錄——新時期通俗文學熱掃描》（瀋陽，春風文藝出版社，一九九一年五月）。
30.趙曉恩主編，《出版企業管理概論》（北京，東方出版社，一九九一年五月）。
31.沈洵灃、宋惟清譯，《現代出版學》（北京，中國書籍出版社，一九九一年五月）。
32.王建編著，《實用圖書發行手册》（成都，四川科學技術出版社，一九九一年六月）。
33.黃凱卿編著，《圖書發行自動化基礎》（武漢，武漢大學出版社，一九九一年六月）。

34. 杜維東、洪光儀編著，《校對知識問答》（北京，印刷工業出版社，一九九一年六月）。
35. 嚴慶茂、謝振傳主編，《圖書發行心理學》（北京，高等教育出版社，一九九一年七月）。
36. 周彥文，《對瘋狂的導引——中國出版業的經濟觀照》（北京，中國經濟出版社，一九九一年八月）。
37. 陸本瑞主編，《世界出版概觀》（北京，中國書籍出版社，一九九一年九月）。
38. 謝宏主編，《新聞出版大趨勢——新聞出版報文選》（北京，人民出版社，一九九一年十月）。
39. 許國艮、賈國祥、王兵主編，《圖書出版業與第三世界》（長春，吉林大學出版社，一九九一年十月）。
40. 杭志高、陶慰宗主編，《進口圖書採訪論文集》（北京，國際文化出版公司，一九九一年十一月）。
41. 孟凡舟編著，《圖書營銷學》（太原，書海出版社，一九九一年十二月）。
42. 袁琦主編，《書林薈萃——第一、二屆全國書展集刊》（北京，現代出版社，一九九一年十二月）。
43. 司徒舒文主編，《一九九一——一九九五國家重點圖書選題概覽》（北京，中國社會出版社，一九九二年一月）。
44. 焦勇夫主編，《文化市場學》（上海，上海交通大學出版社，一九九二年五月）。

著作權部分

45. 徐東海、唐匯西編，《版權知識一百問》（北京，中國廣播電視出版社，一九八八年十一月）。

46.全國人大常委會法制工作委員會民法室著，《中華人民共和國著作權法知識問答》（北京、法律出版社，一九九一年一月）。
47.王向東、馬學艮著《著作權知識問答》（濟南，黃河出版社，一九九一年一月）。
48.江平、沈仁幹等主講，《中華人民共和國著作權法講析》（北京，中國國際廣播出版社，一九九一年二月）。
49.蕭峋、江流主編，《著作權法入門和著作權糾紛事例分析》（北京，中國電影出版社，一九九一年四月）。
50.王韡，《版權理論與實務》（南寧，廣西教育出版社，一九九一年四月）。
51.沈仁幹、高凌翰、許超等編著，《中華人民共和國著作權法講話》（北京，法律出版社，一九九一年六月）。
52.最高人民法院著作權法培訓班編，《著作權法講座》（北京，法律出版社，一九九一年六月）。
53.段京連等編著，《知識產權法律知識講話》（北京，中國廣播電視出版社，一九九一年六月）。
54.武學斌主編，《著作權法概要》（合肥，安徽教育出版社，一九九一年七月）。
55.（美）威廉S·斯特朗著，李凡、盧丹譯，《版權實用指南》（瀋陽，遼寧人民出版社，一九九一年八月）。
56.任彥、梅慎實、余國光編著，《著作權與著作權法》（上海，學林出版社，一九九一年十一月）。
57.王為農、瞿云嶺編著，《著作權法簡論》（大連，東北財經大學出版社，一九九一年十二月）。
58.楊東旭主編，《知識產權實用手册》（北京，經濟日報出版社，一九九一年十二月）。

59. 徐海東、唐匯西、戈晨編著，《著作權實用指南》（太原，山西人民出版社，一九九二年二月）。
60. 吳漢東主編，《知識產權法律知識手冊》（湖北人民出版社，一九九二年三月）。
61. 國立中央圖書館編印，《著作權法與圖書館經營》（臺北，國立中央圖書館，一九九二年十月）。
62. 蕭雄淋，《兩岸著作權法之比較研究》，一九九二年十一月，內政部委託。

二、報紙、期刊

1. 中共「新聞出版署」主辦，《出版工作》月刊一九八八—一九九〇年份；該刊自一九九一年改名爲《中國出版》一九九一—一九九二年份。
2. 中共「國家版權局」、中國版權研究會主辦，《著作權》季刊，一九九二年各期。
3. 中國作家協會主辦，《文藝報》（北京），一九八七年至一九九二年各期。
4. 文學報編輯部主辦，《文學報》（上海），一九八七年至一九九二年各期。
5. 中共「新聞出版署」主辦，《新聞出版報》一九九二年一月至十二月。
6. 中國出版科學研究所《出版發行研究》，一九八七年至一九九二年各期。
7. 行政院新聞局出版事業處，《書香月刊》一至十七期（民國八十年七月至八十一年十一月）。
8. 中華民國圖書出版事業協會編印，《出版之友》革新號、《出版人》各期。
9. 臺北市出版商業同業公會編印，《出版界》各期。
10. 海峽交流基金會編，《交流》雙月刊各期。

11. 農學社，《出版流通》各期。
12. 臺灣珠海出版公司，《珠海》書訊各期。
13. 金石文化廣場，《出版情報》各期。
14. 文訊雜誌社，《文訊雜誌》各期。
15. 《中國時報》、《聯合報》、《民生報》，民國七十六年七月至八十一年十二月文化新聞版（或藝文版）。
16. 朱星鶴，《出版業的戰國時代——亦喜亦憂談大陸出版品開放》，《臺灣新聞報》，民國七十七年六月二十一～二十三日。

著者簡介

陳信元，臺灣省臺中縣人，一九五三年生。中國文化大學中文系畢業。香港大學中文所研究，主攻中國現代文學史。現任南華管理學院傳播管理學系副教授，兼編譯出版中心主任。

曾任幼獅文化公司、業强出版社、故鄉出版社總編輯，蓬萊出版社總經理，蘭亭書店發行人。曾主編中華民國圖書出版事業協會會刊《出版之友》兩年，現擔任該刊總編輯，另擔任臺北市出版商業同業公會出版委員、中國青年寫作協會監事、福州冰心研究會理事。

著作有：《從臺灣看大陸當代文學》、《中國現代散文初探》、《相思千行——明清民歌賞析》、《大陸新時期散文概述》、《大陸新時期報告文學概述》（合著），另有編選集二十餘種。主持陸委會研究專案：《兩岸出版業者合作發行書籍之現況調查與研究》、《大陸出版業經營趨勢之調查與研究》；協同主持研究專案：《大陸大衆傳播出版業投資環境之研究》、《大陸出版集團發展趨勢及影響》。曾爲新聞局撰寫大陸及港、澳的出版事業概況，三度應邀撰寫《中華民國出版年鑑》專題文章，概述兩岸出版交流成果與展望。曾多次參加在兩岸三地舉辦的出版合作交流研討會，提交論文多篇。

著者近年研究成果目錄

(A)期刊論文

一九九一

〈落葉悲歌——現代主義詩歌在中國大陸之悲情命運〉，《國文天地》七卷一期。46–53。

〈地下的魯迅〉，《國文天地》七卷四期。35–39。

〈當代大陸散文的歷史回顧〉，《時代之風——當代文學入門》鄭明娳、林燿德主編。臺北：幼獅文化公司。172–180。

一九九二

〈大陸著作權保護概況與兩岸出版交流〉，《中國圖書館學會會報》四十九期。235–248。

一九九四

〈細說大陸「協作出版」與「買賣書號」問題〉，《出版界》第三十九期。52–57。

〈兩岸三地中文出版業的發展趨勢與整合方向〉，《出版界》第四十、四十一合刊號。72–80。

〈大陸出版企業集團的崛起〉，《出版界》第四十三、四十四合輯。49–56。

一九九六

〈大陸對古籍的整理與出版〉，《中央日報》長河版八月二十八～三十日。

一九九七

〈大陸出版教育的歷史與現況〉，《文訊》第一三八期。34—37。

〈大陸出版管理行政體制及新頒管理條例〉，《出版界》第五十期。32—43。

(B)研討會論文

一九九一

〈文革後的大陸散文〉，「當前大陸文學研討會」論文，收入《苦難與超越——當前大陸文學二輯》文訊雜誌社主編、出版。57—79。

一九九四

〈八十年代兩岸文學交流現況與展望〉，《中華文學的現在和未來——兩岸港澳文學交流研討會論文集》黃維樑編。香港：鑪峯學會。299—318。

一九九五

〈兩岸三地合作出版的新趨勢〉，「第一屆華文出版聯誼會議」論文，收入《出版人——兩岸圖書出版合作研討會專輯㈢》中華民國圖書出版事業協會主編、出版。31—45。

〈環保浪潮下的臺灣圖書出版〉，山東威海「人與大自然——環境文學研討會」論文。（聯合文學出版社結集出版中）

一九九六

〈解嚴後大陸文學在臺灣出版狀況——另以長篇小說爲例分析探討〉，「五十年來臺灣文學研討會」

論文，收入《臺灣文學出版》文訊雜誌社主編、出版。

〈兩岸出版交流之展望〉，「兩岸大眾傳播交流與展望研討會」論文，收入《兩岸大眾傳播交流與展望》銘傳管理學院大眾傳播學系主編、出版。41–59。

〈兩岸環保文學的初步考察〉，「百年來中國文學學術研討會」論文。中央日報社主辦（結集出版中）。

〈兩岸出版交流之問題與展望〉，「一九九六兩岸圖書出版研討會」論文，收入《出版人─兩岸圖書出版合作研討會專輯㈢》。229–243。

一九九七

〈大陸報紙副刊的多元面貌〉，「世界中文報紙副刊學術研討會」論文。聯合報副刊主辦（結集出版中）。

〈年度散文選的趨勢〉，「當代台灣散文文學研討會」論文。中國青年寫作協會主辦。

〈大陸新詩潮與西方現代主義〉，《第三屆現代詩學術會議論文集》國立彰化師範大學國文系主辦、出版。157–187。

(C)專書、技術報告類

一九八九

《從臺灣看大陸當代文學》臺北：業強出版社。

一九九〇

《中國現代散文初探》臺中：臺中縣立文化中心。

一九九三

《兩岸出版業者合作發行書籍之現況調查與研究》臺北：行政院大陸委員會。（研究主持人）

一九九五

《大陸大衆傳播出版業投資環境之研究》臺北：行政院大陸委員會。（協同主持人）

《大陸出版業經營趨勢之調查與研究》臺北：行政院大陸委員會。（研究主持人）

一九九六

《大陸新時期散文概述》臺北：行政院文化建設委員會。

《大陸新時期報告文學概述》臺北：行政院文化建設委員會。（與文鈺合著）

一九九七

《兩岸暨港澳出版事業的發展與整合》臺北：文史哲出版。

合著

一九九五

〈大陸出版事業〉，收入《大陸大衆傳播事業及其管理概況》行政院新聞局編。87–156。

一九九六

〈香港、澳門的出版事業〉，收入《變遷中的香港、澳門大衆傳播事業》行政院新聞局編。49–96。